Reflexiones

Domingo Ferrer Vivó

Reflexiones

Editorial Los Bárbaros del Norte

CopyRight Domingo Ferrer Vivó 2013

Impreso en USA

El ideario liberal

1 de marzo 2010. Publicado en:
http://losbarbarosdelnorte.com/html/modules.php?name=Forums&file=viewtopic&t=1657

El ideario juarista es netamente liberal, en el sentido de preconizar amplias libertades políticas y de toda índole, que impliquen la libre circulación de personas, ideas y cosas. Esto significa, desamortización de la tierra, pluripartidismo, separación de la Iglesia y el Estado, política exterior de alto perfil por el claro establecimiento del imperio del derecho en la relación entre países, etc. La distancia que este ideario estableció entre el México ideal y el México real de su época fue tan grande que en los textos de Melchor Ocampo se sentía la extraordinaria urgencia en ellos por concretar un México de libertades, donde se respetara la propiedad privada y se terminara con las confiscaciones abusivas. ¡Hace más de 160 años!

Madero era la reencarnación viva del Juarismo, su ideario era idéntico, enriquecido con el desarrollo de las libertades sindicales y empresariales de su siglo y con la mayor concreción, en los países libres, de la vida partidaria y del pluripartidismo parlamentario. Era la repetición exacta en su época del objetivo de la libre circulación de las personas las ideas y las cosas. A esto había que añadirle que la libre circulación necesitaba imperiosamente de una reforma agraria que terminara con las relaciones feudales antiliberales de la propiedad latifundista. Para eso surgieron las dos figuras agrarias señeras, Pancho Villa partidario de la distribución de la tierra en propiedad privada y Emiliano Zapata partidario de la propiedad comunal.

Zapata tenía de hecho un significado únicamente regional, eran las zonas indígenas, o de fuerte influencia indígena, las que deseaban una oportunidad de integrarse a la circulación mercantil a su modo y de manera no compulsiva.

En estos tres personajes centrales, está todo el designio real e inicial de la Revolución Mexicana, una revolución netamente liberal, Juarista, acompañada de una Reforma Agraria indispensable para el desarrollo de una sociedad mercantil moderna e instrumentada con una propiedad comunal de la tierra en las zonas indígenas que le diera a estas poblaciones la posibilidad de incorporarse de manera no compulsiva a la circulación mercantil y que pudiera unir definitivamente al México ideal de la Reforma con el México real de principios de siglo.

La revolución Mexicana muere con Madero. Victoriano Huerta asesina no sólo a Madero sino a toda la aspiración liberal, plural, de libre circulación de personas, ideas y cosas, y se instauran regímenes que se pretenden revolucionarios, pero que practican el antiliberalismo más feroz y, por ende, el anti juarismo más estricto.

Juárez desamortizó la tierra y la reacción burocrática-autoritaria la re amortizó en forma de ejido. Juárez pugnó por el imperio del respeto a la propiedad privada como prolongación inmediata de la soberanía del individuo, la burocracia restableció el imperio universal de la confiscación abusiva, caprichosa y arbitraria. Juárez impulsó el pluripartidismo y la burocracia estableció el régimen del partido único. El Tata Cárdenas expresó explícitamente que en México jamás se permitiría el pluripartidismo por ser, según él, la base del capitalismo, el cual, él había decidido, jamás fungiría en México. La burocracia estableció asimismo una simulación democrática de partido único que era de corte idéntico a la simulación democrática de candidato único del Porfiriato.

Toda la feroz y prolongada restauración burocrática se hace cabalgando el caballo de Huerta, pues mata todo atisbo de liberalismo Madero-Juarista y además ni la burla perdona, puesto que lo hace ensalzando a Juárez de desvergonzada manera.

Con Gómez Morín renace de nuevo el ideario liberal Madero-Juarista y ahora aborda ya los instrumentos de un país liberal-mercantil moderno, un Banco Central independiente, un Banco de Crédito Agrícola, capaz de capitalizar al campo, una Universidad Pública de cátedra libre y sin injerencias partidarias, etc., y define exactamente los pasos a dar para pasar de ese México burocrático-estatista, antiliberal, anti maderista, anti juarista, hacia un México libre y plural. Primero pasar de un México donde no se vota a un México donde se vote y después pasar de un México donde se vota, pero no se cuenta el voto, a un México donde se vote y se cuente el voto y, además, cifrar con profética exactitud, sesenta años, el tiempo que mediaría para realizar toda esa labor.

En el entretiempo el Estado burocrático-autoritario-antiliberal, no contento con ser dueño de vidas y haciendas, quiso ser dueño de conciencias y espíritus y se lanzó a una ofensiva antirreligiosa y atea de corte radical-bolchevique y que no era retórica sino feroz realidad, como ya se había demostrado en Tabasco. Los Cristeros se equivocaron, sin duda, al lanzarse a una lucha armada, pero hicieron muy bien en resistir esa pretensión opresora con todas sus fuerzas y, al hacerlo, sin que nos hayamos dado cuenta, relanzaron la lucha Juarista. La lucha cristera fue una lucha por la separación de la Iglesia y el Estado. Juárez liberó al Estado de la tutela de la Iglesia y los cristeros liberaron a la Iglesia de la tutela del Estado (aunque este Estado impuso al respecto la misma simulación con la que se fingía juarista y maderista). Algunos de los campesinos sencillos que participaron en la contienda alcanzaron a comprender el carácter liberal-juarista de su lucha y eso hace honor a una inteligencia que nuestra intelectualidad no alcanzó.

La etapa que hoy empieza México es la concreción del ideario liberal de Juárez, de Madero, de Gómez Morín y, también, de los Cristeros. Es la oportunidad, finalmente al alcance, de poner de acuerdo el México ideal de la Reforma con el México real de nuestros días. Para eso necesitamos, entre otras muchas cosas, no equivocarnos respecto a nuestra propia filiación política y desentrañar el enredo que la burocracia anti maderista y anti juarista ha creado con su supuesta adoración a Juárez. No, los priistas, supuestamente partidarios de Juárez, son, de hecho, anti juaristas y los panistas que ven a Juárez con reticencia son, de hecho, sus abanderados y defensores, así como los de Madero y, por descontado, los de Gómez Morín.

Toda esta filosofía antiliberal, corporativista, autoritaria, está plasmada en nuestra Constitución y en ella, bajo pretexto de una pretendida política social, se convierte a todos los ciudadanos mexicanos en ciudadanos de segunda. Lo son los obreros que no tienen libertad sindical, (la sindicalización obligatoria y a un determinado sindicato no es libertad sindical), que no tienen tampoco libertad de huelga puesto que cuando cualquier huelga, en cualquier circunstancia, puede ser declarada inexistente, no es libertad de huelga.

Lo son los empresarios que al enfrentarse a una huelga se enfrentan, de hecho, a una expropiación pues dejan de disponer de su empresa. Lo son los campesinos y sobre todo los ejidatarios, que son, a lo sumo, los usufructuarios de un bien del que, en última instancia, solo los burócratas pueden disponer, y lo son, por múltiples circunstancias, todos los demás ciudadanos, que ven disminuida y aún negada su soberanía so capa de recibir protección de una burocracia que se establece como usufructuaria real del país y única portadora de la capacidad de decidir lo que conviene a cada quien en cualquier dominio. De hecho, las leyes de nuestra burocracia, emanadas de nuestra constitución, tienen el mismo espíritu que las leyes emanadas de la burocracia real durante el Virreinato. A los indígenas se les prohibía celebrar contratos porque eran, según ellos, incapaces de comprenderlos, con lo cual se les estaba disminuyendo en sus derechos más elementales y se tenía buen cuidado de mantenerlos en la permanente minoría de edad.

Las transformaciones que el país necesita requieren del desenmascaramiento ideológico de este poder corporativista y antiliberal que ha dominado a México desde Huerta hasta hoy y para eso tenemos que quitarle banderas que no le pertenecen. Ni Juárez, ni Madero ni Villa ni Zapata les pertenecen y el PAN y el Próximo Presidente de la República deben tener bien claro que Gómez Morín es el insigne resucitador del Juarismo y del Maderismo que Huerta y toda su caterva de sucesores habían tenido buen cuidado de enterrar en panteón dorado.

No cambiaremos el país subrepticiamente, pasando desapercibidos en nuestros designios más esenciales, sino dando el combate de frente a una ideología espuria y mentirosa, usurpadora. Señor Fox, estamos a sus órdenes para conversar al respecto cuando Ud. lo estime oportuno. Nos duele verlo evasivo en un terreno en el que tiene todos los elementos para pisar fuerte, sencillamente porque es su terreno.

¿Qué es la vida? ¨Yo soy la resurrección y la vida¨

29 de marzo 2010. Publicado en:
http://losbarbarosdelnorte.com/html/modules.php?name=Forums&file=viewtopic&t=1678

Puesto que es a Dios a donde vamos a llegar, es por la materia por donde vamos a empezar.

Decía Einstein que: "Lo que llamamos realidad es sólo una ilusión, pero eso sí, una ilusión persistente".

¿Qué tan material es la materia? Postula la microfísica, al igual que el Obispo Berkeley en el siglo XVII y San Agustín en el siglo IV, que lo que no es percibido no es real. Multitud han sido, empezando por Einstein, los físicos que se resistieron a esta afirmación, pero los experimentos de Aspect primero y los de la Universidad de Ginebra después, con Gisin y su equipo, mostraron y demostraron fehacientemente que no hay localidad, es decir, que en microfísica, lo que ocurre aquí tiene instantáneamente sus consecuencias en cualquier parte del universo, sin mediar tiempo ni espacio alguno, y si el tiempo y el espacio son la materia misma, desaparecidos éstos, desaparecida aquella, y queda colocada en el papel que le corresponde, el de simple ilusión, persistente o no.

No nos extrañe pues que en la teoría inflacionaria del universo la materia pueda indefinidamente aparecer de la nada, puesto que nada en definitiva es, y puede, por la razón simple de que, siendo la gravedad el opuesto exacto al resto de las demás fuerzas o campos, como decía Einstein, tiene la capacidad de aparecer indefinidamente sin límite alguno.

Einstein se insubordinaba contra esta afirmación de la microfísica y les alegaba a los de la escuela de Copenhague: "A poco creen que porque no veamos la luna deja de estar ahí", ciertamente que la macrofísica nos dice que no es así y que hay una realidad objetiva que podemos, sino percibir, ciertamente deducir, pero eso no invalidaba las conclusiones de la Escuela de Copenhague y sus miembros le argüían en el mismo sentido que Galileo a sus contrincantes: "Vean por este telescopio y verán cómo estos satélites giran alrededor de su planeta y no alrededor de la tierra". Pero, ¿tiene solución esta contradicción, aparentemente insoluble? Claro que sí, la respuesta la dio San Agustín en las postrimerías del siglo IV de la era cristiana: "En cuanto a las cosas que tú hiciste Señor, nosotros las vemos porque existen, y existen porque tú las ves". Segundo párrafo, del capítulo XXXVIII (El reposo en el Señor) del libro XIII (Valor espiritual de la creación) de Las Confesiones, de San Agustín de Hipona. Ahí tenemos perfectamente armonizados el criterio de estricta objetividad de la microfísica con el criterio de estricta subjetividad de la microfísica.

¿Por qué Einstein no lo vio si él creía en Dios?, porque estaba infectado por el panteísmo de Espinoza que definía a Dios como alguien no personal y que se confundía con su obra. Ese Dios no puede dedicarse a percibir por y para nosotros, porque nosotros somos perfectamente insignificantes en su obra y, finalmente, también lo es Él mismo en esta hipótesis porque, no siendo un Dios personal, no es alguien sino algo y el más pequeño de los seres es más grande y trascendente que la más grande de las cosas.

Esta percepción crea realidad, tanto la percepción de Dios como también la nuestra, en la medida en que entramos en comunión con Él.

Nos ahogamos en el vaso de agua de la entropía. Decía al respecto Von Neumann, que donde no hay percepción no hay entropía. Es la percepción la que crea realidad y es la misma percepción la que determina la entropía, ¿qué nos importa que esta realidad nazca lista para ser degradada, no habrá degradación mientras no haya percepción, pero en la misma medida en que haya percepción, se generará nueva realidad, lista ella también para ser degradada. Que no nos espanten con el petate del muerto del tanatismo entrópico y vivamos plenamente la erótica de la percepción, la de Dios, por y para nosotros, en un acto de amor sin límites, y la nuestra, en comunión con Él, gracias al más fino y delicado acto que ha tenido para nosotros, la capacidad de ser sus usufructuarios en el más completo libre albedrío.

¿Somos eternos?, Sí, pero en Dios, no en la materia, pues siendo ésta una ilusión, nuestra eternidad sería ilusoria también. Es el espíritu el que es eterno y no vendamos nuestra primogenitura por el plato de lentejas de cualquier ventaja material.

Dios no le entregó a esta ilusión material ni el por qué de las cosas ni una autodeterminación ilimitada en el cómo. Le entregó nada más cierta autodeterminación, ilusoria ella también, para constituir simplemente un ámbito para nuestro desarrollo, un pretexto, en el sentido a la vez literal y peyorativo, para el texto real, firme (objetivo, el sí) de nuestra evolución espiritual, de ese devenir nosotros mismos cuya posibilidad nos ha regalado en un acto infinitamente amoroso y amical.

Einstein protestaba también diciendo: "Dios no juega a los dados", pues Dios puede jugar a los dados y a lo que se le antoje y hacer todo lo que considere conveniente para los fines que se ha propuesto, todos infinitamente favorables a cada uno de nosotros, puesto que de todos modos, tanto el porqué como el cómo de las cosas, le seguirán perteneciendo. Esta situación me recuerda un pasaje del Quijote donde estando él y Sancho Panza por sentarse a una mesa de forma rara en casa de unos Condes, Sancho, hacía que Don Quijote se reubicara una y otra vez para que se sentara, según él, en la cabecera de la mesa, hasta que esta situación hartó a Don Quijote que le dijo: "Tate aquí, Sancho de mis pecados, que donde yo me siente estará la cabecera".

¿Qué tan persistente es esta ilusión?, lo necesario para nuestra evolución. Pero, no importando cuál sea esta persistencia, la eternidad está en Dios, y, por la gracia de Él, también en nosotros, más no en esta pretendida realidad.

Defensa de la vida, ¿hijos de Dios o hijos de la ciencia?

6 de abril 2010. Publicado en:
http://losbarbarosdelnorte.com/html/modules.php?name=Forums&file=viewtopic&t=1682

Sabemos de las investigaciones en células madres troncales o células todavía no especializadas que pueden, al especializarse, regenerar tejidos y órganos y son altamente prometedoras para el futuro de la medicina. Pero, estas células tienen dos problemas esencialmente. El primero es que proceden, generalmente, de cordones umbilicales y de fetos en los primeros días de gestación. Y, que siendo estos poco abundantes se les ha metido en la cabeza a amplios sectores de investigadores, que tienen el derecho de producir vida con el simple fin de destruirla para la investigación, aberración extrema. La otra es que aún cuando sean muy madres, estas células, al proceder de otro individuo, tienen otro código genético y por ende generan problemas de rechazo, de ahí que en muchos casos se busque extraer células madre de médula de algún pariente cercano sano.

Hace unos seis años se desarrolló otra alternativa y es la de tomar células no madres o ya diferenciadas de la piel y del cabello del enfermo para reprogramarlas de modo a sanarlas y convertirlas en células madre, ahora sí del propio código genético del enfermo, de manera a no provocar rechazo. Esto se logró inicialmente introduciendo en la célula a tratar cuatro genes a través de un virus, genes que cumplieran todas las funciones requeridas y ya se logró por este método curar la anemia de Falconi y ciertos padecimientos cardiacos. En un primer momento hubo una contraindicación en el hecho de que dos de estos genes eran fuertemente cancerígenos.

Este problema quedó resuelto al lograrse el tratamiento solamente con los dos genes no cancerígenos y, además, hay fuertes indicios de que finalmente bastará con introducir en la célula a tratar las proteínas que estos dos genes producen. De todos modos esta es una investigación de solamente unos cinco años frente a la investigación de décadas de las células madres troncales. Esta investigación tiene fuertes promesas, una, que logra células madres con el código genético del paciente, dos, que no hay ninguna limitación cuantitativa en el suministro de la materia prima de la investigación y tres, que, por consecuencia, en ningún momento se requiere ni requerirá destrucción de la vida para seguir adelante con la investigación.

Pero, cualquiera que se interese en la literatura especializada verá que esta línea de investigación ha generado furor y rabia en amplios sectores de la progresía y de lo "políticamente correcto". ¿Por qué, siendo que esta investigación no excluye a la otra siempre y cuando no se destruya vida para llevarla adelante y teniendo tantas ventajas evidentes? Por una razón sencilla porque les saca de la boca el caramelo de poder gritar a pleno y deleznable pulmón, ¡los que se oponen a la destrucción de la vida para la investigación de las células madre están contra el progreso de la medicina y del bienestar humano!

Debemos decirles a estos señores y señoras que si la renuncia a toda ética fuera garantía de resultados en la investigación, los nazis habrían descubierto hasta lo que no y que sin embargo no descubrieron nada, porque de la destrucción de la vida jamás resultará la defensa de la vida.

Debemos ir más allá en esta denuncia porque, por ejemplo, hoy en los EEUU se usa, además de los ya tradicionales y legítimos, el siguiente método de procreación asistida. Los padres acuden a una clínica donde se toman óvulos de la mujer, se fecundan con espermas del marido, y se generan, digamos, unos diez productos potenciales, y se le hace firmar a esta pareja un contrato de acuerdo al cual ellos dirán en su momento cuáles de los fetos que hayan prosperado tendrán derecho a vivir y cuáles deberán ser matados, y emplean literalmente la palabra matar, porque en los USA no se pueden andar por las ramas pues de lo contrario viene la demanda. Recordarán el sonado caso de la señora que tuvo ocho bebés, pues era uno de esos casos en los que se les dijo a los padres: "Con la novedad de que han prosperado ocho productos, ¿a cuáles matamos? " y la respuesta en este caso fue: "A ninguno llevaré los ocho".

La maldad congénita del campo comunista fue la negación radical del libre albedrío, ofensa imperdonable a Dios, y ese sistema tuvo el fin que merecía. La destrucción y la manipulación de la vida se están convirtiendo en nuestra maldad congénita. ¡No lo permitamos! ¡Reaccionemos! Toda investigación para ayudarnos médicamente es legítima, los trasplantes de órganos son legítimos, el uso para la investigación, incluso, de fetos muertos de muerte natural es legítimo. Las diferentes investigaciones de las células madre son legítimas. Pero jamás, jamás, destruyamos ni manipulemos la vida puesto que eso es maldad y de esa nada bueno puede resultar, como nada bueno, ni siquiera en el terreno de la investigación, resultó de la maldad nazi. Que la ciencia produzca mil flores para nuestro progreso espiritual, intelectual y humano pero, NUNCA DESTRUYAMOS NI MANIPULEMOS LA VIDA, DEBEMOS, DEFINITIVAMENTE, SEGUIR SIENDO HIJOS DE DIOS, NO DE LA CIENCIA, PUES, ¿DE QUÉ NOS SERVIRÍA NUESTRA CIENCIA SI, A

CAMBIO DE ELLA, PERDIÉRAMOS EL AFECTO Y EL APOYO DE DIOS?, DE NADA.

Veámonos en el espejo de las sociedades comunistas y arranquemos de cuajo de nosotros nuestra propia forma de maldad. La destrucción de la vida. Llámese aborto provocado, llámese manipulación de la vida Nuestro extravío es ya tan grande que, por ejemplo, en España algunos padres le están peleando al estado el derecho a engendrar hijos que, tras haber prosperado y avanzado lo suficiente, puedan ser destazados para curar a otros hijos ya nacidos y con problemas de salud, mismos que pretenden resolver por ese criminal camino. No lo permitamos, tomemos conciencia, actuemos en consecuencia y transmitámosla.

.

Socialismo y barbarie

12 de mayo 2010. Publicado en:
http://losbarbarosdelnorte.com/html/modules.php?name=Forums&file=viewtopic&t=1650

Estimado Mario:

Te mando un texto que hice hace unos veinte años dentro del espíritu escribidor que me sugerías. Se trató de un ajuste personal de cuentas con la ideología que había sustentado mi militancia política y de una reivindicación de los conceptos básicos de valor y de conjunto de los que se había derivado. Posteriormente este texto fue utilizado por mi mujer para presentar su tesis de economía.

Milité durante quince años de mi vida en la España franquista con una ideología comunista, al final de los cuales suspendí la militancia y me vine a América, no por cansancio ni por huir de la quema, sino porque me hallé ante una encrucijada vital e intelectual. Por un lado reconocía el bien fundado de mis aspiraciones sociales y humanas y la calidad y coherencia intelectual de los conceptos de la teoría del valor que sustentaban mi ideología, pero por otro lado, era evidente para mí la barbarie que implicaba la concreción de esa ideología (no solamente en la experiencia concreta de los países de capitalismo monopolista de Estado, sino también en nuestras propias organizaciones políticas, así como en nuestras mentes y espíritus) Claramente, no estábamos ante la alternativa socialismo o barbarie, sino, socialismo y barbarie. Ante todo esto preferí claramente suspender una actividad que conducía, en el improbable pero miserable caso de haber triunfado, a una barbarie mucho, pero muchísimo mayor, que aquella del franquismo contra el que estábamos luchando.

Empecé entonces un periplo vital a lo largo y ancho de Iberoamérica a caballo de actividades mercantiles en torno a los libros. En este proceso me topé con una vieja discusión de los marxistas post-Marx en torno al reciclamiento productivo de las plusvalías, que llevó a Bauer a postular la necesidad de la progresiva transformación del capitalismo mercantil en trueque y a Rosa Luxemburgo a decretar que sin países pre mercantiles que fagocitar ningún sistema mercantil generalizado podía existir.

Este punto destrabó por completo mi mente y apareció ante mí la posibilidad de una planificación mercantil sistemática, donde a más planificación, más mercado y a más mercado, más necesidad y elementos para planificar. La existencia en el sistema mercantil de dos plusvalías, correspondientes a cada uno de los dos valores, el virtuosismo contenido en la relación mercantil entre dos países de grado diferente de desarrollo, de tal manera, que cuanto mayor la diferencia a salvar, mayores son las ventajas comparativas del subdesarrollado en esta relación mercantil.

El NO antagonismo de una relación entre propietarios de los medios de producción y propietarios de la fuerza de trabajo, puesto que las mayores masas de plusvalía en manos de los primeros, significan simultáneamente mayores medios de planificación social en manos de la sociedad en su conjunto por la vía de la apropiación social de la segunda plusvalía, etc., etc., etc. Lo cual, en modo alguno implica que este sea un sistema eterno, al contrario, de acuerdo a la tendencia a la disminución de la tasa de beneficio, resultado del incremento de la composición orgánica del capital, queda absolutamente claro que se trata de un modo de producción histórico, pero que encontrará su término, no fruto de sus repetidos fracasos y disfuncionalidades sino fruto de su éxito rotundo y de su funcionalidad y virtuosidad intrínsecas.

A continuación, te anexo tres pequeños opúsculos que le mandé a Vicente Fox a través de mis amigos del PAN y que ilustran el abismo total que hay entre nuestras respectivas posiciones.

(Especificar entrada, fecha, tipo de documento, carta, foro, etc)

He leído atentamente tu texto y coincido plenamente en la necesidad de un desarrollo sustentable, (concepto que, por otro lado, es la aportación más importante y casi única hasta hoy, de los ecologistas) y, a partir de esta coincidencia, todo, absolutamente difiere e incluso antagoniza. No con el antagonismo de los hechos (que no existe) sino con el antagonismo que guardan entre sí los prejuicios y el juicio y que, después, se trasladan a los hechos.

Afirmas en tu texto que cuando la producción mayor, mejor, más eficiente, etc. se desarrolla, también tiende a desarrollarse en los individuos la sensación del derecho individual, particular, como algo inherente al ser humano, como algo consustancial a su naturaleza etc. etc., y ves en estos dos hechos algo dañino y perverso que conduce a una sociedad egoísta e irresponsable. Coincido contigo en que ésta es la madre del cordero, pero mi punto de partida es exactamente opuesto. No sólo somos individuos de pleno derecho, sino que somos mucho más que eso, somos personas, de pleno derecho también y eso hace que cualquier convivencia, cualquier constitución tenga que basarse en un principio único y sagrado, el derecho de cada quién a disponer de sí mismo y este derecho no tiene limitación ni deber asociado alguno, puesto que el respeto de este mismo derecho en todos los demás no significa contrapartida alguna, sino que constituye la condición misma de la existencia del derecho.

A partir de este único derecho podemos sanamente resolver el espíritu y la letra de cualquier legislación, sea laboral, indígena, mercantil, civil etc. Etc. Y obtendremos unas reglas de convivencia que diferirán como la noche y el día de las que tenemos hoy, puesto que nuestra Constitución del 17 negó en esencia este derecho de cada quien a disponer de sí mismo y concibió el desarrollo social y humano como una acumulación de trabas y barreras a esta individualidad sospechosa y fuente de todos los males.

No podremos zanjar, ni siquiera analizar este punto capital con las referencias de que disponemos, y me refiero no solamente a las referencias políticas, sino incluso a las filosóficas y científicas y que, hoy por hoy, nos hacen ver al ser humano, en el mejor de los casos, como la mera conciencia del universo físico. Efectivamente, de esta presunta naturaleza del ser humano de mera conciencia del universo material no surge el individuo de pleno derecho y menos la persona y efectivamente, visto así esta persona y este individuo son entes perturbadores del orden natural que deben ser suprimidos (como en efecto lo intentó y casi lo logra, el conjunto de los sistemas socialistas llevándose de paso entre las patas la economía, la humanidad y la ecología o naturaleza mismas).

Desde el punto de vista científico, desde el año de 1905, tenemos sobre la mesa un pan que no nos ha dado la gana de cocinar. Si la materia no es algo que existe en el tiempo y el espacio, sino que son el tiempo y el espacio mismos y si, por lo tanto, cualquier masa está de hecho, expresando una determinada cantidad de movimiento (como ya Engels había dicho 50 años antes que Einstein) y si , a su vez, esta cantidad de movimiento depende del punto de referencia y si, por otro lado, tenemos en cuenta que en el universo cualquier punto de referencia puede ser considerado fijo y los demás en movimiento en relación a él, entonces, ningún objeto material puede existir sino a condición de que alguien privilegie un determinado punto de referencia sobre todos los demás, de manera que, este objeto sea lo que es y no otra cosa y exista en un determinado espacio-tiempo y no en otro y tenga una determinada cantidad de movimiento o masa y no otra. En una palabra, la existencia misma del universo presupone efectivamente a alguien y ese alguien es, por descontado, un Creador.

Todas estas afirmaciones en relación al espacio-tiempo, resultado de una prolongada y acumulativa tradición de pensamiento científico, fueron ya formuladas en el siglo cuarto de la era cristiana por San Agustín por razones meramente teológicas. Algo tenía ese punto de partida (la existencia de Dios) que lo hacía inmensamente más productivo que todos aquellos con los que coexistía y que no partieran de esa premisa.

Es nuestra relación personal y única con Dios lo que nos hace personas, y es el reconocimiento de esta calidad de personas lo que permite a una sociedad ser humana y respetuosa con sus miembros, con todos los seres vivos y con el universo mismo. Fuera de ese reconocimiento por parte de la sociedad constituida del carácter personal de sus miembros, la barbarie más absoluta nos espera y en nuestro empecinamiento necio por no querernos apear de la burra y no reconocer este hecho, jamás hemos querido tomar nota de los hechos realmente ocurridos en los países del este.

Todo nos ha resbalado y hemos pasado sobre ellos empeñados en profundizar nuestra ignorancia más supina de manera que nada perturbara nuestro sacrosanto e irrenunciable abordaje materialista. Diderot, el materialista de la enciclopedia, él, era infinitamente más prudente y afirmaba: "Si la materia pudo dar lugar a la conciencia, entonces esto significa que la materia es algo absolutamente distinto a lo que imaginamos". También Engels había afirmado cincuenta años antes de la teoría de la relatividad: "Si la hipótesis del éter no demuestra su objetividad, absolutamente toda la física cambiará de naturaleza". Eso, precisamente es lo que ocurrió, pero todavía esperamos que cualquier cambio se produzca. A estas alturas del partido la ignorancia de Dios es la madre de todas las ignorancias y la ignorancia es la madre de todas las barbaries.

Desde el momento que fue posible para una cultura y para un ser humano el reconocimiento al derecho a disponer de sí mismo, fue posible para todas las culturas y para todos los seres humanos y de ahí que ningún relativismo cultural prevalezca sobre los derechos humanos, sobre ese derecho de cada quién a disponer de sí mismo. Ningún uso y costumbre tiene el derecho de disponer de los demás en nombre de tradición alguna y todo hombre, indio o no, tiene el derecho de disponer de sí mismo en cualquier materia porque el hecho de ser personas nos hace plenamente soberanos de derecho y cualquier otra soberanía que la convivencia y el bien común requieran es derivada de esta soberanía individual y personal y esta derivación debe hacerse por vías estrictamente democráticas, libres.

Se podría entrar en materia en todos y cada uno de los puntos que hemos abordado verbalmente y en muchos más pero esto basta para ver claramente que en la medida en que ejerzamos alguna acción social o política lo haremos en direcciones exactamente opuestas y que en la medida en que seamos consejeros de alguien lo aconsejaremos de manera completamente opuesta también.

Ni caso tendría entrar, por ejemplo, en la globalización que, en el caso de los conceptos marxistas del valor, no solamente desembocaba en ella sino que la presuponía. Nuestra relación no puede basarse en la pretensión de influencia o convencimiento alguno, la distancia es demasiado abismal, sólo puede tener eventualmente, el interés de entrar en conocimiento de algo exótico y perfectamente diverso por aquello de que nunca se sabe por dónde puede saltar una liebre.

Un saludo y un abrazo, al menos cumplí con tu recomendación de producir algunas letrillas escritas, y esa es la única concesión que puedo hacer.

Repito el saludo y el abrazo.

.

Madurez neolítica o defensa de la fe

23 de mayo 2010. Publicado en:
http://losbarbarosdelnorte.com/html/modules.php?name=Forums&file=viewtopic&t=1722

Craig Venter, que participó decisivamente en el conocimiento del genoma humano con su empresa Celera Genomics, acaba de lograr, con su nueva empresa Syntetic Genomics, la primera bacteria sintética, para lo cual, programó en la computadora un cromosoma sintético, lo introdujo en una célula viva y ese cromosoma empezó a dirigir el proceso de ésta, creando las proteínas correspondientes al cromosoma insertado y no al de la célula original, logrando, al final del proceso de interacción, una célula artificial.

Independientemente de si esto puede ser llamado, o no, creación de vida, lo decisivo es que abre grande y definitivamente las puertas a la creación programada de todos los organismos vivos necesarios a una acción utilitaria en todo nuestro entorno y para satisfacer nuestras necesidades en todos los ámbitos: creación de vacunas, de etanol o hidrógeno para la combustión, de bacterias destructoras de toda clases de contaminación, (comedoras, por ejemplo, de hidrocarburos) y mil etcéteras. Es algo completo, inconmensurable y, esta vez, definitivo. De hecho podemos decir que EN ESTE MOMENTO ESTAMOS ENTRANDO A LA MADUREZ DEL NEOLÍTICO, con sus grandes trabajos de selección de factura humana que dieron lugar a la agricultura, a la ganadería y a toda la vida social moderna en la que hoy estamos insertos.

Craig Venter es un hombre intenso y activo. En este momento está recorriendo los mares del mundo recolectando toda clase de bacterias para inspirar futuras programaciones cromosómicas.

El descubrimiento ha sido bien recibido por todo el mundo, pero, con una actitud correcta, ha determinado un pedido de Barack Obama para analizar las implicaciones éticas del asunto y asimismo una respuesta similar del Papa Benedicto XVI y un pedido de regulación de esta tecnología de parte del propio Craig Venter.

Henos aquí en el meollo del asunto. Todo el mundo abordará las implicancias éticas del tema. Pero, ¿de qué ética?, porque Hitler tenía una ética estricta, la pureza de la raza aria, y Stalin no le iba a la zaga con su virginidad moral de la clase obrera y Fidel Castro prefiere que su isla se hunda en el mar, con todo y sus habitantes, antes de que la libertad, el libre albedrío (él lo llama capitalismo) pueda triunfar en Cuba, (de hecho el capitalismo reina en Cuba, nada más que un capitalismo de Estado autoritario y opuesto a la libertad) y, de nuevo mil etcéteras. ¿Cuál ética pues?, porque, hablar de ética sin más y no decir nada es una sola y la misma cosa.

¿Cuál ética? La ética de la fe en Dios, no hay otra. La que nos permite comprender que cada uno de nosotros es soberano, personal y único, en virtud de una relación con Dios, tan soberana, personal y única, como soberano, personal y único es Dios mismo. La que hace que, de manera natural, comprendamos y sintamos que nuestra vida es intransferible y no sacrificable y debe ser defendida desde la concepción hasta la muerte natural. La que nos permite comprender de manera sencilla y prístina que los límites definitivos de nuestro accionar está en la no destrucción ni manipulación de la vida humana. En esa respetuosa actitud que nos permitirá, indefinidamente, seguir siendo hijos de Dios y no de la ciencia, no importando cuán grande sea (y muy grande será, y debe ser), el desarrollo de ésta.

Ahí es donde viene a cuento la expresión que Benedicto XVI ha usado en su último discurso público al hablar de la inteligencia de la fe. Hemos hablado de la inteligencia emocional, de la físico genética, etc., pero la verdadera inteligencia es la de la fe, pues, teniendo en cuenta que la fe es la fuerza que nos hace vivir, entenderemos que todos aquellos que vivimos tenemos, por ende, fe.

El tránsito de nuestra época no será el de pasar de la no fe a la fe, sino el de pasar de la no conciencia de la fe (que ya tenemos, aún sin saberlo) a la conciencia de la fe y, teniendo en cuenta, de nuevo, que este no es un universo de cosas sino un universo de seres, donde las cosas son la mera apariencia de los seres, entonces, tomaremos conciencia, no de en qué tenemos fe, sino de en quién y ese quién es, con evidencia luminosa, Dios y esta conciencia nos procurará un salto cualitativo análogo, pero infinitamente más importante, que aquél que nos hizo hombres al pasar del saber cosas del animal, a la conciencia de este saber en nosotros.

Ética sí, la ética de la fe en Dios, la que nos procurará la inteligencia que requerimos para esta inmensa etapa que inauguramos, la inteligencia de la fe, y ¡que la ciencia produzca mil flores! y ¡que el neolítico despliegue todo el potencial que desde el principio mostró!

.

Tevatrón, simetría, el bien y el mal

28 de mayo 2010. Publicado en:
http://losbarbarosdelnorte.com/html/modules.php?name=Forums&file=viewtopic&t=1727

En el TEVATRÓN (el competidor estadounidense y ya veterano del L.H.C. del CERN, en Ginebra), acaban de hacer un descubrimiento mayúsculo.

En la primera billonésima de segundo del universo, los mesones B se producen con un 1% más de materia que de antimateria. Eso es más de cincuenta veces más de lo que todas las teorías actuales predecían (incluyendo la teoría estándar) y se acerca mucho a lo que es necesario para explicar el por qué, en el origen del universo, la materia y la antimateria, que deberían producirse en cantidades equivalentes de acuerdo a las diferentes teorías simétricas, no se anularon mutuamente en una sola explosión de energía.

El tema es decisivo porque de esta simetría o asimetría depende la existencia del universo en el que todos nosotros evolucionamos.

¿Por qué abordar este aspecto si la física actual está llena, en cantidades astronómicas, de intríngulis altamente especializados? Porque es decisivo en otro aspecto. La simetría es la panacea del mal (ser y seres que tienen nombre pero que ni caso tiene pronunciarlo porque se lo toman como una invocación).

El mal no puede crear, le está vedado, porque todo aquel ser al que le sea dado participar en la creación lo hace en virtud de entrar en comunión con Dios, es Él el que crea en nosotros, cuando eso ocurre. Es Él el que crea, siempre en primera persona, esté, o no, en comunión con cualquier otro ser de su creación. El mal está en rebelión contra Dios, acumula poder con cada una de nuestras maldades, no quiere renunciar a ese poder, pero eso le prohíbe entrar en comunión con Dios. En el momento en que lo hiciera dejaría de ser quien es y perdería todo ese poder inútil que sigue acumulando.

Prohibirse entrar en comunión con Dios significa cerrarse todo acceso a la actividad creativa y lo reduce a no tener más recurso, para vincularse con el ser, que el de apoderarse de nuestras propias creaciones, y puede hacerlo en la medida en que éstas no llegan conscientemente a su fin natural que es Dios. Se las apropia, las vuelve como un calcetín, por vía de simetría, y las convierte en el exacto contrario de los fines para los que, originalmente, nosotros los hombres, las habíamos concebido. Pero esto sólo puede hacerlo en la medida en que nosotros negamos a Dios, en la medida en que Él, en el respeto de nuestro libre albedrío, debe dejarnos a merced de ese ser.

Nuestro descreimiento y nuestro ateísmo, deja a nuestras creaciones en disposición de ser usadas por nuestro enemigo en nuestra propia destrucción. Toda nuestra historia está plagada de esos permanentes y tristes ejemplos, empezando por el comunismo y pasando por infinidad de otras manifestaciones vitales, políticas y culturales.

La simetría es la forma que toma el no-ser dentro del ser, la asimetría refleja y permite nuestra realidad y existencia y en los esfuerzos de Einstein por avanzar en su teoría unificada de los campos (esfuerzos no logrados pero tampoco estériles) tuvo que recurrir a la asimetría para intentar siquiera aproximarse a la realidad abordada.

El TEVATRÓN de Estados Unidos ha encontrado experimentalmente una fuerte manifestación de esta asimetría que permite la existencia de NUESTRO UNIVERSO, uno aparentemente simétrico, pero realmente asimétrico, TAN ASIMÉTRICO COMO NUESTRA PROPIA RELACIÓN CON DIOS. Bien, muy bien por ellos.

.

Comentarios

Si el mal no puede crear, ¿quién creó al mal?, ¿el bien creó al mal? Terrible, ¿no?

Mariano: Dios creó a todos los seres y en una delicadeza infinita, los creó, (nos creó), a la vez libres y limitados. En tanto que limitados, tenemos un largo camino que tenemos un largo camino que andar, con un amplio espacio que llenar a nuestra propia manera. En tanto que libres, gozamos del margen necesario para que optemos entre lo mejor y lo peor. Pero en modo alguno nos abandona y está ahí para acudir en nuestra ayuda cada vez que lo necesitemos y así lo solicitemos, pues es condición indispensable, para poder devenir nosotros mismos, que no interfiera con nuestro libre albedrío.

Dios no creó al mal, creó sí, ese ser que, por sus propios hechos, devino lo que hoy es. Toda su evolución estuvo en él, como toda la nuestra está en nosotros. El horizonte que está a nuestro alcance es inconmensurablemente más luminoso que cualquiera que hayamos imaginado, así como el abismo en el que podemos caer es también mucho más pavoroso que lo que estamos acostumbrados a admitir.

.

Rarámuri: Cuando leo sobre el big bang no puedo dejar de recordar a Georges Lemaître, la burla que de él hicieron algunos "científicos" cuando expuso esta teoría, el mismo Einstein cuando en 1927 es visitado por Georges Lemaître no lo atiende cuando le explica por qué el universo está en expansión. Hoy pocos recuerdan a este gran científico, ¿será porque aparte de ser doctor en física y matemáticas era sacerdote católico?

Mariano: Al desarrollar sus fórmulas sobre la relatividad generalizada, a Einstein le resultó un universo en expansión, hubiera podido, y debido, tener la primicia, pero, incapaz de superar el criterio de la época de un universo estático, consideró que sus resultados eran erróneos y para corregirlos creó el concepto de la constante cosmológica, un concepto ad-hoc que rompía con todos los criterios de belleza y simplicidad a los que él estaba justamente aferrado, y que constituyó, según él mismo, el más grande disparate de su vida. Hoy ese concepto cosmológico se ha recuperado con otras finalidades.

Las fórmulas de Einstein, una vez más en la historia de la ciencia, resultaron más inteligentes que él mismo.

Pienso que el hecho de que Lemaître fuera sacerdote no influyó en el rechazo. La historia de la ciencia está plagada de sacerdotes y frailes que hicieron aportaciones de mayor cuantía y que fueron aceptados. Lo determinante aquí fue un prejuicio estático que procedía, precisamente, de la época en que ciertos criterios religiosos se impusieron al pensamiento libre.

.

Los que SÍ saben negociar con delincuentes

20 de junio 2010. Publicado en:
http://losbarbarosdelnorte.com/html/modules.php?name=Forums&file=viewtopic&t=1732

El Presidente Calderón ha explicado su política de seguridad estableciendo algunos referentes como el hecho de que los narcotraficantes, que antes sólo iban de paso hacia el Norte, hoy fincaron en México un importante mercado, o como el del arraigo y control territorial de esa delincuencia y la ampliación a la extorsión generalizada, secuestro, etc. o como el hecho de que la importación masiva de armas desde el permisivo EEUU les da una potencia de fuego muy agresiva. Deja sentado que las condiciones delictivas han cambiado radicalmente, razón por la cual, ninguna negociación procede con esas mafias, aún cuando establece que el principio de la negociación con ellas le parece improcedente en cualquier circunstancia. De acuerdo a él debemos asumir la necesidad de enfrentar al delito como única alternativa de gobierno y seguridad ciudadana.

Coincidimos plenamente con él, sin fisura alguna, pero debemos, a su vez, debatir con una corriente de opinión, cada vez más nutrida, que tiende a pensar que es necesario ceder Los Pinos y los gobiernos estatales y municipales a los que sí saben gobernar, porque sí saben negociar con la delincuencia. Ahí les va nuestra opinión al respecto.

Tomaremos un solo caso emblemático para ver la intimidad de esta posición y lo que realmente implica, para ver en todo su esplendor ejemplificado el hecho de que POLÍTICO Y GOBERNANTE QUE

NEGOCIA CON DELINCUENTES ES ÉL MISMO DELINCUENTE Y CAPO DE TODOS LOS CAPOS.

En la segunda mitad de los noventa fue Gobernador de Morelos Jorge Carrillo Olea, hechura de Luis Echeverría, Coronel del Ejército, Jefe de la Segunda Sección de las Guardias Presidenciales, zar del espionaje en México, funcionario de segundo nivel en SHCP, etc. personaje pues, altamente calificado, no solamente para negociar con delincuentes sino también para tenerlos, se supondría, en su puño. Pues bien, su negociación fue tan lograda y asumida que Amado Carrillo, el Señor de los Cielos, vivía contra esquina de su casa y el "Mochaorejas", sanguinario secuestrador, a media cuadra. La entente y el control eran perfectos. Veamos la serie de acontecimientos que esto desencadenó.

Cuando los guaruras de todo ese entramado narco percibieron las enormes cantidades de dinero que se manejaban, y con el ejemplo frente a ellos del vecino "Mochaorejas", concibieron la imperiosa necesidad de manejar mayores ingresos y empezaron a generalizar ellos el negocio del secuestro y la extorsión. A su vez, cuando los capos, delincuentes simples y delincuentes del gobierno, vieron el volumen que había tomado el negocio de sus subordinados, tomaron las riendas de ese negocio, y como ahí se gozaba de todas las facilidades del delito y del Estado, usaron los separos de la procuraduría como casa de seguridad para guardar a los secuestrados (maña que también empleó el difunto Del Villar, Procurador del D.F. en tiempos del Jefe de Gobierno Cuauhtémoc Cárdenas, donde, además, las extorsiones se cobraban en la explanada de la Procuraduría). Cuando el asunto empezó a tronar a instancias del Presidente Ernesto Zedillo, que no podía soportar semejante situación, al menos no a las puertas de la capital federal, resultó que la parte inmediatamente operativa del tinglado era manejada por el coordinador de la Policía Estatal, ciudadano Millarada y por el Procurador del Estado Carlos Peredo (por cierto que el primer "detalle" que le tronó al amigo procurador fue el haber dado la orden, al jefe del grupo antisecuestros, de tirar el cadáver de alguien que ellos mismos se habían encargado de asesinar).

Pero, el negocio tomó tales vuelos, que los separos de la Procuraduría no podían dar cabida a tantos secuestrados simultáneos y entonces recurrieron a habitantes del municipio de Huitzilac, colindante con el D.F., para dar cabida a la masa de la clientela con lo cual corrompieron totalmente a ese sector de la población.

La maldad de ese amasiato de delincuentes con políticos: "que sí saben cómo manejar estas cosas" fue tanta, que a los secuestrados que mantenían en los separos como casa de seguridad, una vez que los familiares habían pagado el rescate, los pasaban a la cárcel, pero ahora en calidad de secuestradores. En un momento determinado llegaron a tener más de trescientos secuestrados presos acusados de secuestradores.

Finalmente el secuestro se había masificado tanto que nuevas y nuevas comaladas de secuestradores entraron en liza democratizándose el negocio hasta el extremo de que cualquier improvisado le entraba para adueñarse aunque fuera de una televisión o de un electrodoméstico cualquiera. Los chalets de las laderas residenciales que van del D.F. a Cuernavaca están habitadas por cuantiosos cadáveres de secuestrados que nunca fueron localizados.

Para cuando Carrillo Olea fue apartado del poder, el 15 de Mayo del 1998, (en la total impunidad), el daño causado al entramado social y a la ética ciudadana era tal que en el poblado de Huitzilac, la familia Rojas-Eslava, por ejemplo, decidió seguir por su cuenta el negocio del secuestro y para cuando fueron detenidos, ellos solitos, en tres años, habían secuestrado más de tres mil personas, procedentes, en su mayoría del municipio de Tepoztlán, (más al sur del mismo Morelos). A su vez, estos energúmenos dejaron su herencia y la segunda generación de hijos y sobrinos fue detenida años después siguiendo su negocio en el Estado de México.

UN GOBERNANTE QUE NEGOCIA CON DELINCUENTES SE ASOCIA CON ELLOS Y EL DAÑO QUE CAUSA A LA SOCIEDAD ES INSOPORTABLE. TOMAR CONCIENCIA DE ESTA FORMA DE MALDAD (LA PEOR) Y ENFRENTARLA ES CAPITAL Y NOS VA LA VIDA EN ELLO Y EN LAS ELECCIONES DE ESTE AÑO, Y TODAVÍA MÁS EN LAS PRESIDENCIALES DEL 2012, DEBEMOS TENER PRESENTE QUE ESTA VEZ, NO SÓLO ESTÁ EN JUEGO EL MODELO DE PAÍS, SINO NUESTRA SOBREVIVENCIA MISMA COMO PAÍS CIVILIZADO, SÓLO PODEMOS VOTAR POR EL CANDIDATO QUE NOS GARANTICE QUE ENFRENTARÁ EL TEMA DE LA SEGURIDAD SIN NEGOCIACIÓN ALGUNA CON LAS MAFIAS.

Y para terminar, si votamos por el que nos garantice la no negociación con los delincuentes, de una vez DÉMOSLE MAYORÍA EN EL CONGRESO Y EN EL SENADO a fin de que pueda realizar las reformas necesarias para lograr el crecimiento económico, sin el cual, ninguna política de seguridad podrá prosperar consolidadamente.

.

¿Engaña el demagogo al pueblo?

25 de julio 2010. Publicado en:
http://losbarbarosdelnorte.com/html/modules.php?name=Forums&file=viewtopic&t=1747

Es comúnmente aceptado que el demagogo engaña al pueblo para conseguir sus fines de poder. Pero, ¿es esto cierto?

Nuestro corazón, nuestro espíritu, nos da la verdad en nuestra primera percepción o intuición, pero esta verdad, para ser utilizable en este ámbito espacio-temporal, debe sufrir una elaboración mental y ahí entra en liza lo que llamamos cabeza, ¿cómo funciona ésta?

Lo que llamamos cabeza funciona exactamente al revés del espíritu. En el primer momento nos provee siempre de un prejuicio, de una ocurrencia, puesto que en este primer momento, solo entra en tratos con el mundo de las apariencias. Es después de una ardua, azarosa, compleja, pero regocijante, elaboración mental que la cabeza logra acceder al juicio.

El común de las personas no tiene vocación para sumergirse en los vericuetos de esta elaboración mental y, por lo tanto, permanecen en el prejuicio.

El demagogo es cualquiera de esos ciudadanos que comparten esa masa de prejuicios, que juzgan juicios, en la simple repetición hasta el infinito de las mismas necedades. Pero este demagogo tiene un corazoncito ambicioso y descubre que repetir y formular en voz alta esos prejuicios, esas necedades, le da poder sobre sus conciudadanos.

Una vez tomado el poder político, el demagogo, enfrentado a demasiados hechos como para seguir siendo ignorante, descubre que el prejuicio es mentira, pero, descubre asimismo, que la mentira es más fácil de creer que la verdad, puesto que asumir aquella no requiere de esfuerzo mental alguno y asumir ésta sí. Para este momento su opción por la mentira y la maldad es completa.

El pueblo es siempre cómplice y corresponsable del demagogo, pero, para cuando esta complicidad se agota, para cuando este pueblo tiene que enfrentarse, él también, a la terquedad de los hechos, entonces sí, el demagogo recurre al engaño y, sobre todo, a la represión, al terror, que ejerce con todos aquellos que, como él, han optado por la mentira.

No todos los políticos son demagogos, pero, hoy por hoy, todos, incluso aquellos que conocen y asumen parte de la verdad, se guardan muy bien de compartirla con sus conciudadanos porque saben que el pueblo no acepta ni tolera la introducción de reflexiones en el mercado político y, menos, en las campañas políticas.

El político que se dedique a decir la verdad o intentar reflexionar es reo de lesa derrota electoral y muchos, para que no se les chispotee, censuran su propio proceso mental.

ES GRAN TIEMPO DE QUE APAREZCA UNA NUEVA CLASE DE POLÍTICOS QUE ENFRENTE AL PUEBLO CON UNA REFLEXIÓN PERMANENTE QUE, POR LA VÍA DEL COTEJO CON LA TERQUEDAD DE LOS HECHOS, PUEDA GENERAR EN ÉSTE UNA ACTITUD RADICALMENTE DISTINTA FRENTE A LA VERDAD Y A LA REFLEXIÓN.

LA ASUNCIÓN DE ESTA NUEVA CONCIENCIA COLECTIVA NOS EVIDENCIARÍA RÁPIDAMENTE EL VÍNCULO ENTRE LA FE Y LA REFLEXIÓN.

¿De qué está hecha la objetividad?

25 de julio 2010. Publicado en:
http://losbarbarosdelnorte.com/html/modules.php?name=Forums&file=viewtopic&t=1746

Presentamos siempre a lo objetividad como aquello que supera y cancela la subjetividad, pero, ¿es así?

Cuando Einstein desencadenó una cascada de conocimiento objetivo a través de sus teorías, particular y general, de la relatividad, el mundo se maravilló de la revolución del pensamiento científico que esto significaba. Había ocurrido antes en términos similares con la ley universal de la gravitación de Newton y su completo sistema de la mecánica celeste. De hecho, los trabajos de Emmanuel Kant surgen en un intento de explicar esta súbita aparición de conocimiento.

En el caso de Einstein, nunca hemos analizado su método de reflexión. Sus dos teorías de la relatividad parten exclusivamente de dos supuestos, la identidad de la masa inercial y la masa gravitacional y la velocidad de la luz como constante de referencia para todas las demás. Queda tan claro que estos únicos supuestos determinan todo el edificio de las teorías de la relatividad, que unos meses antes de que Einstein acabara y publicara su teoría de la relatividad general (que le llevó once años formular), se encuentra con el matemático-geómetra David Hilbert y lo convence de los alcances de esos dos únicos supuestos, con lo cual, éste, en un mes, desarrolla y publica, antes que Einstein, toda la base matemática de la teoría de la relatividad general. Aquí, el comentario es que esa identidad de las masas inercial gravitacional y esa decisión respecto a la constante de la velocidad de la luz, determinan en sí mismas toda la teoría, todo lo demás es trabajo, aunque dotado él de su propio mérito.

Una vez aceptada esa identidad entre ambas masas (la idea más productiva de su vida, como bien dijo el propio Einstein), éste realizó una serie de experimentos mentales a los que era particularmente aficionado, los cuales transcurrían dentro y entorno de un ascensor. Estos experimentos, entre otras cosas, le permitieron determinar la curvatura (cuantificada), de la luz bajo el efecto gravitatorio y aquí es donde la cosa es útil para el fin formulado en el título de este comentario.

Resulta, que el observador real exterior al ascensor, observa el movimiento de éste y el de la luz de manera que el cruce de las dos trayectorias rectas (según este observador) determina en el interior del ascensor una curva cónica y de manera, asimismo, que cualquier acción atractiva derivada de este movimiento no es más que una manifestación de la masa inercial derivada, a su vez, de los dos movimientos. Sin embargo, para el observador imaginario del interior del ascensor (cuya realidad en este experimento no es más que el de una elaboración mental), ignorante, además, de la realidad exterior al ascensor, cataloga la acción atractiva que él percibe, como el resultado de una masa gravitacional y decide, que la curva cónica surge de la atracción de esa misma masa gravitacional, y concluye, por ende, que la gravedad atrae la luz en proporción directa a la masa gravitacional de la que se deriva.

Una reflexión mínima de este experimento y las conclusiones sacadas por Einstein (refrendadas después por toda la historia, teórica y experimental, de la teoría de la relatividad) nos da resultados aleccionadores. ES LA PERCEPCIÓN IMAGINARIA DEL OBSERVADOR IMAGINARIO INTERIOR LA QUE PERCIBE

DIRECTAMENTE LA OBJETIVIDAD DE LA CURVATURA DE LA LUZ, RESULTANDO ESTA PERCEPCIÓN IMAGINARIA MÁS OBJETIVA QUE LA PERCEPCIÓN REAL DEL OBSERVADOR REAL Y, A CONTINUACIÓN, ESTA PERCEPCIÓN IMAGINARIA DEL PERCEPTOR IMAGINARIO GUÍA AL PERCEPTOR REAL, HACIA AQUELLA PRECISA Y ESTRECHA FRANJA DE SU PERCEPCIÓN, DONDE TAMBIÉN POR ÉL ES PERCIBIBLE EL GRADO DE OBJETIVIDAD ALCANZADA POR EL PERCEPTOR IMAGINARIO.

Vemos que toda esta capacidad de percibir imaginariamente y objetivamente la realidad vino determinada por la concepción de una simple identidad, la identidad entre la masa inercial y la masa gravitacional (cuya equivalencia era cosa conocida desde mucho antes pero a la que no se le había podido dar ninguna significación).

Este esquema es permanente. Cuando Newton se halló frente a unas especulaciones de toda la clase científica de su época sobre el movimiento de los astros en el espacio, en las que se había llegado a entender que ese movimiento debía resolverse como el cruce de una fuerza tangencial centrífuga y una fuerza radial centrípeta, la aparición de la chispa de Newton, al decidir que la fuerza que movía los astros en el espacio y la que hacía caer los cuerpos en la tierra eran la misma, la gravedad, entonces, todo se disparó y pudo conectar inmediatamente la ley de la gravedad de Galileo con las leyes del movimiento de los astros en el cielo de Kepler, y, faltando matemáticas para esa labor, tuvo que crear el cálculo diferencial e integral.

Cuando relacionamos los fenómenos entre sí, por simple comparación, accedemos al pre-juicio, en el sentido doble de lo que precede al juicio y de lo que lo distorsiona. Cuando logramos establecer analogías entre estos fenómenos, accedemos al juicio, pero, cuando logramos identificar los fenómenos (cuando establecemos su identidad) ahí alcanzamos la chispa de sabiduría, la que viene de Dios, que es la identidad misma, AQUEL QUE ES EL QUE ES, y este es un acto íntimo y esencialmente subjetivo, De este acto de subjetividad plena y libre resulta una cascada interminable de objetividad. LA OBJETIVIDAD ESTÁ HECHA DE SUBJETIVIDAD PLENA Y LIBRE Y ESTA SUBJETIVIDAD, A SU VEZ, NO ES MAS QUE UN ACTO DE COMUNIÓN CON DIOS, ESE ACTO QUE NOS PERMITE ACCEDER A UNA CHISPA DE IDENTIDAD Y, POR ENDE, A UNA CHISPA DE SABIDURÍA.

¿Existen los precios justos?

26 de julio 2010. Publicado en:
http://losbarbarosdelnorte.com/html/modules.php?name=Forums&file=viewtopic&t=1748

Toda la fauna de los "anti-neo-liberales", habla constantemente de los "precios justos". ¿A qué se refieren con eso? Si nos atenemos a la definición del "Che" Guevara, precios justos son aquellos que nos hacen vivir decentemente con el producto de lo que vendemos, no importando qué y cuánto vendamos. En sentido estricto, estamos diciendo que los demás tienen la obligación de mantenernos, no importando cuál sea nuestra improductividad, y el caso de Cuba abona este dicho puesto que la Unión Soviética subvencionaba a Cuba con 5 mil millones de dólares anuales por la vía de los precios "justos", más le regalaba las armas, más le regalaba todo aquello que los soviéticos consideraban productos de interés estratégico para Cuba y, aún así, Cuba acabó debiendo 300 mil millones de dólares al conjunto del campo socialista europeo. Hoy, Cuba ha encontrado un segundo pagano en Venezuela, aunque de menor cuantía.

Pero cuando estos "anti-neo-liberales", valga el eufemismo y el retruécano, todavía se declaraban abiertamente marxistas y pretendían tener alguna reflexión económica, hablaban de los "trasvases de valor", es decir que, teniendo en cuenta la mayor productividad del país desarrollado, éste pone en el mercado menos horas de su trabajo socialmente necesario (o trabajo promedio) para obtener un producto del subdesarrollado, que contiene más horas de trabajo socialmente necesario. El análisis de nuestros "humanistas" termina aquí y deciden que, puesto que hay constantemente un trasvase de valor del pobre a favor del rico, esto determina un empobrecimiento permanente de aquel a favor de éste y que, por lo tanto, el pobre debe guardarse muy mucho de participar en el comercio internacional a precios del mercado mundial, negocio en el que, según ellos, saldrá siempre perdedor.

Es a esto a lo que hacían referencia nuestros sabios analistas mexicanos cuando hablaban de las "asimetrías" entre EEUU y México que hacían prohibitivo para México entrar en cualquier tratado comercial con los del Norte. El propio Salinas compró esta estupidez con consecuencias fatales para su sexenio como veremos más adelante.

Analicemos por nuestra cuenta el asunto. Cuando cualquier país entra en el comercio internacional mide sus ventajas y desventajas en su propio trabajo socialmente necesario y no en el de su cliente o proveedor. Veamos un ejemplo con frijolitos. Imaginemos que un subdesarrollado le vende a un desarrollado una vaca, a precios del mercado mundial, y le compra una computadora, también a precios del mercado mundial. Imaginemos asimismo, que al subdesarrollado esta vaca le ha costado cien horas de su trabajo socialmente necesario y que al desarrollado esta computadora le ha costado dos horas y media de su trabajo socialmente necesario. Dentro de la primera parte del análisis en la que se quedan nuestros nacional-humanistas, el traslado de valor es de 97 y media horas de trabajo y la ruina del pobre es evidente.

Estamos aquí frente a precios "palmariamente injustos" y el pobre debe huir como de la peste de este tipo de comercio. (Y como en el mercado mundial no hay más precios que los mundiales, de aquí deducen la necesidad absoluta e imperiosa de que este país subdesarrollado se salga de la economía de mercado y cree cualquiera de los bodrios estático-burocráticos que hemos conocido).

Veamos el interés de cada parte en este asunto. Para el desarrollado, comprador de la vaca, estas supuestas noventa y siete y media horas de ventaja no entran para nada en la cuenta de ningún beneficio, puesto que cualquier beneficio él lo tiene que medir en su propio trabajo socialmente necesario, y entonces, le pregunta a su mercado "mercado mío, ¿cuánto me cuesta a mí producir esta vaca? y el mercado le contestará, eventualmente, "diez horas de mi trabajo socialmente necesario" con lo cual, este país desarrollado, al realizar esta compra en el mercado internacional, habrá multiplicado por cuatro su productividad natural. Buen negocio.

Veamos ahora al subdesarrollado. Éste puede estar en dos situaciones. Si está en condiciones de producir en su propio mercado el bien comprado, hará la misma pregunta que su socio comercial y sólo entrará en esta compraventa si obtiene beneficios del mismo tipo del que acabamos de exponer. Pero, precisamente por ser subdesarrollado y por haber escogido nosotros un bien de capital en este intercambio hipotético, generalmente, no estará en condiciones de producirlo y, puesto que si no lo produce, y lo necesita, solamente lo puede obtener por intercambio, entonces, su pregunta lógica será, "mercado mío, ¿cuánto de mi trabajo socialmente necesario me ahorrará esta computadora, que tú no eres capaz de producir, a lo largo de toda su vida activa" y éste le contestará que un múltiplo de veces las cien horas contenidas en la vaca, pongamos 10 mil horas. Porque, de este calibre es la realidad de este intercambio. ¿Dónde quedó la supuesta perversión del traslado de valor al que hacíamos referencia, cuando este subdesarrollado está en condiciones de obtener 10 mil horas de su trabajo socialmente necesario a cambio de solo cien del mismo?

De hecho, lo que hace el subdesarrollado al entrar en este comercio con el desarrollado, es introducir productividad en su mercado y ésta, precisamente, es la condición del desarrollo y esto explica que, no solamente tengamos un dumping de los ricos (destinado a eliminar competidores para después controlar precios), sino que también tenemos un dumping de los subdesarrollados (destinado a vender productos primarios a cualquier precio para obtener bienes de capital). PODEMOS AFIRMAR, QUE: CUANTO MÁS GRANDE SEA LA DISTANCIA DEL DESARROLLO ENTRE DOS PAÍSES QUE INTERCAMBIAN MERCANTILMENTE A PRECIOS DEL MERCADO MUNDIAL, MÁS GRANDE ES LA VENTAJA DEL SUBDESARROLLADO EN ESTE INTERCAMBIO, PUESTO QUE MÁS GRANDE ES SU BENEFICIO POTENCIAL, DE TAL MANERA QUE, DENTRO DEL MERCADO MUNDIAL, Y A PRECIOS DEL MERCADO MUNDIAL, LA POSIBILIDAD DE ACORTAR LA DIFERENCIA ENTRE AMBOS DESARROLLOS ES TANTO MÁS GRANDE, PRECISAMENTE, CUANTO MÁS GRANDE ES LA DIFERENCIA A SALVAR, EVIDENCIANDO ESTE MERCADO UNA VIRTUOSIDAD INTRÍNSECA INTENSA.

Aprovechar o no esta virtuosidad intrínseca del mercado depende de si estos participantes están asumiendo, o no, la economía de mercado, las reglas del mercado. Hacer todo lo necesario para impulsar el desarrollo de una clase mercantil e industrial y de un contexto político totalmente homologado con la economía de mercado, es trabajar a favor de los intereses de la humanidad en su conjunto y, oponerse a esta economía de mercado en nombre de los "precios justos", es la más reaccionario e inhumana de las actitudes, la más perversa. Podríamos aquí acumular hechos sin fin en abono de esta reflexión, diremos nada más que, a mayor abundancia de lo dicho, el beneficio del desarrollado en este intercambio nunca alcanza al beneficio potencial del subdesarrollado y que, además, sus buenas inversiones le han costado, mientras que el subdesarrollado, para obtener el beneficio suplementario, sólo aporta su indigencia. Quererle privar de esta virtuosidad intrínseca implica quererlo mantener en el subdesarrollo, lo cual es perfectamente coherente con unos personajes que viven de "primero los pobres" y sin los cuales no son nada (de todos modos no son nada).

Cabe decir, que estas preguntas que hemos formulado aquí, tanto las de los actores públicos como las de los privados, las encuentran formuladas y resueltas, precisamente en los precios de sus respectivos mercados nacionales y del mercado mundial.

Retomando a Don Carlos Salinas, la situación fue ésta. Al tomar posesión de su sexenio, que resultó también el primer año del cuatrienio de George Bush padre, éste, en la Convención de la Cámara de Comercio Hispana de los EEUU, que ese año se celebró en Nueva Orleans, le hizo a México la propuesta de entrar, en lo que después se llamó, el T.L.C.A.N. Salinas rechazó la propuesta en nombre de las "asimetrías" y concibió, con la entrada al GATT, una rebaja generalizada de aranceles en la idea de provocar una afluencia masiva de inversiones mundiales en México. Pasaron tres años, las inversiones no vinieron, castigó a la industria nacional, sometió a las empresas nacionales a concursos mundiales desventajosos para ellas puesto que los participantes del exterior obtenían sus capitales al 6% anual y en México andaban en el 35% anual y, no obstante, no comprendió nada, tan fuerte era su fijación de ideología mexicana izquierdosa.

Hay que decir, que el personaje no ha sido bien entendido porque, no solamente tenía una componente de hombre del sistema, que le venía de su padre (con toda la cauda de maldades que esto implica) y una componente tecnocrática, derivada de sus estudios en el exterior, sino que también participaba profundamente de todas las estupideces de la ideología "social" mexicana anti mercantil, reforzada por la influencia de su tío paterno Elí de Gortari. Su adopción de la tontería de las asimetrías fue un acto izquierdoso ideologizado de la peor ley.

Pero todo esto tuvo graves consecuencias en su sexenio.

En su viaje a Davós, en la mitad de su sexenio, se escuchó decir por Helmut Khol, canciller alemán, lo que otros le habían y habíamos dicho a domicilio sin ningún resultado. "No invertiremos en México a menos que esto signifique automáticamente acceder al mercado de EEUU". Y ahí, tres años después, inicia el trámite de un T.L.C.A.N. que tuvo a su alcance desde el primer día de su mandato. Pero para ese momento Bush estaba en su año político, enfrentando unas elecciones que perdió. El ganador Bill Clinton, un demócrata, tuvo que emplear un año para generar el capital político necesario para enfrentar a sus propias bases, sindicatos entre otros, ferozmente opuestos al tratado y ya para ésas estábamos en el quinto año de Salinas, en plenos tiempos políticos mexicanos. Hubo que terminar el tratado sobre las rodillas, en cualquier condición, con todos los acontecimientos de nefasta memoria ocurridos ese año.

Además esa baja general de aranceles, previa al tratado, nos hizo perder cantidades masivas de poder de negociación. (Intentaron negociar con los aranceles anteriores al GATT, babosada que la contraparte, lógicamente, no aceptó). Todo esto ilustra la estupidez supina de la ideología que subyace detrás de los, muy mal llamados, "precios justos".

Trabajo, Marx, ¨Che¨ Guevara y ¨precios justos¨

31 de julio 2010. Publicado en:

http://losbarbarosdelnorte.com/html/modules.php?name=Forums&file=viewtopic&t=1754

Cuando el ¨Che¨ Guevara se suma a la corriente izquierdosa latinoamericana y se "marxistiza", adopta la tesis de los "Precios Justos" como base para su "humanismo" del que derivaba toda su propuesta expropiadora, antimercantil, antiliberal y, finalmente, profundamente inhumana. Pero, como él sí tenía pretensiones, o aspiraciones, teóricas buscó en Marx los referentes para esta "idea".

Marx, a través de sus conceptos en torno al valor y el trabajo se anticipó a muchos de los fenómenos que consideramos novedosos e "impredecibles". Pero, en el caso de los intercambios mercantiles entre países de diferente nivel de desarrollo y productividad, para él, el asunto no tenía la misma actualidad que hoy, puesto que el grueso de ese tipo de intercambio se realizaba entre los imperios y sus colonias y, por lo tanto, no formaban parte de un intercambio libre, pero, aún así, ¨Che¨ Guevara encontró suficiente para lo que buscaba.

Halló ¨Che¨ Guevara una primera cita en la que Marx afirmaba que: "En un intercambio mercantil entre países de diferente grado de desarrollo, el menos desarrollado, al comprar a precios del mercado mundial, puede obtener los productos más baratos que su propio costo de producción" y una segunda cita en la que Marx afirma que: "Dentro de una relación mercantil entre países de diferente grado desarrollo, el menos desarrollado puede salir gananciosa de esta relación, aún cuando se enfrentara a una explotación sistemática de parte del más desarrollado".

Estas citas abundan en la dirección de lo que afirmábamos en el comentario ¿existen los "precios justos"?, aunque al ¨Che¨ Guevara le resultaron fuertemente inadecuadas pero, tras gran cavilación encuentro una supuesta solución. Dice el ¨Che¨ que: "Así como dentro del mercado nacional la plusvalía se reparte entre el industrial, el financiero y el comerciante y todos ganan, así en esta relación, esta plusvalía se reparte entre el capitalista exterior y el interior y los dos ganan, pero el interior resulta perjudicado".

Esta respuesta es improcedente porque en esa cita Marx no está hablando de capitalistas particulares sino de países y, por lo tanto, si una mercancía se realiza en el país en el que ha sido producida, se realiza en él la totalidad de la plusvalía, y si al intercambiar con el exterior, este país productor resultó gananciosos es porque esta plusvalía total a realizar en su propio mercado se vio incrementada, de lo contrario Marx jamás habría podido afirmar que este país (no este capitalista) sale ganador y, de remate, si afirma que obtiene los productos por debajo de su propio coste, es evidente que incrementa la plusvalía que habría obtenido en su mercado nacional. Marx era mucho más cuidadoso en sus reflexiones que esta bola de mequetrefes.

Esto es así a lo largo de todos los fenómenos económicos abordables. Así, por ejemplo, cuando Kruschef realizó su viaje a EEUU, en tiempos de Kennedy, afirmó que si una persona tenía un millón de dólares eso era producto de la explotación injusta porque trabajando, según él, nadie podía ganar un millón de dólares. Pues bien, es evidente que Kruschef nunca había leído a Marx, porque este desarrolló, entre otras parejas, la dupla de trabajo simple y trabajo compuesto. Trabajo simple es aquél en el que el trabajador solamente incorpora su capacidad de producción de acuerdo a tecnologías ya existentes y trabajo compuesto es aquél en el que alguien produce una nueva tecnología que ahorrará, a continuación, una inmensa cantidad de trabajo simple, y es perfectamente legítimo y productivo y favorable a los intereses del conjunto de la humanidad, que este productor de trabajo compuesto se apropie una parte del trabajo simple ahorrado con su producto tecnológico, parte que el propio mercado determinará.

La generalización de la innovación convierte constantemente en trabajo simple a este trabajo compuesto y, a continuación, serán las nuevas innovaciones las que generarán las nuevas formas y cantidades de trabajo compuesto. Así, cuando Bill Gates llegó a tener 90.000 millones de dólares (antes de la caída de las acciones tecnológicas y antes de que empezara a gastar enormes sumas de dinero en mecenazgos), esa cantidad no era producto de explotación alguna sino de una acumulación legítima de trabajo compuesto.

Así podríamos extendernos por mucho tiempo, viendo que estos papanatas que han dominado y dominan aún, nuestro panorama intelectual nacional, no han reflexionado, ni siquiera sobre los elementos de sus referentes de pensamiento. Sus mentes son flojas y sus egos están muy por encima de sus posibilidades reales.

Aborto, cultura de la muerte y ateísmo

1 de Agosto 2010. Publicado en:
http://losbarbarosdelnorte.com/html/modules.php?name=Forums&file=viewtopic&t=1763

En este foro, el amigo Luisrca ha introducido, con mucho provecho, el tema del aborto, materia en la que debemos, definitivamente, reflexionar.

Estos días se reveló en Francia un caso que ha originado gran escándalo. Una pareja, había tenido ocho hijos, en ocho diferentes embarazos, todos los cuales, habían sido ahogados por la madre al nacer y habían sido enterrados en el jardín de la casa. Europa entera se ha escandalizado ante lo que nadie duda en calificar como ocho asesinatos en serie. Tanto más graves cuanto que eran sus propios hijos.

¿Fue asesinato?, sin duda, y el consenso al respecto es general. Sí, pero, y un día antes de nacer, ¿habría sido calificado igual?, ¿y una semana?, ¿y un mes?, ¿y varios meses? ¿Cuál es el momento en el que ocurre algo definitorio y trascendentalmente distinto en este proceso? Ningún científico estará en condiciones de decirnos en qué momento del embarazo ocurre algo que cambie conceptual y radicalmente las cosas, en qué momento de este proceso lo que tenemos es fundamental y esencialmente distinto de lo que teníamos justo antes. Sin embargo, sí hay un momento en el que, la más mínima reflexión, nos arroja un resultado total y definitivamente distinto, conceptualmente distinto, y ese momento es la concepción.

Antes de la concepción tenemos una simple potencia, ni suficiente, ni en proceso de nada y sin fin auto determinado. Después de la concepción, tenemos una vida que, desde ese instante, despliega todas sus potencialidades ininterrumpidamente, con naturaleza y fines bien definidos y plenamente auto determinados. A partir de ese momento, cualquier objeción que queramos hacerle a ese sistema en marcha para negarle la categoría de estar constituyendo un ser, podrá ser aplicada en cualquier otro momento del proceso vital, tanto dentro del período de gestación como posteriormente, a lo largo de toda la vida de este ser, de este alguien.

Desde el momento de la concepción tenemos un nonato, alguien, y tan ese nonato es alguien, que la ley le reconoce el pleno derecho a heredar, para la ley es ya alguien con plenos derechos, como no podría ser de otra manera.

El gran pecado de nuestra época es esa monstruosa concepción en la que nos atrevemos a relegar el derecho a la vida ante multitud de otras consideraciones que, no importando cual sea su sustento y qué tan justificado sea este, todos sabemos que ceden y deben ceder ante el prístino y primordial derecho a la vida.

Vivimos sumergidos en la cultura de la muerte, y lo vemos desde las guerras y el terrorismo hasta las múltiples manifestaciones de violencia de las que México está constituyéndose en triste compendio y campeón. Debemos tener la mínima sensibilidad para escuchar esa voz de nuestra conciencia que nos pide que salgamos de la cultura de la muerte, que entremos a la cultura de la vida y, ante este pedido, aunque no digamos nada, en nuestro fuero interior brincamos porque sentimos que no está en nosotros terminar con guerras, terrorismos o secuestros, pero eso no es cierto, porque la manifestación más negra, el núcleo mismo de la cultura de la muerte, es el aborto, porque es aquella parte de esa cultura que se ejerce sobre seres perfectamente inocentes, desvalidos y dependientes de nosotros y cuya existencia hemos también determinado nosotros y, además, esa es una parte de esa cultura que nos toca de cerca a todos, hombres y mujeres, jóvenes y viejos y, por lo tanto, todos podemos hacer algo al respecto.

NOS PIDE EL CIELO Y NOS PIDE NUESTRA CONCIENCIA QUE LO HAGAMOS Y NOS DICEN AMBOS QUE, SI LO HACEMOS, TODO LO DEMÁS VENDRÁ POR AÑADIDURA. TODAS LAS MANIFESTACIONES DE LA CULTURA DE LA MUERTE CEDERÁN SI NUESTRA CONCIENCIA EMPIEZA POR EL PRINCIPIO. EL PRINCIPIO DE LA VIDA Y, POR ENDE, TAMBIÉN, EL PRINCIPIO DE LA CULTURA DE LA MUERTE. EL ABORTO ES EL NÚCLEO, INICIO, ESENCIA Y DETONANTE DE LA CULTURA DE LA MUERTE, Y MIENTRAS NO HAGAMOS NADA AL RESPECTO SUCUMBIREMOS AL PODER DEL MAL EN NOSOTROS EN TODAS LAS FORMAS IMAGINABLES.

Cuando le preguntaban a la Madre Teresa de Calcuta cuál era el peor problema de nuestra época, la señora decía que el aborto y los sabios de turno, puestos ahí para esos menesteres, le respingaban, ¿cómo se atreve esta señora a poner sobre la mesa el aborto cuando tenemos guerras, terrorismo, hambrunas, etc.? Y ella les contestaba: "Muy cierto lo que ustedes alegan pero, ¿cuándo podremos convencer a un terrorista de que no mate si no podemos convencer a la madre de que no mate en su propio seno?". En efecto, desde ahí hemos perdido la batalla. Nos pide el cielo, nos pide nuestra conciencia, que no la perdamos, nos piden ambos que hagamos conciencia explícita y que la transmitamos.

Ni siquiera necesitamos estadísticas para saber que semejante hecho dejará traumas a quien lo comete o participa de algún modo en él. Así como no necesitamos ningún estudio biológico para comprender la trascendencia total y determinante, CREADORA, de lo que ocurre en el momento de la concepción.

SI DIOS CREA EN NOSOTROS Y SI NOSOTROS CREAMOS EN EL ACTO DE LA CONCEPCIÓN, Y ASÍ ES, ESE ES PUES EL MOMENTO EN QUE DIOS CREA A ESE SER. DESDE ESE MOMENTO PONE DIOS EN ÉL LO NECESARIO PARA QUE PUEDA DEVENIR QUIÉN DEVENDRÁ Y PARA SER QUIEN SERÁ A LO LARGO DE TODA SU VIDA EN ESTA TIERRA Y POR LA ETERNIDAD, EN ESE MARAVILLOSO Y PROMETEDOR PROCESO QUE LO ACOMPAÑARÁ A LO LARGO DE TODA SU ETERNA EXISTENCIA Y QUE LE PERMITIRÁ UN DÍA, NO SOLAMENTE SENTIR Y AMAR A DIOS SINO ENTRAR DE TAL MODO EN COMUNIÓN CON ÉL QUE PODRÁ DECIR QUE DIOS EN ÉL SERÁ SU DIOS.

Esta conciencia a la que estamos llegando aquí está en el mismo terreno en el que está cualquier ciencia en la que los conocimientos esenciales no resultan de cálculos complicados, o de tecnicismos inagotables, sino de reflexiones sencillas.

Nuestra época debe realizar estas reflexiones sencillas, debe volver a la emoción del misterio infinito y maravilloso del don de la vida, al respeto religioso por nosotros mismos y por nuestros semejantes y por el universo entero, a la fe que da la fuerza para vivir y para respetar la vida, a la conciencia de que no estamos (ni podríamos estar), solos, a la percepción profunda del amor de Dios por cada uno de nosotros (desde la concepción). Si nuestro mundo no puede enfrentar la cultura de la muerte desde su inicio, que es, decíamos, simultáneamente, el principio de la vida misma, será destruido, como lo fue aquel mundo comunista que no respetó, ni la vida, ni el libre albedrío que la justifica.

Sobre Georges-Henry Lemaître; Lemaître La magia real y la falacia material

6 de agosto 2010. Publicado en:
http://losbarbarosdelnorte.com/html/modules.php?name=Forums&file=viewtopic&t=1774

Cuando el jesuita belga Georges Lemáitre presentó a Einstein sus conclusiones (a partir de sus propios cálculos de la teoría de la relatividad), sobre la expansión del universo y el gran Big-Bang inicial, éste los desechó, como decíamos, a partir de su prejuicio a favor de un universo estático (aún cuando él mismo hubiera llegado previamente a las mismas conclusiones en lo que respecta a la expansión). Pero no sólo actuó el prejuicio de Einstein, sino el de la comunidad científica entera que sintió en la propuesta de Lemáitre una manera de introducir a Dios aunque sólo fuera en el acto inicial de un gran artificiero.

Curiosamente hoy se usa a menudo el mismo hecho como argumento de la no existencia de Dios.

Nos aferramos a la étnica y nos olvidamos de la ciencia, aquella que vale lo que valgan las reflexiones en las que se apoya, y, así, estamos pendientes de los grandes descubrimientos que, supuestamente, nos debe proporcionar el CERN (Centro europeo de investigaciones nucleares) de Ginebra, Suiza. Estamos en un vilo para saber si sí o no existe el Bosón de Higgs, aún cuando ni siquiera sabemos si su eventual existencia nos resolverá o no el origen de la masa, y todo esto al costo de siete mil millones de euros iniciales, más todos los gastos de investigación posterior, siendo que en la propia Ginebra, en el sótano de su universidad, al costo de trescientos mil dólares, hace siete años, se realizó el experimento crucial de nuestra época y al cual no hemos prestado atención alguna.

Cuando la escuela de Copenhague determina la no existencia de localidad, en abierta contradicción con las conclusiones de la teoría de la relatividad, Einstein se insubordina y estima que esa teoría no está completa, que hay un error en alguna parte, y lo busca por el lado de las variables ocultas (que de hecho ya habían sido desterradas por los trabajos de Von Neumann). Dentro de este esfuerzo, elabora un experimento, junto con Podolski y Rosen, para zanjar definitivamente la cuestión. En el plano del experimento mental, esa elaboración, en el supuesto de la física cuántica, arroja resultados tan anómalos, que Einstein considera zanjada la cuestión a su favor. Pero hace treinta años, un francés, Alain Aspect, logra realizar físicamente el experimento y resuelve, definitivamente, a favor de la física cuántica. No hay localidad, las partículas entrelazadas alteran su comportamiento desde cualquier extremo del universo, para mantener su entrelazamiento, sin transcurso alguno de tiempo e ignorando por completo el espacio. El asunto es de tal magnitud que todavía los incrédulos le buscaron por otro lado. La posibilidad, en sí muy fuera de orden, de que esas partículas se comunicaran desde cualquier extremo del universo, pero sin que esa comunicación implicara ningún transporte material o energético. Pues bien, el experimento de Ginebra demuestra fehacientemente que, con o sin traslado de materia o energía, estas partículas no se comunican y que, no obstante, su comportamiento es el mismo que si estuvieran ubicadas en la más absoluta contigüidad.

Ahora sí, el resultado, ya sin escapatorias, es por demás extraordinario, puesto que si el comportamiento esencial e íntimo de la materia ignora todo tiempo y espacio, siendo el continuo espacio-temporal la materia misma, todo nuestro universo espacio-material queda evidenciado como una FALACIA, como un constructo. Ya no es necesario investigar cómo se comunican unas partículas que, sean cuales sean las apariencias, no importando en qué punto del universo se hallen, son estrictamente contiguas, y siendo el espacio tetra dimensional un continuo, son contiguas, a la vez, en el tiempo y en el espacio. EN UNA PALABRA, LA MAGIA ANTIGUA (DEL GRAN THOT, O HERMES TRISMEGISTU) TENÌA ESTRICTAMENTE RAZÒN CUANDO AFIRMABA QUE TODO OCURRE AQUÌ Y AHORA. Lo cual nos coloca en un terreno completamente coherente con la profecía y todas las formas de magia que siempre hemos reputado anticientíficas. Resulta que esa magia se movió siempre en el terreno de nuestra verdadera realidad y que todas las objeciones "científicas" que le oponíamos estaban, y están, ubicadas en el terreno de la más estricta FALACIA. Ahora podemos recuperar todas las reflexiones, incluidas las de Einstein, cuando, en defensa y diálogo frente a las conversiones de Lorentz, afirmaba que la diferencia entre ambas propuestas era esencial porque en las conversiones de Lorentz las transformaciones espacio-temporales eran físicas mientras que en su relatividad, el simple cambio del punto de referencia hacía cambiar la masa inercial y, en consecuencia la masa gravitacional, sin que ese objeto sufriera necesariamente transformación física alguna. Es decir este lápiz que está aquí puede convertirse en aquel gato que está allá simplemente con el cambio del punto de referencia. Cuando la ciencia se topa, dentro de sí misma, con esta clase de conclusiones, las rechaza, porque las estima carentes de toda posible comprobación práctica, pero, cuando se topa frente a la comprobación mágico-práctica, la desestima, porque decide que no hay teoría que la soporte. Es una hermosa manera de seguirnos haciendo guajes.

Llegados a este punto, vemos en todo su esplendor que, puesto que en el universo en sí mismo cualquier punto de referencia puede ser considerado fijo y los demás en movimiento en relación a él, es decir, considerando que el universo es en sí mismo perfectamente indiferenciado y amorfo, cualquier objeto, para poder existir, aún al nivel de la falacia, requiere de alguien que privilegie los puntos de referencia en el modo adecuado para que toda clase de objetos bien determinados puedan hallar alguna forma de realidad. En una palabra, alguien está dando constantemente existencia a esta realidad y, no solamente la crea, sino que la sostiene y soporta permanentemente. Es Dios, sin duda, que, no solamente es el creador sino el permanente soportador de todo este universo. Es vano buscar su presencia dentro de su presencia, buscar el milagro dentro del milagro. La totalidad de esta existencia, en la totalidad de sus tiempos, que en él se resumen a un inmenso presente universal, es un solo milagro que lo manifiesta plenamente.

SI ÉL DEJARA DE SOSTENER SU OBRA, UN SOLO INSTANTE, TODA ELLA DESAPARECERÍA COMO UN SOPLO. Con Big-Bang o sin él, con Bosón de Higgs o sin él, el universo entero es su manifestación permanente. De nuevo los antiguos tenían razón cuando determinaban que el universo es mental y ¿de qué mente, sino de la suya?, con la que nosotros interactuamos permanentemente. Él creó el universo para nosotros y Él lo soporta igualmente para nosotros, no necesitamos tener las complicaciones ni los sacrificios del propietario puesto que somos sus permanentes usufructuarios, usufructo, por él que ninguna renta nos cobra. No podíamos encontrar patrón más bondadoso y favorable.

Sin duda, determinar de manera ya irreversible la no localidad y reducir a falacia lo que consideramos realidad contundente y prístina, es el experimento crucial de nuestra época y, no importando lo que el CERN descubra, el mérito principal se lo habrá llevado el equipo de Gissin, Antoine Suárez y demás de la Universidad de Ginebra. Aunque el mundo decida ignorar su éxito. La verdad es más terca que nuestras propias necedades.

¿Por qué la falacia espacio –temporal?

8 de agosto 2010. Publicado en:
http://losbarbarosdelnorte.com/html/modules.php?name=Forums&file=viewtopic&t=1776

Dijimos que el experimento realizado en los sótanos de la Universidad de Ginebra, corroborando las conclusiones de la escuela de Copenhague, nos mostraba el carácter de falacia de toda la realidad espacio-temporal en la que nos movemos. Bien sabía San Agustín de Hipona lo que decía cuando reflexionaba que el pasado es el tiempo que fue, pero que ya no es, que el futuro es el tiempo que será, pero que aún no es, y que el presente es ese futuro fugaz, que, en el preciso momento en que pretende ser, deja de ser, para convertirse en ese pasado que ya no es. Es a esto a lo que Milán Kundera se refería al hablar de la "insoportable liviandad del ser". Nada más, que ese no es el ser, esa es solo la apariencia del ser, la que nos permite nuestra evolución, nuestro devenir nosotros mismos. Pero, ¿por qué es necesaria esta finta, esta apariencia? Porque para devenir nosotros mismos tenemos que partir de una situación extremadamente precaria y limitada, a fin de poder evolucionar hacia una situación más firme, plena y desarrollada, en una evolución en la que nosotros participemos decisivamente.

En una evolución, pues, parecemos decir, de lo inferior hacia lo superior, pero, ésta es una evolución imposible porque DE LO INFERIOR NUNCA SALE LO SUPERIOR. De ahí la necesidad de la finta. En este proceso, lo superior, lo totalmente superior, siempre existió

y estuvo presente y fue Dios, el cual, nos creó, nos dio los elementos para nuestra propia evolución y estuvo permanentemente presente como proveedor, en un proceso pletórico de su potencia ilimitada e infinita, pero marcado por la única limitación que se ha impuesto, en nuestro beneficio, y que es el respeto a nuestro libre albedrío, en un proceso en el que ÉL APORTA TODO AQUELLO QUE ES INDISPENSABLE A NUESTRA EVOLUCIÓN PERO QUE NOSOTROS NO ESTAMOS EN CONDICIONES DE APORTAR Y SE ABSTIENE DE TODO AQUELLO QUE YA ESTAMOS EN CONDICIONES DE APORTAR, EN UNA INTERACCIÓN, EN LA QUE ÉL CREA PARA NOSOTROS, EN PRIMERA PERSONA, TODO AQUELLO QUE NO ESTÁ A NUESTRO ALCANCE Y CREA, EN COMUNIÓN CON NOSOTROS, TODO AQUELLO EN LO QUE YA ESTEMOS EN CONDICIONES DE PARTICIPAR.

Este es un proceso en el que, para poder devenir nosotros mismos, es necesario, que todo adopte la apariencia de un camino que va de lo inferior a lo superior (y esta apariencia parece hacerse realidad en la evolución espiritual de cada uno de nosotros), pero en el que no estamos creando ningún superior, de ese superior partíamos y a ese superior vamos, Dios, y en ese superior estuvimos siempre sumergidos. En el camino hemos tomado nuestras propias opciones en libertad. Esta es la razón de toda esta falacia, esto es lo que la justifica y dignifica. Es para nosotros y en beneficio nuestro. Es una creación de la mente divina con la que podemos permanentemente dialogar. Decía Faraday que él se transportaba de gozo cada vez que podía comprender cómo había Dios pensado determinado aspecto de esa falacia (mal llamada realidad). NUESTRA EVOLUCIÓN, NUESTRO CAMINO HACIA EL DEVENIR NOSOTROS MISMOS, TIENE APARIENCIA MATERIAL PERO ES ESTRICTAMENTE ESPIRITUAL. TENGÁMOSLO BIEN PRESENTE.

.

"Si Jesucristo no resucitó, nuestra fe es vana"

19 de agosto 2010. Publicado en:
http://losbarbarosdelnorte.com/html/modules.php?name=Forums&file=viewtopic&t=1787

En estos días, la institución musulmana Cordoba Initiative ha obtenido todos los permisos para construir una mezquita a dos cuadras del punto cero, antiguo emplazamiento de las derribadas Torres Gemelas en Nueva York.

Ha habido una polarización política. Unos, cristianos y judíos esencialmente, para mostrar la tolerancia y la pluralidad religiosa de EEUU, apoyan el proyecto y otros, entre ellos asociaciones de deudos de los muertos y desaparecidos en las torres, el Tea Party, y hasta el 53% de la población americana, se opone a esa obra y la considera una ofensa a EEUU. El Presidente Barack Obama se pronunció apoyando el proyecto a fin de mostrar la pluralidad religiosa americana, aunque posteriormente matizó en el sentido de decir que había manifestado un apoyo de principio, pero sin pronunciarse en que tan prudente es hacer la obra, precisamente ahí.

Debemos ser muy cuidadosos en preservar estrictamente la libertad de cultos, la pluralidad religiosa y el respeto a todos los ciudadanos, fieles o infieles, sin importar de qué fidelidad estén hechos. De nuevo, el libre mercado de las creencias en EEUU, debe normar nuestro criterio.

Nuestro verdadero problema hoy no está tanto en los enemigos que nos quieren hacer callar, sino en nuestra inacción e irreflexión. Digámoslo así, ellos (los que sean), ateos, agnósticos, descreídos, musulmanes, budistas, etc. (En definitiva, no-cristianos), están en lo suyo, ninguna objeción a eso (absolutamente ninguna objeción a eso), pero nosotros no estamos en los nuestro y eso sí es grave. Pero, en tanto que cristianos, ¿qué es lo nuestro?

Lo nuestro es creer en Dios, el creador de todas las cosas, del cielo y de la tierra, de lo visible y de lo invisible, y en Jesucristo, hijo unigénito de Dios, que vino a la tierra para, con su sacrificio, redimirnos y vencer al maligno, para que, un día, Dios pueda retirarlo de nosotros, pueda quitárnoslo de encima. Nuestra fe cristiana está centrada en ese acto de amor divino en el que Dios hecho hombre dio su vida, como supremo, último y único sacrificio necesario a nuestra redención. Pero esta fe está basada en un hecho, LA RESURRECCIÓN DE JESÚS. Si Jesús fue solo un profeta, si Jesús no fue Dios hecho hombre, nuestra fe es vana, no existe, está construida en la nada. Pues bien, decidir si Jesús es o no hijo de Dios, es decidir si Jesús resucitó o no, a eso se resume. Bien tuvo razón San Pablo al decir: "Si Jesús no resucitó nuestra fe es vana".

Y esta es la diferencia con los musulmanes. Dialoguemos con sus dichos, pensémoslos, que al fin y al cabo son parte muy importante del mundo actual y sepamos que, al hacerlo, no estamos decidiendo cómo los prohibiremos o atacaremos, no, ellos a lo suyo, que derecho tienen a estar en ello, lo que decidiremos es qué es lo nuestro, para que estemos en ello y sepamos que, si nuestra fe no es vana, bastará que estemos en lo nuestro para que justicia nos sea acordada, puesto que Dios defiende nuestra causa cuando es justa.

Entrando en materia respecto a los musulmanes digamos, para empezar, que están en una gran necesidad que explica su dificultad para evolucionar y cambiar, aún con sus propios tiempos, y esta necesidad surge de la afirmación tajante de que cada palabra del

Corán es palabra de Dios. Desde ahí están irremisiblemente perdidos. Tengamos en cuenta, que cualquier libro, sagrado o no, que quiera ser colocado en esta situación, enfrentará problemas antagónicos con la más mínima reflexión. Así, si dijéramos esto de la Biblia, nos hallaríamos con dificultades insalvables, con flagrantes contradicciones, tanto en el antiguo como en el nuevo testamento. Contradicciones, no sólo formales, de hechos, de informaciones concretas, de fechas, etc. sino del espíritu mismo con el que esos libros han sido escritos. Sí, sentimos en los Salmos el amor a Dios y el temor de Dios y sentimos en el Nuevo Testamento la fuerza de la presencia innegable de Jesús y de su mensaje salvífico, pero si nos aferráramos a que cada palabra de la Biblia es palabra de Dios, seríamos fácilmente destruidos y ridiculizados, llegaríamos a las más peregrinas conclusiones, y estaríamos ofendiendo a Dios aferrados a lo que, finalmente, es un libro, de hombres, para hombres.

Volviendo a nuestros musulmanes, al fijar de este modo su postura irreductible, se impiden incluso toda evolución lingüística porque, según ellos, no pueden emplear, para la eternidad, más palabras que las contenidas en el Corán.

En el siglo XIX surge el Wahabismo, una reacción frente al colonialismo europeo de la época. Ninguna colonización es defendible, así como tampoco hay que olvidar, frente a sus constantes expresiones contra los "cruzados cristianos", que las cruzadas se ejercieron sobre un territorio que había sido cristiano hasta un siglo y medio antes y que toda la expansión musulmana sobre África, Europa y el Oriente Próximo y Medio se ejerció sobre territorios cristianos. No se trata de reivindicar ninguna antigüedad, así como tampoco ellos debieran hacerlo, puesto que también en esa materia tienen cola (colota) que les pisen puesto que es una religión que, desde su profeta fundador, empleó la espada para avanzar. Pero, volviendo al Wahabismo, es un movimiento nacionalista musulmán, que se basa en dos artículos o Suras, del capítulo 8 del Corán, el titulado "Al anfal", (El botín).

Para empezar, el capítulo mismo tiene sus bemoles, puesto que es uno en el que, supuestamente, Dios explica a los hombres cómo deben repartirse el botín en caso de guerra. Si nos quedamos en que el Corán es un libro de hombres para hombres, no hay nada que objetar, todas las culturas hemos incurrido en esta clase de barbaridades. Pero si, a estas alturas del partido, seguimos afirmando que eso es estrictamente palabra de Dios, entonces estamos en la pura blasfemia. Pues bien, estas suras del capítulo 8 del Corán, la doce y la diecisiete, dicen, una, que al que no crea hay que cortarle el cuello, y la otra, que al que no crea hay que matarlo, y añaden que, cuando le estés disparando a ese infiel, no serás tú el que lo estará matando, sino que será Dios mismo. Debemos, además, tener en cuenta que para ellos, Wahabistas, el que no cree, no solamente es el no musulmán, sino asimismo cualquier musulmán que no vea las cosas a su muy especial modo. De nuevo, si esto es un libro de hombres para hombres, no hay de qué escandalizarse, de este lado se han hecho y dicho cosas así y peores, pero, si esto es palabra de Dios, si así lo pretendemos, estamos en la más absoluta, insoportable y criminal blasfemia.

Siendo el Wahabismo la secta que estuvo en el origen de Arabia Saudita, entendemos todo lo que ha ocurrido en nuestros días, Al Qaeda incluida.

Ahora bien, los musulmanes, en su origen, son cristianos, surgidos del monofisismo del Concilio de Calcedonia. La Virgen María es la mujer más citada en el Corán, Jesús mismo, aunque reducido a simple profeta, es tratado como el más grande de ellos, incluso hay contradicciones graves en este reduccionismo, puesto que se dice en el Corán que Jesús es como el padre Adán y, teniendo en cuenta, que Adán no pudo tener más padre que Dios, ¿qué es lo que nos están diciendo de Jesús?, ¿no nos están acaso diciendo que no tuvo padre humano?, ¿no lo hace esto distinto a todos los demás hombres y profetas?

Nos vamos acercando a la clave de todo esto, a lo que verdaderamente hizo que los musulmanes, a pesar de su origen, a pesar de su fe, fuerte, genuina y envidiable, en Dios, dejaran definitivamente de ser cristianos y ese punto decisivo es la resurrección de Jesús. Ellos, para poder negar a Jesús el carácter de Dios y hombre verdadero, negaron tajantemente su resurrección. Ellos afirmaron que quien fue sacrificado en la cruz fue Judas en una sustitución de persona que hizo Dios mismo para que Jesucristo no pasara por ese trance y, por lo tanto, concluyeron que no hubo, ni necesitó haber, resurrección. Ellos inventaron esa historia que después tuvo, y tiene, multitud de versiones.

Estos días, en el Líbano, hubo un terremoto político ya que en el canal de TV de Hezbolà y en el canal NBN de Al Manar, exhibieron una película, filmada en Irán, en la que, precisamente, se expone, en forma de historia fílmica, esta versión de la no muerte de Jesús en la cruz y de la sustitución divina de Jesús por Judas. Este punto es capital para ellos y también para nosotros. Si Jesús no resucitó, ellos tienen razón, si resucitó, la tenemos nosotros. Aquí el detalle está en que ellos siguen estando en lo suyo, y nada que objetar al respecto, repetimos, pero nosotros no estamos en lo nuestro e incluso consideramos, en nuestro descreimiento, que el punto no es de relevancia alguna.

Entonces, Jesucristo, ¿resucitó o no? Si la Biblia es solo un libro de hombres para hombres. ¿Debemos sólo recurrir a nuestro yo interno para dilucidar el asunto, debemos especular indefinidamente, o TENEMOS ALGUNA PRUEBA DE LA RESURRECCIÓN DE JESÚS?, SÍ LA TENEMOS, MILAGROSAMENTE SÍ LA TENEMOS. ES TAN CRUCIAL EL PUNTO QUE DIOS LA HA PRESERVADO PARA NOSOTROS, Y ESA PRUEBA ES LA SANTA SÁBANA DE TURIN, LA SANTA SINDONE, EL SANTO SUDARIO O COMO LO QUERAMOS LLAMAR.

La Santa Sábana ha sido sometida a más de cinco mil estudios científicos y es casi inagotable lo que podemos decir de ella, pero todo lo que digamos será, o no, concluyente, solamente dependiendo de la reflexión a la que las sometamos. Es la reflexión la que nos dice cosas, no los experimentos en sí mismos.

Para empezar, la imagen de la Sábana Santa no es ninguna pintura ni hay en ella pigmento alguno. Es una imagen impresa por radiación, en la que se revela el volumen en el hecho de que cada punto de la imagen guarda memoria exacta de la distancia entre la tela y el cuerpo. Es un negativo, como se descubrió con maravillada sorpresa en el momento en que el fotógrafo Secondo Pía le hizo la primera fotografía en el año de 1898.

Es de tal el detalle y la precisión, que a esa imagen se le puede hacer un completo diagnóstico médico en el que se observan todas y cada una de las vicisitudes por las que, de acuerdo a los evangelios, pasó Jesús. Así, vemos más de ochocientas heridas, los latigazos, las caídas, el golpe en la cara, las heridas de la corona (casco) de espinas, el lanzazo en el costado, los agujeros de los clavos con los que fue clavado, las escoriaciones del madero travesaño que tuvo que cargar hasta que Simón lo ayudó, y un infinito etc.

Sorprende la absoluta veracidad anatómica e histórica del objeto puesto que, no solamente está en él lo que sabemos, sino también lo que ignorábamos. Así se ve que no fue clavado en las palmas de la mano, como siempre se representa, sino en el espacio de Destot, en la muñeca, punto que sí puede soportar el cuerpo y que corresponde a cómo realmente se hacían las crucifixiones, de acuerdo a recientes descubrimientos arqueológicos, o, asimismo, podemos constatar la perfecta correspondencia entre las heridas de los latigazos que recibió, y las que podían causar los flagrum recientemente encontrados, donde vemos los metales en sus extremos con medidas totalmente coincidentes con las heridas en el cuerpo de Jesús, donde se observa en las manos de Jesús la contracción obligada del dedo pulgar al ser comprimidos los nervios en el mencionado espacio de Destot, etc. La primera conclusión obligada es que se trata de un cuerpo real. Ahí vemos alguien que pasó exactamente por lo que nos dicen que pasó Jesús, en ninguna época, incluida la nuestra, pudo fabricarse artificialmente esa imagen a partir de algo que no sea un cuerpo maltratado en la forma en que lo fue Jesús.

La correspondencia es tal que, no solamente hallamos todo lo que dicen los evangelios, sino otros elementos que los evangelios no mencionan. En el año de 1902, el médico, biólogo y zoólogo francés Yves Delage, agnóstico y aún ateo, quiso hacer un detallado estudio del objeto y aplicó en él toda la honestidad intelectual con la que había ya realizado multitud de investigaciones y descubrimientos de toda índole y encontró, para su gran sorpresa, que esa imagen de un cuerpo totalmente real correspondía precisamente a la de Jesús hasta el extremo de que no solamente plasmaba todo lo dicho por los evangelios y multitud de tradiciones orales, sino que, asimismo, se veía en ella cómo le habían arrancado mechones de la barba, cosa que los evangelios no relatan, pero que el profeta Isaías menciona que ocurrirá cuando los soldados lo maltraten por diversión. Por cierto, que cuando este buen hombre presentó sus conclusiones a su agnóstica audiencia, al pronunciar el nombre de Jesucristo, tuvo que ser rescatado por los empleados de la institución donde daba su conferencia de un linchamiento inmediato. Así de tolerantes son los agnósticos cuando de Jesucristo se trata.

Hace unos años se realizaron tres estudios de carbono 14 a la tela y arrojaron una fecha de origen ubicada entre los años 1260 y 1390. Inmediatamente se concluyó la falsedad del objeto.

Lo primero que cabe decir al respecto, es que, si tenemos más de cinco mil pruebas en una dirección y una en otra, ésta, en modo alguno puede anular las otras cinco mil, aún cuando ella seguirá teniendo su propio valor, que deberá ser considerado y resuelto, pero concluir de esa una, la falsedad del objeto, es crimen de leso anti cientifismo.

Debemos decir, asimismo, que multitud de esas pruebas que aducimos y mencionamos, concluyen en una edad congruente con la autenticidad de la sábana. Por ejemplo, tenemos en la sábana, plasmada en esporas, toda la historia de su trayectoria, desde Jerusalén, Edesa, Constantinopla, Inglaterra, Chambery, Italia, hasta terminar en su actual ubicación en la catedral de Turín y esa historia de las esporas incluye la de plantas de Jerusalén y su región que desaparecieron desde el siglo primero de la era cristiana. O, tenemos más de ciento treinta puntos de correspondencia entre la santa Sábana y el Pantocrátor del convento de Santa Catalina, en el Sinaí, que sirvió de modelo para la imagen de Jesús que vino a substituir a la de los primeros siglos cristianos, que no era más que una trasposición de la imagen de Zeus. Ese Pantocrátor fue calcado de la Santa Sábana y eso nos retrotrae su existencia, al menos, al siglo sexto. O, observamos en el sudario de Oviedo (según la tradición, el sudario con el que taparon la cabeza de Jesús en la crucifixión y del que nos habla San Juan), una correspondencia completa con las manchas de sangre de la Santa Sábana (sangres ambas del tipo AB, muy abundante en el oriente medio y muy raro en Europa) y ese lienzo está en Oviedo, comprobadamente, desde el siglo IX (ese lienzo fue a parar a España, y finalmente a Oviedo, por ser el único lugar de la península Ibérica que no fue conquistado por los musulmanes).

Podríamos seguir aduciendo hasta el cansancio elementos determinantes sobre la antigüedad del lienzo. Pero entonces, ¿qué pasa con esa fecha que dan los tres estudios del carbono 14?

Sobran las respuestas posibles.

Cuando se estudiaban los objetos de la zona maya con el carbono 14 arrojaban hasta mil años de diferencia con las fechas que arrojaban otros sistemas arqueológicos comprobados de datación, finalmente se halló que la explicación estaba en la contaminación biológica. Esos objetos habían estado expuestos a la atmósfera equis siglos y lo que el carbono 14 estaba datando no era la fecha de origen del objeto sino su fecha de enterramiento. Los pedazos de la Sábana Santa estudiados fueron sacados de los extremos que se usan para agarrarla durante las exposiciones u ostentaciones públicas y son los pedazos de la tela más contaminados.

En el año de 1532, estando la tela en Chambery, Francia, sufrió un incendio, dentro de su urna de roble, que alcanzó la temperatura de fusión de la plata puesto que las guarniciones de ese metal del cofre se fundieron y destruyeron parte de la tela. Semejante temperatura dentro de un encierro completo, y ardiendo la madera, puede hacer que la fecha que arroje el carbono 14 se achique en más de trece siglos.

Otra posibilidad es, simplemente, que el material sometido a prueba no sea del original sino de los remiendos que las monjas clarisas le hicieron después, precisamente, del incendio que acabamos de mencionar. En todo caso el tejido extraído procede del sector de uno de los remiendos incorporados y, finalmente, tenemos la radiación misma que imprimió la imagen, pero este es capítulo aparte.

En este capítulo de la radiación, debemos empezar diciendo que ignoramos su naturaleza, puesto que, si bien todas las características de esta radiación son conocidas científicamente, en ninguno de los casos conocidos se dan todas ellas juntas, pero los experimentos realizados con radiación de protones (una de las posibles) proyectaron la fecha supuesta del objeto estudiado a ¡cincuenta siglos en el futuro!

En la Santa Sábana, no solamente está la imagen más conocida del frente y del dorso de Jesús, sino que en el frente está también una imagen más tenue del dorso y en éste está una imagen más tenue del frente y ADEMÁS, ESTÁ LA IMAGEN DE RESTOS ESPORÁDICOS, PERO PRECISOS, DE HUESOS INTERIORES DEL CUERPO. La única explicación posible para este fenómeno es que esta tela atravesó este cuerpo. Por otro lado, la imagen del dorso, no es la imagen de un cuerpo que está aplastando la tela, sino la imagen de uno que está a unos veinte centímetros de la tela y que no tiene ninguna clase de aplastamiento. EN UNA PALABRA, EN EL MOMENTO DE LA RADIACIÓN ESTE CUERPO ESTABA FLOTANDO Y ATRAVESÓ LA TELA.

Esto coincide totalmente con lo que San Juan Nos reporta, puesto que dice que la tela estaba simplemente en su lugar pero sin cuerpo.

LA SANTA SÁBANA ES LA IMAGEN DE JESÚS, DE SU PASIÓN, MUERTE Y RESURRECCIÓN Y LA MÁS EXTRAORDINARIA PRUEBA DE QUE ÉL ES, EFECTIVAMENTE, HIJO DE DIOS Y DE QUE NUESTRA FE NO ES VANA.

Nos dicen los teólogos que esa clase de pruebas no es en modo alguna necesaria a nuestra fe. El razonamiento puede sostenerse, aunque es meramente especulativo, pero nada nos impide pensar en otra dirección. Dios sabe mejor que nosotros lo que es, o no, necesario a nuestra fe y la Santa Sábana ha sido preservada milagrosamente a lo largo de los siglos. Desde que fue rescatada por los discípulos, contra la costumbre judía de considerar impuro todo lo que había tocado a un difunto. Desde que fue enmurada en Edesa durante más de un siglo y preservada milagrosamente de los avatares bélicos entre varios imperios y poderes locales. Desde que Constantinopla negoció la entrega de un reino entero y cuantiosos bienes materiales para rescatarla. Desde que fue salvada de los incendios y destrucciones de Constantinopla y llevada a Europa formando parte del saqueo general. Desde que fue salvada de la destrucción de los templarios, sus poseedores transitorios. Desde que fue salvada increíblemente del incendio de Chambery, con temperaturas muy superiores a las necesarias para destruir una tela. Desde que fue salvada de la ambición de Hitler de poseerla durante la segunda guerra mundial.

Desde que fue salvada de los bombardeos de esa misma guerra. Desde que fue salvada del incendio reciente en la catedral de Turín, y muchos, muchos, otros, etcéteras. ES EVIDENTE QUE DIOS

DISPUSO ESA PRUEBA PARA NOSOTROS Y QUE LA HA PRESERVADO DE LA MÁS MARAVILLOSA Y PERSISTENTE DE LAS MANERAS. PUESTO QUE ASÍ LO HIZO, ESO PRUEBA QUE ES NECESARIA A NUESTRA FE, EN EL PUNTO MÁS ESENCIAL, LA RESURRECCIÓN DE JESÚS, ÉSA QUE PRUEBA FEHACIENTEMENTE QUE EL ES HIJO DE DIOS, HIJO UNIGÉNITO, QUE ES DIOS HECHO HOMBRE PARA REDIMIRNOS. NO ESTÁ LEJANO EL DÍA EN QUE JESÚS SE HARÁ PRESENTE DE MANERA GLORIOSA Y MARAVILLOSA ENTRE NOSOTROS. ESTAMOS EN PLENO PRIMER COMBATE ESCATOLÓGICO, ESE QUE, POR LA MISERICORDIA INFINITA DE DIOS, ESTÁ TRANSCURRIENDO DE LA MÁS BENIGNA DE LAS MANERAS, CONTRARIAMENTE A LO QUE HABÍA SIDO PROFETIZADO, PERO MIENTRAS LOS DEMÁS ESTÁN EN LO SUYO (Y PERMITAMOS, REPETIMOS DE NUEVO, Y TOLEREMOS QUE SIGAN ESTANDO EN LO SUYO), ESTEMOS NOSOTROS EN LO NUESTRO.

NUESTRA FE NO ES VANA, PUESTO QUE JESUCRISTO SÍ RESUCITÓ.

Dios es mi valedor y mi conciencia

30 de agosto 2010. Publicado en:
http://losbarbarosdelnorte.com/html/modules.php?name=Forums&file=viewtopic&t=1795

En los foros de esta página, el amigo Rarámuri, ha introducido dos temas del mayor interés y cuyos títulos son: "Estamos criando vagos" e, "Impactante testimonio de una mujer criada por un homosexual".

El primero de los artículos hace referencia a las enormes dificultades que enfrentan las generaciones surgidas en las sociedades de la abundancia, las cuales, al no ser disciplinadas por las precariedades naturales de cualquier modo de producción predecesor a la sociedad industrial, carecen de todo referente para enfrentar la relación esfuerzo-satisfacción inherente al abordaje de cualquiera de las múltiples necesidades con las que nacemos y con las que seguiremos naciendo.

La tragedia de estos muchachos es que, cuando enfrentan cualquier dificultad de las que la vida nos plantea constantemente, son incapaces de disciplinarse y suelen fracasar de la más estrepitosa de las maneras y replegarse en el ámbito familiar (a cualquier edad).

El artículo plantea el hecho de que los padres han malcriado a esos vástagos (y vástagas), por aquello de que: "no quiero que ellos pasen las necesidades por las que pasamos nosotros" y que esos mismos padres necesitan educar a sus hijos de modo que estén capacitados para enfrentar los retos a los que, sin duda, los someterá la vida.

Ciertamente que el artículo tiene razón, pero aquí estamos en la misma posición que cuando enfrentamos la necesidad de definir la ética, ¿cuál ética? Tenemos que educar a los hijos para enfrentar sacrificios pero, ¿cuáles sacrificios? Así como la receta puede funcionar, puede asimismo caer en cualquier exceso o extravío, autoritario o paternalista (valga aquí la redundancia del concepto).

Estimamos que nuestra única solución, nuestro único referente, nuestra única receta, es educar a los hijos en la fe en Dios, en el amor de Dios y en el temor de Dios. No hay otra, y no podremos educarlos en ese modo más que sí nosotros mismos así lo sentimos. No normamos el criterio de nuestros hijos con las cosas que les decimos, sino con las imágenes que les transmitimos. No transmitiremos a nuestros hijos, ni a nadie, la imagen de la fe más que si verdadera y esencialmente la sentimos. Hemos dejado de creer y, por lo tanto, en sentido estricto, hemos dejado de amar. Hemos substituido, en relación a nuestros hijos, el amor y la atención de calidad que de ella se deriva, por los satisfactores materiales y las mentiras que decimos sobre que no queremos que pasen nuestras estrecheces (lo cual, por otro lado, es perfectamente legítimo) no hacen más que enmascarar nuestra falta de fe en Dios, nuestro descreimiento y, de ahí para el real, todo se va al garete y podríamos, y deberíamos, llegar en nuestro análisis, no solamente a la desvalidez en la que hemos dejado a nuestros hijos, sino, asimismo, a esa violencia que tuvo este fin de semana uno más de los récords a los que nos estamos, desgraciadamente, acostumbrando. Cuatro muchachos asesinados, decapitados, emasculados, colgados de un puente peatonal en plena ciudad de Cuernavaca y con las cabezas y los genitales regados por el piso.

NO ES MORALINA, NO ES MOCHISMO, ES LA VERDAD PURA Y SIMPLE. LA VERDAD, A LA VEZ, CRUDA, TERRIBLE, LUMINOSA Y PROMETEDORA. FUERA DE LA FE EN DIOS, FUERA DEL AMOR A DIOS Y DEL TEMOR DE DIOS, NO HAY SALVACIÓN ALGUNA Y TODO ESFUERZO POR DEFINIR DÓNDE HEMOS FALLADO EN LA EDUCACIÓN DE NUESTROS HIJOS, FUERA DE LA CONCIENCIA DE ESA FE EN DIOS, NO HARÁ MÁS QUE ENFRENTAR UN PREJUICIO GENERANDO OTRO DE PEOR ESPECIE.

Respecto al segundo artículo sobre el testimonio dado por una mujer criada por un padre homosexual, lo primero que queremos decir es que, esa clase de horribles testimonios no hace más que empezar, dejemos que el tema de los matrimonios homosexuales avance, con derecho a adopción incluido, y veremos el absurdo en el que nos estamos instalando.

El tema de la homosexualidad tiene múltiples complejidades y debemos avanzar en él como en terreno minado.

En primer lugar, debemos decir que, desde nuestra personal perspectiva, la protección de las relaciones de ese sector de la población, debió quedar en la figura jurídica de la sociedad de convivencia, esa misma que no implica, ni mucho menos, automáticamente, el derecho de adopción.

Por otro lado, debemos decir, asimismo, que esa expresión permanente de que la homosexualidad es "contra natura" está fuera de orden porque en la naturaleza observamos, en todas las especies, no solamente relaciones sexuales entre individuos del mismo sexo, sino, asimismo, convivencia a lo largo de toda la vida.

Por otro lado, debemos incorporar en esta reflexión el hecho de que en muchos países, principalmente en EEUU, los homosexuales, no solamente adoptan, sino que se procuran sus propios hijos biológicos por medios de procreación asistida. Así, muchas parejas de homosexuales hombres rentan vientres y compran óvulos, ponen sus propios espermas y obtienen sus propios hijos. Existen, al revés, entre las homosexuales mujeres, la misma variable comprando, ellas, espermas. Cabe reflexionar que si estos homosexuales, hombres o mujeres, no solamente rentan un vientre, sino que compran un óvulo o un esperma, ese hijo es, no solamente hijo de él o de ella, sino que también lo es del procurador-procuradora del esperma o del óvulo. En una palabra, este es un hijo al que se le ha privado de su padre o de su madre real y natural.

La renta misma del vientre es totalmente cuestionable, porque llevar un hijo en su seno es para una mujer algo tan íntimo, aún cuando no sea su óvulo, que ese es su hijo sin duda alguna y, si, de remate, el óvulo es de ella, no es un vientre lo que está rentando, sino que es un hijo lo que está vendiendo.

Este tema en el que nos hemos adentrado podría, aquí mismo, derivar en especifidades científico-técnico-moral-ético-socio-económico-biológicas, etc. inagotables y sin solución alguna. Pero, de nuevo, no es tan fiero el león como lo pintan. Es por la vía de la fe por la que podemos y debemos abordar el problema de manera productiva.

No somos obra espontánea de la naturaleza, hemos sido concebidos por Dios con todo propósito y hemos sido concebidos para reproducirnos y dar a otros la misma oportunidad de la vida que nos fue dada a nosotros y hemos sido concebidos, para ese fin, hombre y mujer. Dentro de la posibilidad que Dios nos dio de participar en su creación, de co-crear con ÉL, la más sublime, la más completa, la más radical y comprometedora de esta co-creación, es la crear y criar hijos.

Dentro de la polémica generada por la concesión, en el Distrito Federal en México, del derecho a la adopción de menores por parte de parejas homosexuales, una de esas parejas, mujeres, argumentaba: "ven en nosotras algo tan malo que nos quieren negar el derecho a la adopción". Pues sí, definitivamente sí, hay en esa relación algo tristemente reductor porque se están negando el usufructo del más sublime de los derechos que Dios nos ha concedido, el de generar hijos en una relación sexual de altísima calidad, de amor profundo, porque en ella siempre está presente este potencial de crear vida, vida humana, la más alta de las manifestaciones de Dios en su obra. Y nos ha sido concedida, nos ha sido otorgada.

Decimos que el erotismo humano se ha distanciado de la exigencia reproductora animal, falso, EL EROTISMO HUMANO ES PRECISAMENTE INTENSO Y AMOROSO PORQUE EN ÉL ESTÁ PRESENTE, EN LA PLENITUD DE LA CONCIENCIA ESPIRITUAL, EL DON MARAVILLOSO DE CO-CREAR CON DIOS Y PRECISAMENTE, EL DE CO-CREAR LA MÁS ALTA DE LAS MANIFESTACIONES DE SU OBRA, VIDA HUMANA, VIDA QUE CONTIENE, Y TIENE COMO SOPORTE, AL ESPÍRITU. EL EROTISMO, EL PRINCIPIO ERÓTICO ES, POR DEFINICIÓN, VIDA, Y NADA MÁS ERÓTICO QUE DAR LA VIDA.

La homosexualidad está definitivamente mal y es definitivamente triste porque en ella no está presente este don maravilloso. Es un sucedáneo de amor, es un sucedáneo de relación sexual, es un sucedáneo de relación de pareja, es un sucedáneo de vida, y cuando las pasiones, tan comunes en el acto y la relación amorosos, se desbordan, tienen consecuencias terribles. Los crímenes pasionales que ocurren en ese medio son particularmente sórdidos, porque particularmente sórdida y triste es la realidad en la que ocurren.

No estamos aquí haciendo un llamado a renunciar a la ciencia, al contrario. Toda ciencia es bienvenida y cuanta más mejor, pero para ayudar, sólo para ayudar. Ayudar a esa procreación que es el más grande don que Dios nos ha concedido, ayudar, sólo ayudar, no tergiversar, ni embrollar, ni desviar del fin para el que Dios ha dispuesto las cosas, fin que, no solamente es el mejor para Él, sino, y como consecuencia, el mejor también para nosotros. Múltiples son las causas que pueden derivar en la homosexualidad. Que la ciencia nos ayude en cada una de ellas para poder dar a toda relación sexual la luminosidad del horizonte procreador a la que está destinada. NO ESTÁ MAL LA HOMOSEXUALIDAD PORQUE VAYA CONTRA LA LEY NATURAL, ESTÁ MAL, Y PEOR, PORQUE VA CONTRA LA LEY DE DIOS.

Dentro de ese extravío triste que es el querer darle a esa relación la calidad de matrimonio, está la consecuencia, jurídicamente inevitable, de darle la posibilidad de adopción. TRISTE, TERRIBLE, HUMILLANTE, DESTRUCTOR, QUE EL NIÑO CREZCA EN UN AMBIENTE FAMILIAR EN EL QUE LA IMAGEN QUE SE LE ESTÁ DANDO ES LA DE QUE LA SEXUALIDAD OCURRE, PER SE Y SIEMPRE, FUERA DEL FIN MARAVILLOSO DE LA REPRODUCCIÓN, DEL ACTO SUBLIME DE DAR LA VIDA A OTRO SER HUMANO, A OTRO HIJO DE DIOS.

No se trata, como ha alegado un ministro de la Suprema Corte de Justicia de México, de que: "no debemos dar niños en adopción a parejas homosexuales porque, como la sociedad los rechaza, serán víctimas de escarnio", no, porque si de eso se tratara es la sociedad la que debería ser educada, y no negado a esa pareja el derecho a la adopción. No, se trata de que el hecho, en sí, es triste y destructor, porque va contra el propósito de Dios, contra la ley de Dios, esa misma que podemos conocer por el expediente simple de dejar tranquilo a nuestro entendimiento, sin ruido interesado, para que él nos la haga conocer transparentemente.

HEMOS REPETIDO HASTA EL CANSANCIO, EN ESTA SERIE DE COMENTARIOS, QUE ES LO GENERAL LO QUE NOS LLEVA A LO PARTICULAR, QUE ES LA TEORÍA LO QUE NOS LLEVA A LA PRÁCTICA Y NO AL REVÉS. PUES BIEN, NADA MÁS UNIVERSAL QUE DIOS, NADA MÁS ORIGINAL NI ESENCIAL QUE DIOS, ÉL ES LA ESENCIA Y LA UNIVERSALIDAD MISMAS, Y ES DESDE ESA PERSPECTIVA DESDE LA QUE AFIRMAMOS CON TODA LA FUERZA DE CADA UNA DE LAS FIBRAS DE NUESTRO ESPÍRITU, QUE LA HOMOSEXUALIDAD ESTÁ DEFINIVAMENTE MAL, IRREMEDIABLEMENTE MAL, TRISTE Y HUMILLANTEMENTE MAL, NO PORQUE SEA CONTRA NATURA, REPETIMOS, SINO PORQUE VA CONTRA LA LEY DE DIOS, Y PEDIMOS A TODA LA ESPECIE HUMANA QUE USE CUANTO RECURSO TENGA, INCLUIDOS LOS CIENTÍFICOS, PARA SEGUIR SIENDO HIJOS DE DIOS, NO DE LA CIENCIA Y, MENOS, DE UNA SEXUALIDAD EJERCIDA FUERA DEL PROPÓSITO PARA EL QUE DIOS LA CONCIBIÓ.

DENTRO DE LOS PROPÓSITOS DE DIOS, TODO, FUERA DE ELLOS, NADA.

.

Constitución de 1917, veneno para México

31 de Agosto 2010. Publicado en:
http://losbarbarosdelnorte.com/html/modules.php?name=Forums&file=viewtopic&t=1798

El alma de una constitución es su filosofía, su espíritu. La letra es sólo consecuencia desarrollable y siempre completable. Las Constituciones de la época moderna surgieron con la de los EEUU, inaugurando lo que dio en llamarse el jusnaturalismo o el espíritu que acordaba de manera natural a los hombres los mismos derechos que Dios les concedió irrestrictamente al crearlos. De ahí derivaron los derechos del hombre, aquellos que la Constitución Mexicana del 1857 se esforzó en plasmar de manera lo más completa posible.

La Constitución del 1917 no dice su espíritu, no plantea ninguna filosofía. Debemos esforzarnos en adivinarla y nunca nos encontraremos con una expresión cabal de sus verdaderas intenciones puesto que se enmascaran dentro de un articulado que pretende seguir el espíritu del de la del 1857. Esta Constitución viene a decirnos (aunque tampoco lo dice), que su espíritu es el mismo del de la del 1857, más los "derechos sociales". Cuando se habla de esta Constitución casi no hay mexicano que no se sienta orgulloso de poder decir: - con la Constitución del 1917, México hizo una aportación al mundo, inaugurando la etapa de los derechos sociales, antes que la Constitución de Weimar de 1919.

¿En qué consisten estos derechos sociales? Más que en su definición, que de bien a bien no la hallamos, (salvo referencias retóricas a "derechos" que son resultado de todo el desarrollo económico y no aquellos, verdaderos, que, precisamente, determinarán ese desarrollo) tenemos que intentar entenderlos en los medios que esta Constitución pone para lograrlos y, ahí sí, la cosa queda muy clara. La Constitución propone un "papel rector del Estado en la economía" que se concreta y ejerce en la presencia de un sector de la producción de bienes asegurado por el propio Estado, o sector público, un sector social y un sector perteneciente a la economía privada. Constituyendo todo eso una economía mixta que debe funcionar en base a una planeación democrática sujeta a un Plan de Desarrollo Nacional.

Toda esta definición de economía mixta, con rectoría definitiva del estado, la encontramos plasmada en los artículos 25, 26, 27, 28, 73 y 131.

Para darnos una idea de los alcances de esta Constitución-legislación, debemos recordar que le cedió al sector público la exclusividad en, correo, telégrafos, radiotelegrafía, petróleo, hidrocarburos, petroquímica básica, minerales radioactivos, energía nuclear y electricidad (más muchos otros sectores en los que incursionó aunque sin exclusividad). Esto se vio amparado por una concepción de la propiedad privada inmueble, asentada en el artículo 27 en la que, de hecho, el único propietario es el estado y los ciudadanos son solamente usufructuarios, sospechosos y extremadamente precarios, de esa mal llamada propiedad privada. Para amacizar bien este capítulo, el Artículo 27 introduce una sutil diferencia con la Constitución de 1857. Esta última decía que las propiedades sujetas a expropiación por parte del Estado, por razones de interés público, serían indemnizadas a sus legítimos dueños "previa indemnización". La Constitución del 1917, en este punto, dice que eso se hará "mediante indemnización". Diferencia capital que, de un plumazo, permite toda expropiación abusiva. Esas mismas expropiaciones arbitrarias contra las que se insubordinaban los constitucionalistas del 1857 y que, a partir de ese momento, pudieron realizarse sin más miramientos ni razones y para indemnizar "ad calendas grecas", tarde mal y nunca, y a capricho del funcionario, el cual te dará lo que quiera, cuando quiera, y si bien te va.

En cuanto al sector social, su situación todavía resultó más precaria, puesto que los ejidos ni pueden ser vendidos ni rentados en esta Constitución y el campesino no puede disponer de su bien en acto de dominio alguno. Para quienes nos aleguen, en este punto, el interés del campesino en no perder su tierra, en que ésta esté adherida de este modo a él, les recordaremos que, teniendo en cuenta que los bienes inmuebles son, por definición, no movibles, no es la tierra la que queda adherida al campesino de este modo, sino éste a la tierra. En una palabra, este tipo de usufructo que se quiere "social" está generando una moderna versión de los siervos de la gleba, en la que el campesino está amarrado a su tierra, fijado a ella. Este campesino pertenece a esta tierra y no al revés. Para entender como es tratado el resto del sector social, deberemos profundizar más en el espíritu vergonzante de esta Constitución y la escasa, pero reveladora, información para este fin la encontramos en un lugar inesperado, el artículo tercero, el que trata de la educación. En este capítulo, inesperadamente decimos, se nos da una definición de la democracia y se nos dice que ésta, además de constituir una estructura jurídica y un régimen político, tiene por objetivo "la mejoría económica y social del pueblo".

Hemos llegado a la esencia del asunto. Según el espíritu jusnaturalista, el objetivo de la democracia es el de garantizar las libertades inherentes a los ciudadanos, a las personas, que tienen todo el derecho a disponer de sí mismas, por sí mismas. El Estado debe garantizar esos derechos para el conjunto de los ciudadanos, en la certeza, de que su ejercicio es lo que dará por consecuencia todos los beneficios que estos ciudadanos están en derecho a esperar de una convivencia, garantizada, por un Estado, que han libremente determinado en uso de esos mismos derechos. Pero el espíritu de la Constitución del 1917, no es el de garantizar mayores o menores derechos, sociales u otros, sino el de establecer la certeza de que es el Estado el que debe realizar, directamente, ese bienestar.

Si tenemos en cuenta todos los poderes de los que goza, aún el más liberal, de los Estados, y si a eso le sumamos la presencia masiva de este estado en la producción de bienes (presencia no circunstancial sino inamovible e intocable), más la presencia de un sector social controlado por el Estado y unas organizaciones sociales en la misma situación, más un régimen de no-propiedad y sí de precario usufructo, siempre sometido al capricho del funcionario de turno, más muchas otras relativizaciones y censuras a los derechos de los ciudadanos en general, (sobre todo los que venían llamándose poderes "meta constitucionales" de la presidencia, que, aunque no correspondieran a la letra de la Constitución, correspondían perfectamente a su espíritu), entonces, tenemos el verdadero cuadro de la filosofía con la que esta Constitución se elaboró y que es la de un Estado completamente totalitario pero donde, para mayor recochineo y felicidad de esa burocracia, se deja un sector privado para que genere riqueza que pueda ser ordeñada permanentemente y expropiada cuando a ese estado se le antoje.

De ese texto resultó un sector social totalmente asimilado al poder político "correa de transmisión de las decisiones del Estado", unos sindicatos que son meros instrumentos del gobierno, obligatorios, con ejercicio de huelga, igualmente obligatoria, y constituida en un resorte más de esa máquina de expropiación permanente, por la vía simple de declarar la huelga, y poner la bandera rojinegra. Ese manejo de la huelga nos evidencia la naturaleza de esa no-propiedad privada que esta Constitución establece puesto que, ese mismo trabajador, que no se otorga el derecho de disponer de su empresa, pasando por encima de las decisiones del dueño, en condiciones de no conflicto, se convierte en propietario, definitivo o transitorio, por el simple hecho de declarar la huelga.

Ese espíritu inconfeso, vergonzante, de la Constitución del 1917, es absolutamente antagónico con el jusnaturalismo, con la Constitución del 1857 y con la democracia pura y simple y constituye un totalitarismo que niega que la persona, el ciudadano, esté en el derecho de disponer de sí mismo por sí mismo, y que sea de la garantía de ese derecho de donde debamos esperar todas las bondades de una convivencia libre y civilizada, para establecer, por lo contrario, que todos los derechos del ciudadano, deben ser o directamente eliminados o sometidos a vulnerabilidad y precariedad permanente, a capricho de la burocracia, ella sí, propietaria del Estado y de la sociedad en su conjunto.

Este espíritu fue el de la colonia y también ella recortaba los derechos de las personas so capa de proteger su bienestar, y así, impedía a los indios celebrar contratos para que no los fueran a engañar. Vemos, asimismo, en el espíritu de esta constitución, que es de naturaleza profundamente anti mercantil, como lo era, asimismo, la colonia y el imperio y la monarquía españoles.

Los resultados están a la vista, desmoralización general, corrupción consubstancial, delincuencia al por mayor, un 70 % de los estudiantes (según nos dijo ayer el Secretario de Educación) que no entienden lo que están leyendo, sindicatos que sólo sirven para obstaculizar la producción y la defensa de los intereses de los trabajadores y muchos etcéteras. Pero eso sí, nadie nos quita que tenemos "la mejor Constitución del mundo". Los que han fallado, según eso, son los hombres, no la Constitución. Eso es la misma babosada que todos los esclavos y sometidos han dicho de sus opresores cuando han repetido sin cesar que "él es bueno, los malos son los que lo rodean". Es la clase de estupideces que se dicen cuando no se quiere que nuestro cerebro trabaje, "no sea que se me note lo que estoy pensando y la vayamos a regar".

So capa de gran revolución social, esta Constitución eliminó las libertades, individuales y colectivas, establecidas por la Constitución de 1857 y reclamadas y actualizadas por Madero y re amortizó la tierra, volvió a la unión de la iglesia y del Estado (esta vez a favor del Estado), reinstauró el imperio de las expropiaciones arbitrarias y abusivas, y, en realidad, corporativizó todo el derecho. Los verdaderos sujetos de derecho ya no eran las personas sino las corporaciones.

En toda la existencia de este fatal sistema, sólo un Presidente mexicano lo ha caracterizado adecuadamente y fue Ernesto Zedillo en su último informe de gobierno, cuando lo llamó corporativista, patrimonialista (que confunde el patrimonio público con el particular de la burocracia), y antidemocrático, se declaró él mismo liberal y afirmó que hubo dos revoluciones, la liberal de Madero y la otra. De hecho hubo una sola, la de Madero, lo otro fue una profunda y tóxica contrarrevolución que condujo a un régimen autoritario y antidemocrático, que sí constituyó la "dictadura perfecta", como dijo Vargas Llosa, puesto que se enmascaró de democracia social.

No debemos creer que este enmascaramiento de democracia social sea tan original, porque esa fue, precisamente, la característica del fascismo y, particularmente, del fascismo español del dictador español Franco. Autarquía, rectoría del Estado, economía mixta, sindicalismo obligatorio, plan nacional de desarrollo (con todo tipo de empresas estatales e instituciones a su servicio), sobreprotección supuesta del obrero, incluida la prohibición (real) de despedirlo, sector social cuya filosofía productiva debe ser, no la demanda del mercado, sino la producción de bienes "útiles" para la sociedad, unión de la Iglesia y del Estado. En una palabra, el fascismo español, como la Revolución Mexicana, plasmada en la Constitución del 1917, dieron y dan todos los derechos al Estado y a las corporaciones y ninguno al ciudadano, a la persona. Ambos sistemas, además, tienen el mismo odio a la economía de mercado y a todo lo anglosajón.

No transitaremos hacia la democracia con esta Constitución, porque, para amolarla de acabar, las más de 460 reformas que ha sufrido, ni mucho menos, son todas adecuaciones necesarias al funcionamiento de la economía de mercado en la que, quieran o no, está inserto México, sino que muchas, al contrario, son profundizaciones de su espíritu antiliberal, antidemocrático y anti mercantil. A lo largo de toda la historia del sistema, cada contradicción o problema fue abordado con una expropiación más, con una estatización más, y así vemos la evolución extremadamente contradictoria de esta transición, porque, por ejemplo, JOLOPO, durante cuyo mandato se realizó la reforma Reyes Heroles, que puede considerarse el inicio de toda la transición política, realizó también la estatización bancaria. Pasó desapercibido que, en el primer momento del decreto de expropiación, al incluir todas las empresas de las que la banca era propietaria (sumado todo el sector que ya pertenecía al Estado), México quedó, simplemente, bolchevizado. Este mismo JOLOPO definió muy bien el espíritu de la mal llamada Revolución y de la vomitiva Constitución del 1917 al terminar una larga serie de artículos en el periódico El Universal, con la frase lapidaria "México está rodeado por todas partes de economía de mercado, pero esta economía, en México, no pasará".

El mismo Miguel De Lamadrid, que tanto abominan los "anti neoliberales"¡?¡?, reformó los artículos de la rectoría económica del Estado para definir ¡más claramente!, los alcances soviético-planificadores de la economía mixta. Salinas, supuesto liberal, se tragó la mamarrachada tercermundista de las "asimetrías" y participó directamente en la creación de las ARIC, organizaciones campesinas de las que derivaron los zapatistas.

Repetimos: NO HAY TRANSICIÓN COMPLETA POSIBLE A LA DEMOCRACIA EN EL MARCO DE UNA CONSTITUCIÓN QUE FUE CONCEBIDA CONTRA EL JUSNATURALISMO, CONTRA LA SOBERANÍA PERSONAL, CONTRA LAS LIBERTADES QUE LA CONSTITUCIÓN DEL 1857 HABÍA ESTABLECIDO Y QUE MADERO HABÍA RECLAMADO, CONTRA LA ECONOMÍA DE MERCADO. PONERSE A REFORMAR LA TANTAS VECES REFORMADA CONSTITUCIÓN DEL 1917, PARA HACER DE ELLA ALGO DECENTE Y ÚTIL AL PAÍS, SERÍA UN EJERCICIO DE MASOQUISMO INNECESARIO E IMPRODUCTIVO.

NECESITAMOS, IMPERIOSAMENTE, DESESPERADAMENTE, UNA NUEVA CONSTITUCIÓN.

Abordar la reflexión en torno a una nueva constitución, implica dar un paso más allá de cómo la Constitución del 1857 entendió el jusnaturalismo, puesto que de esos derechos humanos, derivados natural e inalienablemente, del hecho de haber sido creados por Dios iguales en espíritu y ante sus ojos, el constitucionalista del 1857 derivaba la afirmación de que el soberano es el pueblo. No. EL SOBERANO NO ES EL PUEBLO, ESA ES YA UNA ABSTRACCIÓN CONTRAPRODUCENTE. EL SOBERANO ES EL INDIVIDUO, LA PERSONA. LA SOBERANÍA ES PERSONAL. Y EN ESO LAS MONARQUÍAS NOS GANABAN, PUESTO QUE SIENDO EL REY EL SOBERANO, ADOLECÍAN, SÍ, DEL GRAN ABUSO DE NEGAR A CADA UNA DE LAS DEMÁS PERSONAS SU SOBERANÍA, PERO, AL MENOS, EL SOBERANO ERA UNA PERSONA Y NO UNA ABSTRACCIÓN.

AFIRMAR QUE EL SOBERANO ES EL PUEBLO ES YA CORPORATIVISMO.

DEBEMOS, YA, REFLEXIONAR EN TORNO A LOS TÉRMINOS DE UNA CONSTITUCIÓN PARA UN MÉXICO DE HOMBRES LIBRES Y SOBERANOS. LIBRES DE DECIDIR DE SÍ MISMOS POR SÍ MISMOS Y ESE ÚNICO PRINCIPIO ES CAPAZ DE ALUMBRAR UN TEXTO CONSTITUCIONAL COMPLETO MÁS SUS TEXTOS LEGISLATIVOS CORRESPONDIENTES.

MÉXICO NO SALDRÁ DEL ATOLLADERO SIN UNA CONSTITUCIÓN PENSADA FUERA DE ESA INFAME DICTADURA PERFECTA EN LA QUE HA VIVIDO TODO UN SIGLO.

ES INFINITAMENTE MÁS FÁCIL Y FACTIBLE HALLAR EL CONSENSO PARA UNA NUEVA CONSTITUCIÓN QUE, POR EJEMPLO, HALLAR LA MAYORÍA DE LOS DOS TERCIOS DE AMBAS CÁMARAS FEDERALES, MÁS LA MISMA MAYORÍA DE LAS DE LA MITAD MÁS UNO DE LOS

ESTADOS, NECESARIAS PARA UNA REFORMA DE LA ACTUAL CONSTITUCIÓN EN MATERIA DE PETRÓLEO.

LOS CANDADOS QUE ESTOS FASCINEROSOS INTRODUJERON ESTÁN FRONTALMENTE OPUESTOS A NUESTRO DERECHO A DECIDIR DE NOSOTROS MISMOS POR NOSOTROS MISMOS. DEJÉMOSLOS COLGADOS DE SU BROCHA Y RECURRAMOS A LA CONVOCATORIA DE UN CONSTITUYENTE LIBRE.

Dios, reflexión y ciencia

12 de septiembre 2010. Publicado en:
http://losbarbarosdelnorte.com/html/modules.php?name=Forums&file=viewtopic&t=1807

A raíz de la afirmación de Stephen Hawkins de que la hipótesis de Dios no es necesaria para explicar la existencia del universo, han surgido una serie de opiniones en el mundo en las que, los que han optado por el ateísmo, afirman que Dios no existe y los "ecuánimes" afirman que la ciencia no está en condiciones de demostrar, ni la existencia, ni la no existencia, de Dios, pero, ¿es esto así?

El "detalle" del asunto, como diría don Mario Moreno, está en la concepción y percepción mismas de la ciencia.

La ciencia moderna surge con Galileo y, desde ese instante están trazadas, no solamente todas sus características, sino incluso lo esencial del núcleo reflexivo de las ciencias físicas (que han servido, a su vez, de modelo, reflexivo y matematizado, a las ciencias en general).

La ciencia forma parte de la reflexión general y, por lo tanto, sus conclusiones valen lo que valgan las reflexiones que las soportan.

Por otro lado, la ciencia adopta el punto de vista simple de que es el mismo objeto que se somete a reflexión el que debe decirnos todo aquello que buscamos y, por lo tanto, en la medida en que ese objeto de estudio es material, la ciencia adopta un punto de vista, una hipótesis de trabajo, materialista y eso es así, no importando si el científico es hombre de fe consciente, o no.

Otra característica de la ciencia es la de someterse sistemáticamente al experimento. Pero aquí topamos con el primer detalle fino del asunto, este experimento es, no solamente al experimento físico, sino también al experimento mental.

Es esencial reflexionar en el papel del experimento mental a lo largo de toda la experimentación científica que Galileo inició (si bien existía desde mucho antes), porque desde ese momento la referencia de la reflexión al experimento se hizo obligatoria y sistemática.

El experimento físicamente realizado debe partir de una conceptuación del objeto sometido a estudio (que tiene sus propios asegunes), pero, además de referirse a estos conceptos, el experimento físico debe someterse a medición y a extrapolación matemática para convertir en generales y universales unos experimentos concretos que jamás podrán abarcar toda la gama experimentable, y esto, lo somete a dos limitantes insalvables, el error de medición (aquél que después la microfísica se encargó de decirnos que no solamente consistía en un error sino en una total creación o recreación del objeto estudiado), y el abuso potencial (y casi seguro) de la extrapolación matemática que intenta convertir experimentos concretos, de número, pues, forzosamente limitado, en leyes generales.

Cuando el experimento físico, sometido a las limitaciones de la medición concreta y a los abusos inherentes a toda extrapolación matemática, se topa con una incongruencia frente a posteriores evoluciones del conocimiento, queda reducido a la desorientación y al pasmo porque ignora si esas diferencias constatadas se deben a errores de medición, a abusos de extrapolación matemática, o a insuficiencia reflexiva de los conceptos de los que ha partido para diseñar el experimento. Este científico difícilmente tendrá la audacia de obligarse a repensar sus conceptos puesto que, bien pudiera ser, que se embarcase en una aventura inútil para corregir algo cuyo origen estuviera en la simple medición o el abuso de cálculo.

Cuando el científico-reflexionador-experimentador, que ha realizado el experimento mental se topa con una diferencia entre sus conclusiones y el conocimiento posterior, ahora no duda, y se obliga a re-pensar y re-flexionar sus conceptos con total audacia puesto que ha descartado las causas contingentes.

El experimento mental es el único en el que, definitivamente, se apoya el reflexionador-científico para dar por concluida una etapa de la reflexión y obligarse a pasar a la siguiente y, de hecho, en la historia de la ciencia, muchos de los experimentos físicos supuestos jamás han sido realizados y ha sido el sencillo experimento mental, aquel en el que se ha apoyado para seguir su camino de reflexión, que es el camino del conocimiento general y, asimismo, el del conocimiento científico. NINGUNA ETAPA DEL CONOCIMIENTO CIENTÍFICO CULMINA (NI EMPIEZA) SIN HABER REALIZADO EL EXPERIMENTO MENTAL CORRESPONDIENTE AL ÁMBITO DE REFLEXIÓN ABORDADA.

Galileo hizo el experimento mental correspondiente a su interrogante sobre la caída libre de los cuerpos en el vacío y ese experimento mental fue tan trascendente que es indispensable traerlo a colación y exponerlo. Su reflexión lógica fue simple. Para empezar, tenía que partir de algún supuesto y no tuvo empacho en aceptar la hipótesis de Aristóteles de que los cuerpos en el vacío caen a diferentes velocidades, siendo el más pesado más rápido que el menos pesado.

Su camino lógico fue simple, aceptada la hipótesis de partida de Aristóteles (que no era más que el experimento real en condiciones de frenado de la caída de los cuerpos por la resistencia del aire), imaginó el siguiente experimento mental. Imaginemos que tomó el cuerpo más pesado y lo unió al menos pesado, formo uno solo, y lo dejó en caída libre, tendré ahora dos caminos lógicos de reflexión posibles, uno, que dirá, que el cuerpo resultante caerá más rápido que el cuerpo rápido original, puesto que la suma de los dos cuerpos es más pesada que este cuerpo pesado original, pero tendré, asimismo, otro camino lógico que dirá que el cuerpo resultante deberá caer más rápido que el lento original, pero más lento que el rápido original , puesto que el rápido acelerará al lento en su caída, pero el lento frenará al rápido en la suya. En uno de los casos lógicos, el cuerpo resultante será más rápido que el pesado original y en la otra, más lento. Ante estos dos resultados incompatibles, ahora, sólo me queda explorar lo que llamaríamos las curvas de comportamiento de la caída de estos cuerpos lógicos en el vacío, para ver si en algún momento esas curvas se cruzan y se hacen compatibles y ese punto existe. Si suponemos que cualquier pesado incrementa su velocidad de caída con un incremento cero respecto a cualquier lento y liviano relativos, entonces, en el primer camino lógico, tendremos que el pesado resultante es más rápido que el pesado original con un incremento de velocidad cero, y, en el segundo supuesto lógico, tendremos que el lento original frenará al rápido original con un decremento de velocidad cero y el rápido acelerará al lento con un incremento de velocidad cero. En pocas palabras, la única posibilidad lógica para abordar la caída de los cuerpos en el vacío es que ambos caigan a la misma velocidad, de lo contrario el movimiento mismo es una imposibilidad lógica.

Este experimento mental marcó todo el camino de la ciencia física posterior puesto que, de la caída libre de los cuerpos en el vacío a la misma velocidad necesaria, se deduce de manera evidente la igualdad entre la masa inercial y la masa gravitacional, aquella en la que se basó toda la física einsteniana. Pero, esa física einsteniana no agotó, ni mucho menos, la reflexión posible surgida de ese simple experimento mental realizado por Galileo, sino que debe también normar el criterio de nuestras reflexiones actuales puesto que, así como Einstein debió volver al sistema inercial de Galileo para hacer fructificar sus reflexiones, nosotros debemos volver a la identidad entre la masa inercial y la masa gravitacional einsteniana para hacer fructificar las nuestras PUESTO QUE SI, COMO NOS DICE LA MICROFÍSICA, EL TIEMPO Y EL ESPACIO NO SON REALIDADES FÍSICAS ESENCIALES SINO CONSTRUCTOS DE LA MACROFÍSICA, ENTONCES, LA REFLEXIÓN SOBRE LA IDENTIDAD ENTRE LA MASA INERCIAL Y LA MASA GRAVITACIONAL (UNA SURGIENDO DE UN MOVIMIENTO, TAN ARTIFICIAL COMO EL CONSTRUCTO ESPACIO TEMPORAL EN EL QUE SE APOYA, Y LA OTRA SUPONIENDO SER UNA MASA EN REPOSO), DEBE DARNOS EL SECRETO DE ESE CONSTRUCTO, ESE SECRETO DEBEMOS SACARLO DE ESTA REFLEXIÓN EN TORNO A LA IDENTIDAD ENTRE AMBAS MASAS, ASÍ, REPETIMOS Y SINTETIZAMOS ENFÁTICAMENTE, DEL MISMO EXPERIMENTO MENTAL GALILEANO DEL QUE PARTIÓ LA REFLEXIÓN DE EINSTEIN, DEBE, ASIMISMO, PARTIR LA NUESTRA.

Una conclusión adicional de este experimento mental de Galileo es que EN LA CIENCIA (LA REAL, LA QUE VALE LO QUE VALGAN LAS REFLEXIONES EN LAS QUE SE APOYA), LA HIPÓTESIS DE PARTIDA, O DE TRABAJO, NO IMPORTA, ES SOLO UN PRETEXTO PARA LA REFLEXIÓN. LA CONCLUSIÓN FINAL, CON GRAN FRECUENCIA, SERÁ DISTINTA A LA HIPÓTESIS DE PARTIDA O DE TRABAJO.

Si observamos todo este edificio que la ciencia ha puesto ya delante de nuestros ojos (y de nuestra mente si consideramos la posibilidad de reflexionar), entonces sabremos que sólo lo percibido es real y, si nuestra percepción sólo fue fisiológicamente posible tras una larguísima evolución de lo real, entonces alguien debió percibir por nosotros para generar esa realidad que dio posibilidad a nuestra percepción, todo esto por la vía de la microfísica, así como sabremos, asimismo, por la vía de la microfísica, que sin que nadie privilegie puntos de referencia en un universo conceptualmente amorfo en sí mismo, ningún objeto puede existir y, por ende, nosotros tampoco.

Nuestra reflexión simple nos dirá, asimismo, que si ese alguien debió percibir para crear la realidad (una no material pues, desaparecida la objetividad espacio-temporal, desaparecida la materia), entonces, ese alguien es, por definición, a la vez el Ser y un Ser, es decir, no algo, sino alguien personal.

Si contemplamos el edificio que hemos construido a base de actos de fe repetidos y acumulativos en los alcances del experimento imaginario, sabremos, asimismo, que no podemos medir sin transformar lo medido y, por lo tanto, los experimentos físicos son nuestras muletas pero no nuestras piernas, esas son los experimentos mentales.

Sabremos asimismo infinidad de otras cosas maravillosas que están frente a nuestras narices y frente al resto de nuestra anatomía material y espiritual.

SI TENEMOS UN SER QUE ES, A LA VEZ, EL SER, Y DE CUYA EXISTENCIA SURGIÓ LA "REALIDAD" QUE SIRVE DE PRETEXTO A NUESTRA EVOLUCIÓN "FÍSICA", MENTAL Y ESPIRITUAL, UN SER

PERSONAL, PUES, ESE SER TIENE UN NOMBRE Y ESE NOMBRE ES DIOS, PODEMOS NO DÁRSELO, ES NUESTRO PRIVILEGIO NEGAR CUALQUIER EVIDENCIA, PERO ENTONCES EL PREJUICIO ESTÁ DEL LADO DE LOS QUE SE NIEGAN A NOMBRARLO, NO DEL OTRO.

NO ES QUE LA CIENCIA "DEMUESTRE" O "NIEGUE" LA EXISTENCIA DE DIOS, ES MÁS PROFUNDO, ES QUE LA CIENCIA, A PARTIR DE UNA HIPÓTESIS DE TRABAJO QUE NO LO CONSIDERABA, (E HIZO BIEN EN ADOPTARLA, ERA INDISPENSABLE A SU OBJETIVIDAD) SE TOPÓ CON ÉL. PODEMOS HACERNOS GUAJES, ES TAMBIÉN NUESTRO PRIVILEGIO, EL DE CUALQUIER SER HUMANO, INCLUÍDOS (Y SOBRE TODO) EL DE LOS CIENTÍFICOS.

LA CIENCIA ES EL RESULTADO ACUMULATIVO DE ACTOS DE FE. PODEMOS APARTARNOS DE LA FE Y AÚN NEGARLA, Y VIVIR DE LA INERCIA ANTERIOR, PERO ESA INERCIA SE AGOTA EN UN MEDIO (COMO EL NUESTRO) QUE OFRECE RESISTENCIA. VOLVER A LA FE ES LA ÚNICA GARANTÍA DE VOLVER A LA CLARA CONCIENCIA DE QUE LA REFLEXIÓN ESTÁ EN LA BASE DEL CONOCIMIENTO CIENTÍFICO (Y DE CUALQUIER OTRO CONOCIMIENTO). LA INTELIGENCIA DE LA FE ES LA ESENCIA DE TODA INTELIGENCIA.

.

Nuestra "realidad", ¿Un holograma?

27 de octubre 2010. Publicado en:
http://losbarbarosdelnorte.com/html/modules.php?name=Forums&file=viewtopic&t=1867

El Fermilab, el instituto de investigaciones físico-teóricas más importante de EEUU, el que tiene entre sus instrumentos al TEVATRÓN (el acelerador de partículas más poderoso del mundo después del LHC, del CERN, de Ginebra), está construyendo el Holometer, un aparato, que, mediante una interacción entre dos dimensiones espaciales y el tiempo, permitirá construir, esperan, la virtualidad de una tercera dimensión (y de cualquier otra).

En este aparato, nos dicen los del Fermilab, interactúa un reloj extremadamente preciso (el más preciso que se haya construido hasta hoy) y un rayo laser y todo este sistema técnico está destinado a averiguar si este espacio-tiempo en el que evolucionamos es continuo o discreto y si el conjunto del universo no es, acaso, un simple holograma, un realidad virtual en la que evolucionamos, una realidad cuya virtualidad nos es disimulada por la extremada pequeñez, y la inmensa cantidad y densidad, de los pixeles con los que este holograma se dibuja. Nos dicen, finalmente, los amigos del Fermilab que en un año, aproximadamente, esperan estar en condiciones de darnos resultados fiables.

Queremos, en primer lugar, felicitar a estos amigos del Fermilab que nos han reservado ya tan gratas sorpresas, como la de determinar que en la interacción inicial entre materia y antimateria del universo se produjo una asimetría de un uno por ciento, cantidad cincuenta veces mayor que la que nos determina la teoría estándar de la física, y muy cercana a la necesaria para tener un universo como este en el que vivimos, amén de muchos otros descubrimientos de gran interés para el conocimiento físico y general.

Si tenemos en cuenta que su acelerador de partículas es, desproporcionadamente, menos poderoso que el actual LHC del CERN (e incluso que el anterior), es legítimo preguntarse, ¿por qué estos físicos tienen aproximaciones tan productivas y preguntas tan esenciales? Debemos decir que, para nuestro leal saber y entender, EEUU está, todavía, mucho más cerca que Europa de considerar al materialismo científico como una simple hipótesis de trabajo y, para nada, como una única filosofía, natural, obligada e inevitable.

Estamos en condiciones de anticipar algunos elementos de lo que nos será dicho, esperamos, dentro de un año.

En primer lugar, está plenamente establecido que ésta es una realidad discreta. Toda la evolución del conocimiento científico desde hace un siglo nos lo abona y la vieja disputa macrofísica-microfísica, localidad-no-localidad, realidad continua-realidad discreta, ha sido zanjada, una y mil veces, por activa y por pasiva. Veíamos, que la única solución a esta paradoja entre el estricto principio de objetividad de la macrofísica y el estricto principio de subjetividad de la microfísica, que se formula en la conciencia científica de que solo la percepción determina esta "realidad", pero en la que, asimismo, sabemos, de una objetividad, externa y preexistente a nosotros mismos, que podemos percibir y deducir de múltiples maneras, veíamos y decimos pues, que esta paradoja, aparentemente insalvable, encuentra solución natural y sencilla en el hecho de que es Dios el que, percibiendo este universo por y para nosotros, le da toda la objetividad que es indispensable a nuestra propia evolución, tal y como decía San Agustín en el siglo cuarto de la era cristiana: "En cuanto a las cosas que tú has hecho Señor, nosotros las vemos porque existen, y existen, porque tú las ves".

Salvados, definitivamente, y armonizados, los estrictos principios de objetividad y subjetividad de ambas físicas, ningún empacho debemos tener en aceptar el carácter perfectamente discreto de esta realidad y su carácter, solo aparentemente, continuo. No cabe duda pues que esta realidad es una falacia, una realidad estrictamente virtual.

El mérito, nada desdeñable, de nuestros amigos del Fermilab es que ahora se abocan a entender de qué está hecha esta virtualidad y su idea del holograma y los pixeles es excelente y se nos antoja muy productiva.

Vista la virtualidad de nuestro universo, surge la siguiente pregunta, ¿qué con los universos paralelos, cuya realidad eventual investiga el CERN de Ginebra, pero cuya existencia, de hecho, ha sido ya demostrada matemáticamente?

Everett decía que esta realidad se desarrolla en "árbol", cada opción de las múltiples interacciones de esta discrecionalidad de la que estamos hechos (en lo físico), genera una nueva rama del árbol y un universo paralelo más, de tal manera que, por ejemplo, aquel que tuvo un accidente, en uno de los casi-infinitos universos, estará muerto, en otro, herido y en otro, ileso (por poner nada más algunas de las casi-infinitas posibilidades de cada interacción). Para Everett, cada uno de estos universos tiene el mismo grado de realidad, aún cuando solo de uno tengamos conciencia.

Ante este carácter virtual de nuestra "realidad", ¿qué diferencia podría haber con las de los otros universos paralelos, puesto que esta misma es "solo" virtual?

La hay y mucha, la hay toda. Todos los demás universos son potenciales (con la potencialidad casi-infinita expresada en la función de onda) y el nuestro es esencial (con la esencialidad que se concreta en la partícula). Una casi-infinidad de universos abstractos para uno concreto. Una casi-infinidad de universos potenciales para uno esencial, pero, ¿en qué podría consistir, o dónde podría encontrar su fuente, esta esencialidad y esta concreción tratándose "tan solo" de un universo virtual? Consiste, y encuentra su origen, en nosotros mismos, en nuestro espíritu, que es nuestra verdadera realidad, y no en este universo, supuestamente material y, en realidad, tan solo virtual. La diferencia consiste en que es en este universo en el que estamos aplicando la más grande, sublime, creadora y terrible, de las ciencias que Dios ha puesto en nuestras manos, LA CIENCIA DEL BIEN Y DEL MAL. Aquí es donde hacemos el bien, aquí es donde hacemos el mal, todos los demás universos forman parte del casi-infinito mundo de las posibilidades que tuvimos a nuestro alcance, de la miríada de opciones que se nos ofrecieron, y dentro de las cuales, en definitiva, hicimos el bien o hicimos el mal. Es en este universo esencial, y en ninguno de los casi-infinitos universos potenciales, donde, finalmente, pusimos un granito (o granote) más en el devenir nosotros mismos. Es en este universo, en el que Dios nos permitió co-crear con Él, en comunión con Él, o renunciar a Él y renunciar, en el mismo acto, a toda posibilidad creadora.

No necesitamos, como hace Gerard't Hooft, renunciar a media física, incluidos los hoyos negros, para reencontrar la causalidad perdida. La causalidad no está en esa virtualidad, está en el espíritu, que, no sólo transforma a placer y a fondo, y permanentemente, toda esta realidad, sino que la crea. Démosle al espíritu lo que es del espíritu, la esencia, las causas y los porqués, y dejémosle a la virtualidad lo que es de la virtualidad, la apariencia, los efectos virtuales y los cómos (igualmente virtuales).

Si, este universo, no sólo es discreto, no sólo es virtual, no sólo es una falacia, no sólo es (como decía Einstein) una ilusión (pero, eso sí, una ilusión persistente), sino que, y sobre todo, es el que nos sirve de pretexto para el devenir nosotros mismos, el más grande, delicado y amical regalo que Dios nos ha hecho.

Hasta aquí lo que, con certeza, nos dirán los amigos del Fermilab. Gran cosa es si, además, podemos empezar a vislumbrar cómo está construida esta virtualidad. Hoy se sabrá, porque hoy estamos maduros para entender de realidades virtuales y de pixeles.

Post-Data-. Por primera vez, ¡por fin!, la teoría de las cuerdas sirve para algo y permite entender cómo surge la superconductividad a temperaturas muy superiores al cero absoluto y lo hace, aclarándonos el estado crítico-cuántico de los electrones.

Para quienes creen que la teoría de las cuerdas empezó imaginando unas pequeñas cuerdas que vibraban y matematizando después el concepto, les recordaremos que todo empezó cuando Veneziano, del CERN, en busca de teorías matemáticas para explicar la atracción débil, halló, en la muy vieja función beta de Euler, una fórmula que, no sólo respondía a sus expectativas, sino que tenía dentro de ella unas series numéricas potencialmente oscilantes, a las que Veneziano inventó, y adjudicó, la fisicidad de cuerdas vibrantes. Dicho sea esto en honor de lo inmaterial y de lo intangible, dentro de los cuales estamos, cada vez más plenamente, y cada vez más conscientemente.

Los antiguos, sobre todo el gran Thot o Hermes Trismegistu, (el del Egipto antiguo, el original, el que dio lugar a la serie de los grandes sacerdotes Thot, así como el Quetzalcóatl original dio lugar a la serie de los grandes sacerdotes Quetzalcóatl) tenían plenamente razón, EL UNIVERSO ES MENTAL. Lo cual no quiere decir que todo sea mental (como decía Buda) sino que es el universo el que es mental, ese mismo universo que sabemos hoy virtual, pero esa virtualidad no es, en modo alguno, la realidad, la realidad es espiritual, es Dios, somos nosotros, y nosotros no somos para nada virtuales, como no es, para nada, virtual la diferencia entre el bien y el mal. No, esa es una diferencia plena y contundentemente real.

EL UNIVERSO FORMA PARTE, SÍ, DE DIOS, PERO NO ES DIOS. DIOS ES DIOS, Y NUESTRA COMUNIÓN CON DIOS NOS HACE, TAMBIÉN, A NOSOTROS, PLENAMENTE REALES Y TRASCENDENTES, TANTO, QUE EL PARAÍSO QUE PODEMOS ALCANZAR ES INFINITAMENTE MÁS GRANDE QUE EL MÁS GRANDE DE LOS QUE HAYAMOS OSADO IMAGINAR Y EL ABISMO EN EL QUE PODEMOS CAER ES MÁS TERRIBLE Y PROFUNDO QUE EL PEOR DE LOS QUE HAYAMOS OSADO Y TEMIDO, CONCEBIR.

AYUDAR A ALGUIEN, AMARLO, O SECUESTRARLO Y ASESINARLO, TIENEN UNA DIFERENCIA ABISMAL, ENTRE EL TODO Y LA NADA, QUE NO CONSIENTE VIRTUALIDAD ALGUNA. AHÍ RADICA LA FUENTE DE TODA ESENCIALIDAD, EL ORIGEN DE TODA CAUSALIDAD.

Dios, termodinámica, entropía y Boltzmann.

31 de octubre 2010. Publicado en:
http://losbarbarosdelnorte.com/html/modules.php?name=Forums&file=viewtopic&t=1875

Cuando Ludwing Boltzmann, con su función H, descubrió, en un solo acto, la termodinámica, la estadística mecánica, la entropía como probabilidad de un estado (o relación de estados micro y macro dinámicos como única vía para poder deducir sus estados termodinámicos) y, con ello, determinó, que toda pretendida ley física no era más que probabilidad, más o menos alta, pero siempre probabilidad, en ese mismo momento, quedaron determinadas, tanto la desaparición de la causalidad (como algo inherente a los procesos físicos y determinante de ellos), como el carácter discreto de la materia y, asimismo, quedó claro, por el hecho entrópico, que la autodeterminación de todo este proceso físico era aparente, inercial, prestada y residual.

Plank fue un vocero de Boltzmann, pero no asumió las consecuencias de sus descubrimientos. Einstein recurrió a la estadística mecánica para resolver el movimiento Browniano y demostrar, por primera vez, la existencia física de los átomos, así como recurrió a Boltzmann para formular su teoría del efecto fotoeléctrico iniciando así, de hecho, la microfísica, pero tampoco quiso aceptar las consecuencias de los descubrimientos de Boltzmann, tanto así, que reaccionó contra la probabilidad, como condición universal de todo hecho físico, cuando dijo "Dios no juega a los dados".

En sentido estricto, nadie ha asumido plenamente las consecuencias de los descubrimientos de Boltzmann, ¿por qué?, porque con

Boltzmann la causalidad desaparece definitivamente de la "realidad" física, así como queda claro que esta realidad tiene solo una apariencia de autodeterminación, residual y de muy corto alcance, que es totalmente incompatible con la posibilidad de que esta "realidad" se haya desplegado por sí sola, tal y como nos empeñamos en pretender.

Tenemos, pues, a aquellos científicos que para no renunciar a una causalidad inherente a la "realidad", renuncian a sacar las consecuencias del pensamiento de Boltzmann y, por otro lado, tenemos a otra clase de científicos que intentan asumir a Boltzmann pero, entonces, intentan reinsertar la causalidad en esa "realidad" en base a los "cerebros de Boltzmann" que resultarían de las simples fluctuaciones cuánticas, pretendiendo que la esencia de la causalidad consiste tan solo en algunos pseudo cómos y ningún por qué.

¿QUÉ LES PASA?, ¿ES TAN DIFÍCIL DAR SU BRAZO A TORCER? ESTA REALIDAD MATERIAL CARECE DE TODA CAUSALIDAD PORQUE DIOS SE LA HA GUARDADO PARA SÍ (Y TAMBIÉN PARA NOSOTROS CUANDO ENTRAMOS EN COMUNIÓN CON ÉL), LA DE A DE VERAS, LA DETERMINANTE, LA ILIMITADA, Y LE HA CONCEDIDO A ESTA REALIDAD MATERIAL DIFERENTES GRADOS DE APARENTE LIBERTAD QUE DETERMINAN, PROBABILÍSTICAMENTE, TODOS LOS CONTEXTOS APARENTES, NECESARIOS A NUESTRA PROPIA EVOLUCIÓN, (QUE ES EL FIN QUE REALMENTE SE PROPONE Y PARA EL QUE TODA ESA "REALIDAD" HA SIDO CREADA).

EN NUESTRA RELACIÓN DE SERES HUMANOS CON ESTA "REALIDAD", TAMBIÉN LE CONCEDEMOS DIFERENTES GRADOS DE AUTODETERMINACIÓN, IGUALMENTE LIMITADOS, LO CUAL HACE QUE, GRACIAS A DIOS, NO IMPORTANDO LA AUTODETERMINACIÓN,

HECHA EXTERIORIDAD, QUE LE REGALEMOS A ESTA "REALIDAD", SIEMPRE ESTAREMOS EN CONDICIONES DE RECUPERAR TODA LA AUTODETERMINACIÓN QUE NOS PERTENECE POR GRACIA DIVINA DESDE QUE DIOS NOS HIZO A SU IMAGEN Y SEMEJANZA.

QUE NADIE BUSQUE EN LA "REALIDAD" FÍSICA UNA CAUSALIDAD QUE NO ESTÁ EN ELLA, QUE NADIE RENUNCIE A LA CAUSALIDAD POR NO HALLARLA EN EL UNIVERSO FÍSICO.

¿ES TAN DIFÍCIL RECONOCER QUE SÓLO LA EXISTENCIA DE DIOS NOS PERMITE CUADRAR ESTE CÍRCULO?, ¿ES TAN DIFÍCIL RENDIRLE EL TRIBUTO Y EL RECONOCIMIENTO QUE LA MÁS MÍNIMA REFLEXIÓN LE OTORGA?, ¿SOMOS ACASO TAN NECIOS, TAN SIN REMEDIO?

Boltzmann nos despejó un expedito camino al determinar con toda nitidez que los diferentes grados de libertad mecánica de esta realidad discreta solo probabilísticamente se resolvìan y concretaban y, al determinar, en el mismo acto, que es inútil buscar en ese universo una causalidad que no está en él, un carácter no-discreto que tampoco está en él y una autodeterminación que, todavía menos, está en él.

El rechazo a este hecho, la no asunción de él, le costó a Einstein rechazar neciamente una microfísica que, de hecho, él había creado, QUE NO NOS CUESTE A NOSOTROS LA IGNORANCIA DE DIOS, DENTRO DE LA CUAL, NO PODREMOS DAR EL SALTO DE CONCIENCIA QUE NUESTRO MOMENTO REQUIERE PARA SENTIR TODO LO QUE DEBEMOS SENTIR, PENSAR TODO LO QUE DEBEMOS PENSAR, CREER TODO LO QUE DEBEMOS CREER Y SABER TODO LO QUE DEBEMOS SABER.

Arte y fe. Gaudí y la Sagrada Familia de Barcelona.

8 de noviembre 2010. Publicado en:
http://losbarbarosdelnorte.com/html/modules.php?name=Forums&file=viewtopic&t=1881

Mañana domingo, 7 de Noviembre de 2010, Benedicto XVI consagrará el altar mayor y el templo expiatorio de la Sagrada Familia de Barcelona.

Este templo fue iniciado en el año de 1882 y al año siguiente se hizo cargo de su construcción el arquitecto Antonio Gaudí.

Es un templo expiatorio que fue concebido como lugar de fe para la expiación de los terribles pecados con los que la primera industrialización había castigado a una sociedad esencialmente rural y artesanal. La prostitución y el alcoholismo se habían enseñoreado de la sociedad catalana de la época, así como los constantes asesinatos, por un lado, de los sindicatos obreros anarquistas y, por otro lado, de los mal llamados "sindicatos libres" que eran grupos de asesinos financiados por la patronal. Todo dentro de una lucha de clases por demás antagónica y sangrienta, que hizo que Barcelona fuera conocida como la "rosa de fuego", o la "ciudad de las bombas". Dentro de este ciclo violento vino la semana trágica de 1909 en la que se empezó quemando fábricas y se acabó quemando cuanta iglesia, templo, o convento tuvieron las turbas a su alcance.

Es en este ambiente en el que Gaudí inicia la construcción del templo expiatorio de la Sagrada Familia.

Gaudí era un arquitecto-artesano, hijo de calderero, surgido de la mejor tradición artesanal catalana y él mismo dominaba el arte de la cerámica, forja, cantera, carpintería, vidriería, etc. Experimentó con muchas escuelas arquitectónicas y sufrió fuertes influencias del arte oriental, nazarí, mudéjar y gótico, pero su personalidad y creatividad hicieron eclosión y se expresaron en el modernismo del que constituyó el paroxismo y la apoteosis.

Antes de iniciar la sagrada familia había realizado múltiples trabajo; la cripta de la colonia Güell, el Palacio Güell, el parque Güell, la casa Milá (la Pedrera), la casa Vicens, la casa Batlló, la casa Calvet, etc. Doce de sus obras están clasificadas como patrimonio de la humanidad.

Antoni Gaudí se inició como laico-agnóstico-ateo radical y una de sus actividades (común entre los laicos de la época) era la de acercarse a las procesiones religiosas para gritarles "llanuts", (lanudos, es decir, borregos) a los fieles.

A lo largo de su vida fue concibiendo un amor apasionado por Dios y convirtiéndose en un hombre de fe profunda y acendrada y para cuando inició la construcción de la Sagrada Familia, él era un creyente sincero que buscaba la perfección en el arte, como persona y para la humanidad entera y cuya compasión había pasado, de ejercerse en la filantropía laica a darse en la caridad cristiana.

ÉL CONCIBIÓ LA SAGRADA FAMILIA COMO UN GRAN HOMENAJE A DIOS y, arquitectónicamente, se inició con la reflexión de que la arquitectura religiosa dominante, el gótico, era un sistema con logros notables, pero que no había culminado, puesto que su estructura de vocación vertical, reflejando la aspiración de ascender hacia Dios, no podía auto sostenerse y seguía necesitando contrafuertes como el románico, aunque más estilizados, es decir, seguía necesitando lo que él llamaba "muletas".

Experimentó largamente con diferentes sistemas y desarrolló un arte de superficies regladas (desarrolladas por una recta generatriz sobre directrices naturales) que son las que la naturaleza aplica constantemente en todas sus versiones, juncos, cañas, huesos, troncos de los árboles etc. Se basó, pues, en la paraboloide, la hiperboloide, la helicoide, la conoide y otras. Detectó que el movimiento es de carácter helicoidal y la luz de carácter hiperboloidal y generó, la arquitectura más naturalista jamás desarrollada.

La estructura interior de la Sagrada Familia es como un bosque en el que las columnas se quiebran en ángulos y ramas, ("l'arbre, nostre mestre", decía) y, mediante giros levógiros y dextrógiros de todas estas columnas-ramas, logró lo que se proponía: una estructura de piedra, con toda la verticalidad que la aspiración de la fe impone y SIN MULETAS, sin contrafuertes de ninguna naturaleza, completamente auto soportada. Esto es, en sí mismo, un gran logro. El templo sigue en obras y se espera terminarlas en el año 2026.

Su naturalismo es esencial, profuso, y de gran plenitud y así, toda la mole de aspiración vertical del templo, con sus fantásticos y múltiples torreones conoides, son la analogía excelsa de la montaña de Montserrat, sita a cincuenta kilómetros de Barcelona y que es, ella misma, un accidente pasmoso de la naturaleza, donde una mole de torreones redondeados de piedra pudinga, de material sedimentario, fueron levantados y aupados hacia el cielo por el choque de un aerolito y que levanta su masa vertical, única, dominante, imponente y azulada a más de 1.200 metros sobre todas las montañas bajas de su alrededor, con paredes verticales (y aún salientes) de más de 900 metros de desplome y que alberga al centro espiritual de Cataluña, el convento benedictino de

Montserrat. La mole torreonada y auto sostenible del templo de la Sagrada Familia es la trasposición, en el centro de Barcelona, de esa mole que Dios colocó en el centro de Cataluña.

El templo es la expresión más acabada de la pedagogía religiosa hecha piedra y no hay episodio de la vida de la Sagrada Familia que no esté plasmado en él. Es asimismo la más completa pedagogía teológica y emana un sentimiento total de fe, que, en su expresión naturalista, reproduce la estética de la cueva del salitre de Collbató, tanto dentro como fuera del templo. La naturaleza entera está ahí, Cataluña entera, con su vida social (incluida la bomba anarquista de Orsini y el sucio dinero de la prostitución), la teología entera, la vida entera, decíamos, de la Sagrada Familia, desde sus tres fachadas, la del nacimiento, la pasión y la gloria, cada una con sus tres pórticos, todos de vocación teológica distinta, hasta el resto de este acto de fe hecho arquitectura.

Sus logros en la verticalidad auto sostenible fueron el canto del cisne de las construcciones en piedra, puesto que el concreto y el acero no requieren de sus ingeniosos artificios, pero eso no le quita el mérito en la perfección del arte arquitectónico. Con su vida contribuyó, asimismo, a la perfección personal a la que aspiraba como manifestación de la fe y vivió las últimas décadas de su vida como un asceta urbano y, en cuanto a la perfección de la humanidad entera, esperamos que ese camino que él transitó, desde el laicismo ateo hasta la fe, origen ella de toda vida, de toda ciencia y de todo arte, nos marque el camino para alcanzar nuestra armonía social, nuestra convivencia y la eclosión de nuestra creatividad.

QUE TODOS NOSOTROS, COMO GAUDÍ, PODAMOS RECORRER EL CAMINO QUE VA DE LA FILANTROPÍA LAICA A LA CARIDAD CRISTIANA, EL CAMINO QUE VA DE LA MUERTE EN EL DESCREIMIENTO, A LA VIDA EN LA FE.

Gaudí sí logró sus propósitos de artista y de ser humano y deseamos que esta consagración de mañana sea motivo de una gran fiesta de la fe y que, aquellos que no estén de acuerdo con ella, sepan que, aún cuando están en el derecho de manifestar su desacuerdo, están, asimismo, en la obligación de respetar la fiesta del pueblo catalán en el reencuentro con su fe, con su cultura, con su creatividad y con Gaudí.

.

Luc Montaigner y el entrelazamiento cuántico

24 de enero 2011. Publicado en:
http://losbarbarosdelnorte.com/html/modules.php?name=Forums&file=viewtopic&t=1910

Luc Montaigner (galardonado con el premio Nobel por haber descubierto el virus del SIDA), dice haber empleado el entrelazamiento cuántico (el estado que permite a las partículas subatómicas contactarse desde cualquier punto del universo sin transcurso alguno de tiempo y espacio) para lograr la tele transportación de ADN.

Luc dice haber logrado que la replicación de un ADN, sumergido en el agua de un tubo de ensayo (replicación provocada por el método, muy conocido, de reacciones de polimerasa en forma masiva), hiciera que el mismo ADN "apareciera", por vía de la tele transportación (de nuevo sin contemplar espacio ni tiempo alguno), en otro tubo de ensayo, ubicado en otro punto del laboratorio y conteniendo exclusivamente agua pura, sin partícula alguna de materia orgánica.

El experimento ha sido calificado por muchos científicos como una locura y, en todo caso, se debe esperar a que todo el proceso sea verificado entre pares, pero, éste no es más que un incipiente experimento dentro del campo de la tele transportación que el (muy probado y demostrado) efecto entrelazamiento procura a nivel de la microfísica.

Se alega frecuentemente que un efecto micro físico no es trasladable a la macro física. La proposición no se sostiene porque, finalmente, consistiendo cualquier cuerpo macro físico en una suma de partículas microfísicas, la relación entre ambos ámbitos de reflexión y experimento es solamente una cuestión de cantidad y sabemos perfectamente la cantidad de micro partículas exactas que constituyen el más pequeño de los cuerpos macro físicos.

Ya el experimento del gato de Schrôdinger intentaba, en una primera aproximación reflexiva y en forma de experimento mental, vincular ambas disciplinas científicas y mostrar los alcances inusitados (imposibles pretendía Schrôdinger) que los descubrimientos cuánticos tenían en el ámbito de la física clásica.

Einstein fue quien más y mejor se dio cuenta de los alcances del fenómeno del entrelazamiento (que él, junto con Podolski y Rossen, plantearon en forma de experimento mental en la llamada paradoja EPR). Tal fue el alcance que Einstein detectó en su experimento mental, que prefirió decretar que la realización práctica del experimento demostraría la no existencia del entrelazamiento y, por ende, de la simultaneidad "fantasmagórica", según él, entre acontecimientos cuánticos en cualquier punto del universo, pero eso no le impedía darse cuenta de que, en caso de resultar cierto el entrelazamiento-simultaneidad toda la física se vería definitivamente revolucionada y transformada. Él nunca intentó alegar que, de todos modos, eso ocurriría solamente en el ámbito de la microfísica.

El fenómeno de la simultaneidad, dentro del entrelazamiento, pone sobre la mesa la base, perfectamente objetiva y objetivable, de toda la magia tan denostada por la ciencia. Hoy, la aparente incompatibilidad entre magia "instantánea" y acción física (forzosamente sometida a múltiples mediadores, relativista) ya no es una paradoja magia-física, sino una paradoja inter e intra científica entre macro y micro física. Ahora la física, en vez de denostar a la magia, debe resolver una paradoja que se le plantea a, y en, ella misma y que el físico sólo puede ignorar en la medida en que, frente a la conclusión lógica, alega que no hay experimento en el que constatarla y, frente al experimento, alega que no tiene referente teórico-científico en el que encuadrarlo. Ni siquiera a un científico le está permitido hacerse guaje de tan lastimosa manera.

Luc Montaigner sólo ha tenido la audacia, o la sencillez, de llevar ese hecho evidente, y ya experimentalmente ultra demostrado, del entrelazamiento a un experimento que vincula ambas físicas, en una relación cualitativa que está basada, y consiste, en un hecho íntima y constitutivamente cuantitativo y para eso ha tenido el acierto de escoger el agua como medio de acción. Acierto sostenemos, porque el agua es un medio extraordinariamente sutil y dotado de memoria como lo demuestran multitud de experimentos realizados al respecto.

Aquí la ciencia demuestra, una vez más, lo bien fundado que está su método, porque tiene la capacidad de autocorregirse, y porque la hipótesis de partida no programa ni determina el resultado final. Otra cosa es la capacidad del científico de asumir las consecuencias de su reflexión y de ser tan inteligente como sus propias fórmulas.

No importando cual sea el resultado del estudio-constatación, a realizar entre pares, del experimento de Luc Montaigner, queda inaugurada la etapa de la experimentación en torno a las consecuencias, completamente revolucionarias, novedosas y "mágicas", (pero perfectamente repetibles y utilizables para nuestros fines humanos) del entrelazamiento y de la tele transportación.

El entrelazamiento mismo, como única base y manifestación del "presente universal" en el que se mueve toda la realidad física "per se", se debe solamente al hecho de que, hasta ahora, un solo experimento mental fue completamente conceptuado para este hecho (la paradoja EPR), pero la clara asunción del tema y sus consecuencias nos abre el campo a infinidad de experimentos mentales posibles, conllevando la misma cantidad de experimentos y hechos físicos y la misma cantidad de manifestaciones de esta simultaneidad subyacente y esencialmente constitutiva de toda nuestra realidad.

Fuera de este presente universal (que es Dios, entre infinidad de otras cosas y, sobre todo, fuera de toda cosa) todo es ilusión, así sea (que lo es) persistente, como afirmaba Einstein. .

¡Bienvenidos árabes al mundo de los ciudadanos!

28 de enero 2011. Publicado en:
http://losbarbarosdelnorte.com/html/modules.php?name=Forums&file=viewtopic&t=1913

La rebelión tunecina prosigue, con sus naturales dificultades. Los ciudadanos han logrado imponer la ausencia de ministros del anterior régimen en el gobierno, después de un cambio de ministerio diario.

Los porros del antiguo sistema, policías y civiles, intentan descarrilar el proceso pero el ejército se ha portado garante de esa voluntad popular explícita y sostenidamente manifestada.

Esta ola ha sacudido multitud de países árabes que están en las mismas condiciones de opresión, y peores, que las de los tunecinos. Yemen, Argelia, Marruecos, Egipto, Jordania, entre otros, se identifican y emocionan con los hechos de los tunecinos.

En el caso de Egipto, Al Baradei, antiguo responsable de la OIEA (Organismo Internacional de la Energía Atómica), se ha sumado a los egipcios en su petición de que el actual presidente Mubarak abandone el poder.

Muchos serán los avatares y las peripecias que todo este proceso enfrentará, pero lo grandioso de este asunto es que nos muestra que todos los seres humanos tenemos las mismas aspiraciones de libertad y de bienestar y que, a pesar de lo que todos los ideologizadores de pacotilla pretenden, las personas quieren pensar por sí mismas y decidir por sí mismas, sin que ningún gurú religioso, o de cualquier otra índole, venga a ocupar indebida y perversamente, el ego de cada quien.

Ocurre con los países árabes lo mismo que ocurrió con el campo "socialista". Cada uno de los gobernantes de esos mundos opresores, asfixiantes, necios y destructivos, pretende tener un hecho diferencial, religioso o político, que les exime de respetar los derechos de los demás. Los ciudadanos se encargan de hacerles saber que están en un error y, con sus acciones, les demuestran que los derechos humanos, el respeto a la soberanía personal, no se pueden ignorar ni relativizar.

Bienvenidos ciudadanos árabes a este resto de la humanidad que se debate en defensa de su soberanía personal. Que nadie, político, ideólogo, imán, sacerdote o gurú pretenda ocupar más ego que el de su propia persona, que nadie pretenda administrar la fe de nadie, que nadie pretenda ser el único sujeto en una comunidad de objetos.

¡Bienvenidos ciudadanos árabes al mundo de la soberanía personal inalienable!

.

¿Fusión fría?

28 de enero 2011. Publicado en:
http://losbarbarosdelnorte.com/html/modules.php?name=Forums&file=viewtopic&t=1912

En esa conversión materia-energía cuyo potencial fabuloso viene cuantificado en la famosa fórmula de Einstein E=mc2, o energía igual a masa por velocidad de la luz al cuadrado, ve la humanidad la fuente futura e inagotable de su energía.

La fisión o ruptura de átomos pesados para formar átomos más ligeros, da una cantidad de materia levemente inferior a la masa fisionada y esa pequeña diferencia es la fuente de la actual energía atómica. Pero, sabemos lo extremadamente sucia en elementos radiactivos que es esta fisión nuclear.

La reacción inversa, la de fusión, donde son átomos ligeros los que fusionamos para formar átomos más pesados, resulta también en una cantidad de materia inferior a la inicial y, por lo tanto, libera también, gran cantidad de energía, con la ventaja, de que este procedimiento es incomparablemente más limpio que el anterior (si bien, de todos modos, libera neutrones).

Hasta hoy, los intentos de provocar la fusión atómica se han realizado por la vía de reproducir la fusión natural del interior de las estrellas. Para que esta fusión ocurra, necesita presiones de entre 50 y 100 millones de grados centígrados, y para obtenerlos, ha habido que recurrir a métodos de gran inercia o de gran intensidad magnética, con todo lo cual, después de muchas décadas, y de invertir muchas decenas de miles de millones de dólares, sólo se ha obtenido fusiones atómicas por tiempos brevísimos y siempre con un gasto de energía muy superior a la obtenida, y eso, empleando, no hidrógeno de masa uno, sino de masa dos, o deuterio, en una reacción que convierte dos deuterios a una molécula de helio, más un neutrón, más energía. Hoy se nos dice que en veinte años estaremos en condiciones de manejar productivamente la fusión atómica, pero de hecho, nada sabemos al respecto porque ignoramos los problemas que habrá que superar.

Siempre quedó la duda de si esta fusión podría provocarse en frío, es decir, a temperaturas como las que manejamos en las reacciones químicas.

Hace unos veinte años, Fleihsman y Pons, dos científicos americanos, manifestaron haber logrado la fusión fría partiendo de un metal, el paladio, saturado de deuterio y sometido a un proceso electrolítico.

El paladio es un metal del que se sabe, desde hace más de un siglo, que logra absorber más de quinientas veces su volumen de hidrógeno. Es un fenómeno que los alemanes aprovechaban durante la primera guerra mundial para fabricar encendedores. Pero nadie más ha podido reproducir lo que ellos pretendían haber logrado ni se ha sabido nada más del asunto.

Ahora, dos científicos italianos, Rossi y Focardi, anuncian que, partiendo de níquel, más hidrógeno simple, obtienen cobre, más energía, en un reacción en la que dicen obtener 31 veces la energía empleada, también por procedimientos electrolíticos.

En el proceso parece producirse asimismo radiación gamma de baja intensidad, que es lo que se esperaría de una reacción de fusión de esa índole.

Ninguna revista especializada ha querido publicarles su artículo y lo han hecho en una que ellos mismos producen. Pero, en este caso, parecen estar tan seguros de su tirada que pretenden dar la batalla de la aceptación científica, simplemente, produciendo unidades de la misma especie que ya han desarrollado e industrializándolas. Con 125 módulos, como el que ya tienen, dicen estar en condiciones de producir un mega Watio de electricidad. El tema es de gran relevancia y procede que nos formulemos la pregunta, ¿hay algún indicio, o elemento, que nos permita pensar que la fusión fría puede existir? Sí, sí lo hay. Sabemos que en una reacción electrolítica, en el instante previo a la precipitación, se producen presiones superiores a las necesarias para la fusión atómica. Ocurre durante un muy breve espacio de tiempo, pero ocurre.

La naturaleza no solamente es fórmula (finalmente sabemos que cualquier fórmula no es más que alta probabilidad pero jamás inevitabilidad pura y simple). Toda la naturaleza es sutileza infinita.

Nuestra relación con la naturaleza es una relación, igualmente sutil, de raciocinio y sentimiento, de corazón y cabeza, y si hemos gastado millonadas en investigar la fusión a grandes presiones, ¿por qué no gastaríamos algunos cientos de miles de dólares en investigar la fusión fría?

Investigar la fusión fría nos hace entrar en una relación, también sutil, entre el actual método científico y el del antiguo alquimista. ¿Por qué no? Al alquimista Paracelso se le considera, a la vez, fundador de la química, de la medicina general y de la especialidad homeopática, nada mal, para un "simple" alquimista.

Seguiremos de cerca los trabajos de Rossi y Focardi porque, en el estado actual de nuestros conocimientos, podemos afirmar rotundamente que nadie está en condiciones de negar la posibilidad de la fusión fría, y porque, de ocurrir, no solamente habríamos dado un paso de gigante en nuestro conocimiento científico y en el arrumbamiento de los prejuicios que todavía nos atenazan, sino que, además, habríamos dado un paso de gigante en la asunción de esa sutil relación entre razón y sentimiento, entre silogismo, analogía e identidad.

Bien decía Einstein de Dios que en modo alguno es complicado, y menos malicioso, pero que, eso sí, es muy sutil.

Rusia, predadores y subhumanos.

22 de febrero 2011. Publicado en:
http://losbarbarosdelnorte.com/html/modules.php?name=Forums&file=viewtopic&t=1943

En estos días ha habido un acontecimiento que sacudió a los rusos. En el poblado de Kouchtchevskaia, un grupo de los llamados "intocables" (jóvenes porros extremadamente criminales), entraron en una casa y asesinaron a toda una familia de doce personas, degollando niños, torturando adultos, matándolos de un modo atroz. El acontecimiento trascendió, solamente porque dio la circunstancia de que estaba ahí una periodista de Moscú.

Estos hechos son comunes, generales, y permanentes en toda Rusia y son jóvenes que realizan sus fechorías y aterrorizan a la población sin esconderse ni alejarse de sus lugares de origen y en la total y más absoluta impunidad.

Pero no es un fenómeno "de la juventud", es un fenómeno completamente amalgamado con el poder, detrás del cual, hay una constante y masiva expropiación de los ciudadanos. Llega la mafia del poder ruso, le pide simplemente la propiedad a cualquier ciudadano, sin mediar pago alguno, y a la más leve resistencia aterrizan estos bárbaros, hacen un primer desmán y, si el ciudadano no se ejecuta de inmediato, proceden a arrasar con todos los miembros de la familia.

La complicidad es absoluta en todos los niveles del poder y cada cacique o sátrapa local ha acumulado cientos de miles de hectáreas de tierra y fortunas sin cuento.

Lo que estamos mencionando es en el primer nivel de gobierno, pero, sintetizando y unificando todo, están los monstruos del FSB (sucesor del KGB) y éstos realizan las mismas operaciones al más alto nivel del poder y constituyen una auténtica nueva y malvada aristocracia, tanto así, que las personas más ricas de Rusia tienen a gran honor y estatus ser miembros honorarios del FSB, así como antes la burguesía adquiría títulos de nobleza para dorar sus blasones.

Todo esto se ejerce sin contrapoder alguno. No hay ley, no hay Dios, no hay moral, no tiene límites ni contención alguna, hasta tal extremo, que esa es ya una sociedad compuesta solamente de PREDADORES Y SUBHUMANOS. Leves capas de civilización subsisten en Moscú y Leningrado e intentan resistir a golpes de información, de prensa, pero en la más absoluta desventaja e inoperatividad.

Esta barbarie de la Rusia actual tiene sus causas en la Rusia soviética (y esa "expropiación" ratera no es más que la versión "privada" de la expropiación sistemática y "pública" del régimen soviético), pero esta barbarie actual, decimos, la orquestó y amalgamó Putin (ex miembro de la KGB) al decidir que establecería la "verticalidad en el poder", es decir, que le daría el poder absoluto, y de arriba a abajo, a gobernadores, policías, alcaldes y demás autoridades, sin contrapoder alguno, sin censura, sin prensa libre, sin derecho a réplica. El resultado es la más bárbara, incivilizada, e inhumana de las sociedades.

Ya durante el poder soviético, la desmoralización de la población era total. El alcoholismo alcanzaba nivel de plaga fuera de control, la ociosidad, la desmotivación, la contaminación extrema de sus ciudades industriales, los nacimientos con deformaciones congénitas, el hastío, etc.

Cuando se le cercena al ser humano su libre albedrío todo es mutilación, maldad y degeneración. La esperanza de vida de los varones rusos es de 60 años y la población rusa disminuye cada año en 800 mil personas. En el año de 2002 era de 143 millones y tenían la mitad más de abortos que de nacimientos (considerando nada más los abortos oficiales).

La barbarie moderna (la que se estructuró en torno al anti mercantilismo) tiene las mismas características dondequiera. Negación de Dios (Rusia fue la más atea de todas las naciones, por eso hoy es la más bárbara de todas también) y los ataques y el más absoluto desprecio a la propiedad privada, cuando no su negación radical, como fue el caso en el comunismo soviético y en todos los que de él se derivaron.

Hoy Rusia tiene 36 asesinatos cada cien mil habitantes. México tiene 12 y Venezuela tiene 55, según el gobierno, y 80 según todos los organismos independientes.

EN ESTA ÉPOCA EN LA QUE YA TODOS, LOS SEPAMOS O NO, LO CREAMOS O NO, VIVIMOS DENTRO DE LA SOCIEDAD MERCANTIL (QUE NO ES MÁS QUE LA SOCIEDAD BASADA EN EL LIBRE ALBEDRÍO), LA LÍNEA QUE SEPARA LA BARBARIE DE LA CIVILIZACIÓN ES LA MISMA QUE SEPARA LA CONCIENCIA, O NO, DE VIVIR DENTRO DEL AMOR Y EL TEMOR DE DIOS Y EL RESPETO, O NO A LA LIBRE CIRCULACIÓN DE PERSONAS IDEAS Y COSAS, QUE NO ES MAS, QUE EL RESPETO A LA PROPIEDAD PRIVADA Y A LA LIBRE CIRCULACIÓN MERCANTIL.

México debe verse en ese terrible espejo, México tiene la inmensa ventaja de vivir al lado del país que más ha promovido la sociedad de libre mercado en el mundo. Debe asociarse estrecha y conscientemente con su vecino, y establecer abiertamente una sociedad de libre mercado y una sociedad en la que no se confunda la necesaria separación de la iglesia y el estado con una filosofía oficial de ateísmo y descreimiento. Nuestro estado no debe imponer ni promover la fe, pero nuestra conciencia debe saber que, fuera del amor a Dios y del temor de Dios, todo es barbarie. Nuestra conciencia debe ver nítidamente el camino que lleva de la fe al respeto a las libertades y, por lo tanto, a la libre economía de mercado.

Estemos muy atentos a los acontecimientos de Egipto porque podrían constituir un modelo, no solamente para los países africanos, árabes y musulmanes, sino, asimismo, para todos los países del mundo a los que se les intoxicó con un anti mercantilismo que no les permitió transitar naturalmente de sus sociedades premercantiles a sociedades mercantiles.

El camino que está transitando Egipto es un camino en el que el ejército, de manera completamente autoritaria pero en relación directa con la juventud consciente y movilizada, se apresta a establecer una república de libertades, de multipartidismo, de derechos ciudadanos, laica, pero sin filosofías ateas de mala ley que esas sociedades de fe profunda no consentirían. De libre mercado, en una palabra.

Muchos son los obstáculos que tienen que enfrentar, grandes los riesgos, las incógnitas, pero grande, grandísimo, es el alcance de su legítima ambición y muchas son las posibilidades de que lo logren. De ser así (y le pedimos a Dios que así sea) ese pueblo podría marcarnos el camino a muchos otros.

Lo que ha llevado a Rusia a ese malvado y deplorable estado de no civilización, es el ateísmo y la negación de la propiedad privada de los medios de producción, el anti mercantilismo. Las causas de nuestra desgracia son las mismas, menos, en la medida en que menos fue también nuestro ateísmo y nuestra negación de la propiedad privada.

MEXICANOS, NO ESTAMOS EN EL VERDADERO CAMINO DE RESOLVER NUESTROS PROBLEMAS, PORQUE TAMPOCO ESTAMOS EN EL VERDADERO CAMINO DE LA CONCIENCIA DE NUESTROS PROBLEMAS. NUESTRA FILOSOFÍA DOMINANTE, OPUESTA A LA FE, LA CONFUSIÓN DE LAICISMO CON ATEÍSMO Y NUESTRA NO ASUNCIÓN DE LA ECONOMÍA DE LIBRE MERCADO COMO LA EXPRESIÓN NATURAL Y ÚNICA DEL LIBRE ALBEDRÍO EN EL ÁMBITO SOCIAL, SON LOS ERRORES QUE NOS TIENEN ATOSIGADOS.

Es el día en que no sabemos, de bien a bien, cómo salir de este grave atolladero. NOSOTROS TAMBIÉN, COMO RUSIA, ESTAMOS EN EL FUERTE RIESGO DE CREAR UNA SOCIEDAD COMPUESTA SOLAMENTE DE PREDADORES Y SUBHUMANOS.

TOMEMOS CONCIENCIA DE LA NECESIDAD DEL AMOR A DIOS Y DEL TEMOR DE DIOS, ASUMAMOS ABIERTAMENTE LA ECONOMÍA DE LIBRE MERCADO, DE LIBRE CIRCULACIÓN DE PERSONAS IDEAS Y COSAS, DE LIBRE CREACIÓN, PENSAMIENTO Y FE, ASOCIÉMONOS ESTRECHAMENTE CON EEUU Y SALVÉMONOS, PORQUE NUESTRA ALMA ESTÁ EN PELIGRO. VEÁMONOS EN EL TERRIBLE ESPEJO RUSO. LA UNIÓN SOVIÉTICA FUE EL MODELO PARA LOS TATAS Y OTROS SÁTRAPAS. QUE SU PROFUNDA DESGRACIA SEA UN LÍMITE AL QUE NO QUERAMOS LLEGAR, PERO SEPAMOS QUE EN ESE CAMINO ESTAMOS.

Nuestros males no son únicos, muchos países nos hacen compañía, la causa siempre es la misma, la solución también. SALVÉMONOS Y PARTICIPEMOS DECIDIDAMENTE EN LA SALVACIÓN DEL MUNDO, PUES AUNQUE POSTRADOS, SOMOS HIJOS DE LA MÁS GRANDE Y RELIGIOSA DE LAS CULTURAS, LA GRAN CULTURA DEL ANÁHUAC, Y TENEMOS EL MATERIAL HUMANO NECESARIO PARA SER LUZ DE LA CASA Y FAROL DE LA CALLE. MÉXICO PRODUCE AL AÑO MÁS INGENIEROS QUE ALEMANIA, CON ESO ESTÁ TODO DICHO.

El pueblo mexicano ha salvado su fe, como la salvó en el bárbaro y terrible choque de la conquista, (y sabemos que también aquí la quisieron erradicar del mismo criminal modo que en Rusia y les debemos, lo que ni nos imaginamos, a aquellos cristeros que salieron al quite), aferrémonos a ella, abracemos la economía de libre mercado, asociémonos a EEUU, abrámonos al mundo y participemos decididamente en él y en la solución de sus problemas y salvémonos Y NO TEMAMOS SER FAGOCITADOS NI APLASTADOS POR NADIE PUES LAS IDEAS NECESARIAS PARA QUE SALGAMOS DE NUESTRO HOYO SON LAS MISMAS QUE EL MUNDO NECESITA PARA SALIR DEL SUYO Y NUESTRA CULTURA NADA TIENE QUE TEMER DE CUALQUIER OTRA NI LE CEDE A NINGUNA.

De lo divino y de lo humano.

25 de febrero 2011. Publicado en:
http://losbarbarosdelnorte.com/html/modules.php?name=Forums&file=viewtopic&t=1944

Este es un mundo de alto riesgo donde, en cada encrucijada, tenemos multitud de alternativas. Una que nos es favorable y todas las demás que nos son adversas. No es por la vía de la prueba y el error como podremos avanzar, ningún universo tendría las suficientes variables para que pudiéramos agotar nuestras encrucijadas por la vía del simple azar. Sólo la más profunda, y arriesgada, reflexión puede sacarnos del apuro una y otra vez.

Los animistas sabían algo que nosotros ignoramos, que este es un universo de seres y no de cosas. Ciertamente, esto abre el camino a las más inacabables supercherías y fabulaciones, si caemos en ellas, hemos perdido, pero, si por el riesgo de caer en ellas, nos cerramos a ese conocimiento, entonces, también hemos perdido.

La profecía existe, y es a través de ella como Dios nos dice aquello que necesitamos saber y que no podemos descubrir por nosotros mismos. La existencia de la profecía da pie a infinita cantidad de falsos profetas. Si creemos en ellos, o les hacemos caso, hemos perdido, pero, si porque ellos existen, ignoramos toda profecía, entonces, hemos vuelto a perder.

Este esquema podría repetirse hasta el infinito. La ciencia misma está plagada de estas encrucijadas. Hoy es el día en que casi ningún físico (por no decir ninguno) acepta las consecuencias últimas de la microfísica, porque tienen el peligro de dinamitar toda objetividad, y, de nuevo, si dinamitamos toda objetividad, hemos perdido, pero, si porque ese riesgo existe, ignoramos el hecho de que la objetividad misma no es más que subjetividad exteriorizada, entonces, hemos vuelto a perder.

En el ámbito político-social, Marx desarrolló con gran tino y esencialidad los conceptos de la economía clásica inglesa, llevándolos a la sencilla y precisa cuantificación de los términos y relaciones de la economía (terreno de debate y despliegue de toda la actividad humana), pero su ateo-materialismo le hizo concluir falsamente en la necesidad de la eliminación de la propiedad privada de los medios de producción y de la sociedad mercantil y, de nuevo, si concluimos como él, perdemos, pero si, porque él concluyó de ese modo, ignoramos su conceptualización y cuantificación (que resulta indispensable para pensar un nuevo orden mundial), volvemos a perder.

Es por esto que perdemos muchas más veces de lo que deberíamos hacerlo. ¿Cuál es la moraleja de este asunto? No tengamos miedo, tengamos la suficiente audacia para correr todos los riesgos necesarios, la suficiente inteligencia para salir con bien de ellos y la suficiente fe para saber que Dios estará con nosotros porque odia los tibios, sabiendo, a su vez, que el límite que jamás debemos rebasar es el de quererlo tentar a Él.

En cuanto a la cita de Nostradamus, preferiría un comentario en torno a ella misma, olvidando a su autor, y si este, por un azar, nos pareciera medianamente respetable, podríamos entrar con uno peor calificado, Rasputín, que estuvo en un tris, con la ayuda de Dios y de la Virgen María, de cambiar para bien (para muy bien) toda la historia de la humanidad y evitarnos los más grandes desastres del siglo XX (más lo que se acumulare).

Los prejuicios con los que abordamos la historia y sus personajes son de la misma talla que la de los embrollos en los que nos metemos.

En cuanto a que hay cosas que sólo le pertenecen a Dios, mucho muy cierto, y son, precisamente, aquellas en las que no está en nosotros intervenir ni participar y que sólo a Él le corresponden y si, por ignorancia, o afán de poder, queremos entrar en ellas, no solamente no lo lograremos, sino que le daremos entrada a nuestro enemigo. De nuevo un riesgo, porque, si queremos meter nuestras narices donde no nos corresponde, perdemos, pero, si para no correr ese riesgo nos abstenemos de pensar intensamente en las que sí nos pertenecen, volvemos a perder.

Dios no está más allá del Bien y del mal, Dios, al contrario, es, a la vez, el Bueno y el Bien.

Sobre el libre albedrío.

28 de febrero 2011. Publicado en:
http://losbarbarosdelnorte.com/html/modules.php?name=Forums&file=viewtopic&t=1930

Hablábamos de los seres que están detrás de toda cosa, (según apreciaba el animismo primitivo al que en mi texto consideraba ejemplar). ¿Quién crea?, todos cuantos seres estamos en el universo (y si me pluralizan estos universos siempre podré singularizar esa pluralización). Esa multiplicidad de creaciones no afecta la creación divina, pues, siendo Dios, a la vez, el Ser y un Ser, todo ser y toda cosa de esta creación es obra de Él, pero, entonces, ¿cómo actúan esas múltiples creaciones?, ¿cómo se compaginan? y, sobre todo ¿cómo hace nuestro libre albedrío para ser realmente nuestro y no solo en apariencia? Su pregunta es, no solo pertinente, sino deliciosamente atinada y esencial.

Siendo Dios el Ser mismo, nosotros formamos parte de Él y toda creación nuestra ocurre, precisamente, cuando estamos en comunión con Él. Bien decía Einstein que el acto de la creación artística, el acto del descubrimiento científico y el acto místico son de la misma naturaleza, los tres son actos místicos, actos de comunión con Dios. Desde aquí vemos que el mal, el maligno, pues también él es un ser, tiene graves dificultades en este asunto porque al enfrentarse a Dios y apartarse definitivamente de Él (en mal uso de su propio libre albedrío) se impide la comunión con ÉL y, en consecuencia, se impide todo acto creador, de ahí que su actuar sólo pueda ser destructivo.

Estimo que la verdadera dificultad intelectual para entender cómo puede ejercerse nuestro libre albedrío en el marasmo de las

133

interacciones entre los seres, está en nuestra relación con Dios mismo. Toda la obra de Dios es buena y tiene buenas finalidades, todo lo planea con buen fin. Por otro lado, nos ha hecho libres y limitados, dos inmensos regalos, puesto que nuestra limitación original es la oportunidad para participar en nuestra propia creación y devenir nosotros mismos y, a su vez, el habernos hecho libres es indispensable a ese actuar nuestro hacia ese devenir nosotros mismos, pero, libres y limitados es garantía de error y ese error no garantiza ese buen fin al que Dios nos quiere llevar, entonces, ¿cómo resuelve Él esa cuadratura del círculo?

¿Cómo actúa a favor nuestro, más allá de nuestras limitaciones, sin violentar nuestro libre albedrío, violencia que sería el peor de los perjuicios para nosotros al impedirnos, definitivamente, ese devenir nosotros mismos al que nos quiere llevar?

Alguien lo explicó con meridiana claridad hace casi cinco siglos y fue aquel que ha llegado a nuestro conocimiento como Nostradamus. En una carta-testamento a su hijo César, este hombre le decía: "Están los buenos (los ángeles), los malos (los demonios) y entre ellos el hombre con sus propios poderes. EN LOS INTERSTICIOS QUE DEJA ESTA LUCHA A TRES BANDAS, DIOS LLEVA ADELANTE SU OBRA TAL COMO ÉL LA ENTIENDE".

Admirable en su sencillez. Dios nos deja libres y actuamos, fuertes de nuestra libertad y con los alcances que nos dé nuestra limitación, los seres de luz actúan en nuestro beneficio y con la limitación del respeto a nuestra libertad que Dios les ha impuesto, los seres de obscuridad actúan en nuestro detrimento y buscando nuestra destrucción (sin capacidad de obra buena y creadora alguna como veíamos antes), de esta lucha a tres bandas resulta una ocupación determinada del marco de las posibilidades globales de acción dentro del ámbito en que nos movemos. Pero este actuar múltiple está lejos de ocupar todo el ámbito posible de acción, todo el espacio en el que ocurre. Ahí es donde Dios interviene, sin violentar nuestro libre albedrío, en el respeto más estricto a nuestra libertad, pero con el más beneficioso de los fines para nosotros mismos, en esos espacios que, no importa que tan intensa sea nuestra acción, nunca podremos ocupar en su totalidad porque Él se encargó, al diseñar toda la creación, de que este ámbito de acción concreta jamás pudiera llenar todo el ámbito de la acción posible.

En cuanto a las religiones constituidas, su análisis no es complicado, para empezar, como bien dices, son estructuras humanas con fines humanos (así como sus textos son de hombres para hombres, aún cuando puedan conllevar, y a veces sí conllevan, información divina) y adolecen de todas las limitaciones, y maldades, propias a nuestra condición humana, pero, son transmisoras de fe e incluso de información precisa y concreta, que no es toda la que necesitamos, ni siquiera toda la que existe, pero es. Pueden tener, y tienen, objetivos de poder humano, pero, finalmente, Dios dispuso las cosas de tal manera que, en la medida en que quieren servirse de la fe, acaban siendo servidores de ella, porque, cuando tienen buenos fines, la sirven y cuando no, también, y acaban dando razón a aquello de que el vicio tiene que rendir culto a la virtud, y se lo rinden, aunque sea sin querer, decimos, porque quién quiere servirse de la fe necesita transmitirla y cultivarla y, al hacerlo, la sirve.

Podemos poner sobre la mesa, y con mucha razón, barbaridad y media de una institución como la Iglesia Católica, pero, cuando Juan Pablo II se dirige a la población polaca y le transmite aquél: "No tengan miedo, Jesús está con ustedes" y que estos millones de personas reciben y asumen el mensaje, la población deja de tener miedo y pasa a tenerlo el poder soviético, la más grande de las encarnaciones del mal que hayamos tenido sobre esta tierra y, finalmente, incluso el peor de los papas (pongamos el Papa Borgia), fue el vicio que rindió culto a la virtud y permitió una transmisión de la fe, del conocimiento y de la verdad que le permitió, a su vez, a esas poblaciones (y a la humanidad entera) liberarse de la más opresiva de las manifestaciones surgidas como resultado de ese actuar nuestro, a la vez, volvemos a repetir, libre y limitado y, además sometido también al interactuar de todos los seres que en el universo son, los buenos (que lo son) y los malos (que también lo son).

La gran dificultad de nuestra época ha surgido precisamente de esa lucha liberadora que las sociedades han mantenido frente a las religiones constituidas. Eran luchas indispensables, era un uso necesario de nuestra libertad, pero en la medida en que esa lucha nos ha apartado de la fe no es contra esas religiones constituidas contra lo que hemos luchado sino contra nosotros mismos y en la medida en que esta lucha nos aparta de la fe somos nosotros los perdedores, no las religiones constituidas, y, finalmente, la más grande de las maldades que los malos sacerdotes han cometido es, precisamente, haber contribuido a apartarnos de la fe (sólo contribuido sí, porque, en ese mal uso de nuestro libre albedrío, los que nos hemos apartado somos nosotros y solo nosotros). En nosotros, pues, está recuperarla.

Soy muy consciente de que el diálogo que estamos teniendo está lejos de cerrar todas las interrogantes y que cada una de aquellas que respondemos abre una multitud de otras, sobre todo en torno a la posibilidad y oportunidad de la existencia de ese maligno (oportunidad sí, porque Dios no da paso sin huarache), pero no estamos ante algo irresoluble, porque tenemos nuestra cabeza para pensar, nuestro corazón para sentir, más, re-repetimos, toda la información que Dios ha tenido a bien hacernos llegar para que estuviéramos en condiciones de saber aquello que nos es indispensable y que no estamos en condicione de saber por nosotros mismos, pero, para gozar de esa información es necesario que no nos cerremos a nada, ni siquiera a pensar (y debemos hacerlo) que esas religiones (y más concretamente la cristiana) contienen gran cantidad de información que nos es indispensable.

No tiremos al niño de la fe con el agua sucia de la bañera de las religiones constituidas.

Haces también una pregunta muy concreta; ¿el hombre, como parte de la naturaleza, tiene también un ser detrás de él), claro que sí, su propio espíritu, que es verdaderamente la esencia de ese nosotros mismos, que es el que nos garantiza que más allá de nuestras infinitas limitaciones podamos entrar en comunión con el Ser mismo, Dios, y ese nosotros mismos no es para nada nuestro ego, nuestro ego es solamente aquello que necesitamos para ocupar el ámbito que nos corresponde en este plano material (ámbito, de hecho, completamente falaz, constituyendo solamente un pretexto para ese debatirnos hacia ese nosotros mismos) y esa consciencia de nuestra realidad espiritual nos puede ayudar enormemente en este tránsito y en este debatir humanos.

Por ejemplo, todas las corrientes "espiritualistas" actuales, de una u otra manera, nos dicen que el ego hay que someterlo, reducirlo, domesticarlo, o aún destruirlo, para impedir que nos haga cometer tonterías. Pero toda limitación de ese ego deja el espacio libre para que cualquier gurú o sátrapa lo ocupe en detrimento nuestro (y ese consejo agresivo para nuestro ego es un consejo interesado puesto que es el consejo de alguien que espera al acecho que le hagamos caso para ocupar el espacio que nos corresponde a nosotros y solo a nosotros), pero, de nuevo ¿cómo resolver esa cuadratura del círculo?, ¿cómo impedir, a la vez, que el ego nos haga cometer tonterías y que alguien ocupe su espacio?, pues siendo más grandes que nuestro propio ego. y ¿qué parte de nosotros será más grande que nuestro propio ego? precisamente nosotros, NUESTRO ESPÍRITU, LA CHISPA DIVINA QUE ANIDA EN NOSOTROS Y QUE DIOS NOS DIO EN PROPIEDAD TOTALMENTE PRIVADA Y PERSONAL Y QUE NO CONSIENTE COLECTIVIZACIÓN ALGUNA.

Fe y ética.

28 de febrero 2011. Publicado en:
http://losbarbarosdelnorte.com/html/modules.php?name=Forums&file=viewtopic&t=1946

Siendo Dios, a la vez, el Ser y Un Ser, eso lo hace, por definición, soberano, personal y único y, siendo nosotros mismo seres, (hecho forzoso al ser éste un universo de seres), estamos calificados para entrar en relación con Él, lo cual, nos hace, a nuestra vez, igualmente, soberanos, personales y únicos, "a su imagen y semejanza", tal y como nos ha sido dicho, aunque no lo hayamos querido creer. Desde aquí queda determinada acabadamente la única ética que nos hace personas insustituibles y no sacrificables. Ninguna otra ética logrará esto pues, cualquier otra, no partiendo de Dios, nos hará, en primera o en última instancia, cosas, que finalmente serán descartables ante cualquier todo y que no serán más que átomos en el infinito de cualquier universo.

Éste es el bien, que sin duda existe, todo lo que parte y resulta de nuestra naturaleza personal y única, conscientemente asumida y éste es el mal, el que parte de cualquier visión que no nos haga seres en relación soberana, personal y única con ese Ser que es, a la vez el Ser y Un Ser, y esta visión del hombre-cosa será tanto más maligna cuanto más conscientemente asumida y tanto más perversa, cuanto más elaborados e ideologizados tenga los conceptos de ese todo-cosa al que el hombre-cosa debe someterse.

Los líderes políticos que negaron a Dios o que, en alguna forma, lo redujeron, también a Él, a una cosa, son, tanto más perversos cuanto más pretenden hacer el bien, sea a la clase obrera, o a la raza, o a la historia o a lo que fuere. Podría abundar indefinidamente pero mi ciencia aquí termina porque la tengo por suficiente y acabada.

En cuanto a Marx, si su error surgiera de haber llevado a sus últimas consecuencias su pensamiento (y fuera éste esencialmente correcto), esa sería virtud y no defecto. No, su desarrollo fue correcto, sí, pero al negar a Dios, se aferró a la materia (no siendo el alguien origen de todo, tendrá que ser el algo) y eso le impidió ver que el concepto, como emanación directa del Ser pensante, determina a la materia, y no al revés, lo cual, a su vez, le impidió ver que la plusvalía procedente de la forma universal del valor era una cabal y completa, y, finalmente, todo esto le impidió entender que tenemos dos y no una plusvalía, pues la producción de la forma universal del valor o dinero, en modo alguno requiere de la destrucción del valor intrínseco equivalente a su valor de cambio.

Habiendo él visto, por otro lado, y correctamente, que la introducción de las plusvalías, o incremento de valor del ciclo, en el nuevo ciclo, debía ser planificada en su totalidad y, no teniendo (según él) más que una plusvalía disponible, la consecuencia inmediata y perversa fue que había que expropiar esa única plusvalía para permitir al proceso su desarrollo, en una palabra, que había que liquidar por completo la producción mercantil (y liquidar, en consecuencia, todo respeto al libre albedrío de las personas) y de ahí el estúpido "socialismo o barbarie", siendo que, de hecho, es socialismo Y barbarie (entendiendo el socialismo, tal como Marx lo entendía, como liquidación completa de la producción mercantil).

Aquí vemos ilustrado cómo esa ética que niega a Dios nos conduce directamente al sacrificio radical del individuo a la colectividad, de tal manera, que, según esta ética perversa, la colectividad será tanto más fuerte, cuanto más débil sea el individuo, la persona, siendo que, al revés, la colectividad humana será tanto más fuerte, cuanto más personal, soberano y único sea cada uno de las individuos que la componen.

Ciertamente, la ciencia no ha necesitado de profecía alguna para prosperar, no está, hasta hoy, en ese ámbito, lo cual no le impide estar en una encrucijada trascendente. La ciencia en general y, en particular, la física (precisamente por donde toda ciencia moderna empezó) han obtenido los resultados esperados.

La ciencia adoptó el punto de vista de la materia como objeto de estudio y creó un sistema muy funcional que tiene la gran virtud de ser capaz de autocorregirse, es decir, que no importando la hipótesis de partida, la ciencia llegará a la conclusión correcta, contrariamente a lo que le ocurre a cualquier pensamiento mal estructurado que quedará determinado por la hipótesis de partida. Todo esto le permitió a la ciencia adoptar un punto de vista materialista sin, forzosamente, sucumbir a él, puesto que se dijo, siendo la materia algo fácilmente cuantificable, arrancó mi carrera histórica adoptándola como objeto de mi estudio y voy a hacerla hablar, y, el sistema funcionó, la materia habló, pero no forzosamente dijo lo que se esperaba que dijera.

Desde que la microfísica apareció, la escuela de Copenhague (con la ayuda de Einstein aunque fuera en calidad de crítico), postuló que, si las diferentes hipótesis de la microfísica estaban fundadas, entonces, cualquier partícula entrelazada con cualquier otra, que viera modificado su espín, determinaría una modificación del espín de la otra partícula de modo a mantener su entrelazamiento y QUE ESTO OCURRIRÍA DE MANERA INSTANTÁNEA, SIN TRASCURSO DE TIEMPO ALGUNO, NO IMPORTANDO EN QUÉ PUNTO DEL UNIVERSO ESTUVIERAN AMBAS. Los postulados corrieron a cargo de la escuela de Copenhague, (aunque ya estaban implícitos en los experimentos mentales del propio Einstein), la elaboración del experimento mental definitorio corrió a cargo de Einstein, pero, él decidió que la consecuencia era absolutamente inaceptable para el principio de objetividad y que, por lo tanto, la realización física del experimento no abonaría la existencia de esa INSTANTANEIDAD.

Las inecuaciones de Bell demostraban ya fehacientemente que la instantaneidad existía, los experimentos de Aspect lo ratificaron, pero, la cosa es de tan gran tamaño, que los físicos, para no tener que modificar toda su perspectiva y el objeto mismo de sus afanes pensantes, se aferraron a la posibilidad de que algún tipo de comunicación ocurriera entre las partículas de modo que no hubiera que aceptar la instantaneidad en el ámbito de la materia propiamente dicha. Pues bien, los experimentos de Gissin y otros en la Universidad de Ginebra demostraron que tal comunicación no existe pero que, "eppur" la instantaneidad ahí está.

Ahora todo es distinto. No hay objetividad alguna, ni en el espacio ni en el tiempo y, por lo tanto, tampoco en la materia, no siendo ésta más que un continuo espacio-temporal, la objetividad está, pues, en la encrucijada de desaparecer o buscarse otra fuente, otro origen. Tal y como la magia postuló hace más de tres mil años "todo ocurre aquí y ahora" y, por lo tanto, todo fenómeno mágico (incluida la profecía) encuentra en esta instantaneidad su asiento y "espacio de objetividad".

La cosa es de tal tamaño que la ciencia, a partir de ahora, sabe que todo lo susceptible de reflexión es ciencia y que ésta debe abarcar todos los ámbitos así como todos los ámbitos estarán en ella. La paradoja magia-ciencia, dejó de ser y pasó a ser una paradoja inter e intra científica.

Estos experimentos vinculados a la instantaneidad son tan científicos como cualquier otro, son repetibles, cuantificables analizables, etc. y, por lo tanto, su incorporación a nuestra reflexión es obligatoria e inevitable y, estimo, que son los experimentos cruciales de nuestra época, como los experimentos de la velocidad de la luz fueron cruciales en la época de Einstein y, de hecho, mucho más que aquellos, puesto que incluso nos obligarán a redefinir el objeto de toda actividad científica.

Como decíamos anteriormente, la revolución es tal que podríamos caer en la tentación de destruir toda objetividad (es lo que hacen todos los miembros de la "nueva era") y con esto habríamos acabado con toda ciencia, pero, repitiéndome, no porque ese riesgo exista podemos abstenernos de incorporar a nuestra reflexión el hecho de que toda objetividad no es más que subjetividad exteriorizada, hecha exterioridad, tal y como ya se ponía de manifiesto en la defensa que Einstein hacía frente a las conversiones de Lorenz cuando decía: "En mi teoría, contrariamente a la de Lorenz, la simple variación del punto de referencia cambia la masa inercial y, por lo tanto, también la masa gravitacional, sin necesidad de cambio material alguno. Al decir esto decía ¡CASI NADA!, que un objeto puede devenir otro, e incluso en otro lugar y tiempo, sin sufrir cambio material alguno.

Si decidimos dinamitar la objetividad toda ciencia habrá terminado, pero, si decidimos colocar al sujeto como el objeto real de nuestra reflexión, como el portador y sustento de toda objetividad, entonces, toda ciencia habrá empezado y sabremos que las cosas son tanto más objetivas cuanto más subjetivas y la etapa científica que hoy se agota aparecerá como el prolegómeno de toda verdadera ciencia.

La fe debe ser centro de nuestra vida (pública y privada).

28 de febrero 2011. Publicado en:
http://losbarbarosdelnorte.com/html/modules.php?name=Forums&file=viewtopic&t=1884

Benedicto XVI, desde su ascenso al papado, viene pidiendo que la fe sea el centro de nuestra vida, pública y privada. Lo ha repetido estos días, con gran énfasis, en Santiago de Compostela y en Barcelona. Vaya aquí nuestra contribución a este propósito al que de muy buena gana nos sumamos, aunque nuestra aportación no sea, quizás, exactamente, lo que él piensa o aprueba.

A estas alturas de la historia y del devenir humano, la fe, no solamente debe ser fe en Dios, sino fe en Jesucristo y en un Jesucristo visto como lo que realmente fue y es, Dios hecho hombre, para redimirnos con ese terrible sacrificio que es la más inconmensurable prueba de amor que Dios pudo habernos dado. Hacer abstracción de esta prueba de amor implica permanecer en la ignorancia de Él y, de hecho, fuera de la fe.

Hasta aquí estamos en la más estricta ortodoxia de lo dicho y en la pura repetición de lo asumido. Pero hay más, hay mucho más, que igualmente ha sido dicho, pero, que no tenemos en absoluto asumido.

La llegada de Jesús significó el cumplimiento cabal de la ancestral profecía judía, aquella en la que todos los profetas habían insistido. Este cumplimiento de las profecías en Jesús no puede ser negado por nadie que las estudie con una mente dispuesta a la reflexión y con un corazón abierto a la percepción y al sentimiento. Ante el alegato de los judíos de que, para formar la profecía exacta de la vida de Jesús, los apóstoles y los exégetas han creado una imagen compósita con pedazos de texto sacados aquí y allá, a conveniencia, diremos, que ese alegato podría tener sentido, solamente si no existiera el capítulo 53 de Isaías. Desafiamos a cualquiera que lea honestamente y sin prejuicios ese capítulo y que no sienta que es de Jesús de quien ahí se está hablando. Se ha dicho de Isaías, a causa precisamente de este capítulo, que, más que un profeta es un evangelista.

Pero, la profecía judía asociaba la venida de Jesús a muchos más acontecimientos que los que sabemos que ocurrieron en vida de Él. Acontecimientos terribles, seguidos del juicio universal, de la presencia universalmente visible del mesías a la diestra de Dios, y, finalmente, del nuevo cielo y de la nueva tierra, dentro de los cuales la comunión del hombre y Dios constituirá un pacto definitivo y eterno entre ambos.

San Juan Bautista, el último de los profetas judíos, al igual que todos sus predecesores, recordó al pueblo sus obligaciones en el pacto del pueblo judío con Dios, reclamó al monarca de turno sus obligaciones con cajas destempladas (al igual que todos los profetas de Israel, razón por la cual todos murieron asesinados por aquél al que reclamaban) y profetizó la llegada del mesías, con todos los acontecimientos a ella asociados. La diferencia, en este caso, estribó en que, por primera vez, no profetizaba hacia un futuro lejano, sino que decía: "¡ya está aquí!, ¡ya llegó, está entre nosotros!". Sin embargo, sabemos por los evangelios que, aún cuando él mismo lo había bautizado, el Bautista dudó y mandó preguntarle si verdaderamente era Él aquel al que estaban esperando, ante lo cual, Jesús, solamente contestó, "decidle lo que aquí habéis presenciado".

La pregunta es, ¿por qué dudó? No era por miedo, sabía que denostar a Herodes lo llevaría al mismo fin que a todos sus predecesores y sin embargo no cedió ni disminuyó la acritud de sus reclamos. No era por celos, su grandeza estaba precisamente en anunciarlo y hay en eso más grandeza que la que puede desear cualquier nacido de mujer. No, dudaba, porque ninguno de los acontecimientos anunciados por todas las profecías, incluso la suya, y asociadas a la llegada del Mesías, estaban ocurriendo.

Dios permitió que los profetas judíos tuvieran la película completa, la misma que los cristianos han olvidado totalmente. PERO NO LES DIO LOS TIEMPOS.

Dentro del Apocalipsis de San Juan, o Libro de las Revelaciones, vemos dos combates escatológicos, un primero en el que el hombre, viviendo en la más absoluta soberbia e ignorancia de Dios, da tal poder a su enemigo, que éste desencadena una serie de terribles acontecimientos, tras los cuales, y desde el fondo de su total necesidad y desválidez, este hombre se vuelve hacia Dios y pide ayuda, auxilio, a lo que Dios responde encadenando provisionalmente al enemigo y celebrando un pacto con la humanidad entera, pacto al que la Revelación da una duración de mil años, después de los cuales, habiendo vuelto el hombre a la soberbia e ignorancia de Dios, éste libera de nuevo a ese enemigo, que provoca una nueva y peor serie de acontecimientos, dentro de los cuales, Dios toma esta vez cartas más directas en el asunto y lo encadena definitivamente y ahí se consuma el resto de la profecía judía: el juicio universal, la nueva tierra, el nuevo cielo, el pacto definitivo del hombre con Dios, y una tal comunión entre ambos, que a partir de ese momento (dice el texto), "Dios con ellos será su Dios". Es decir, Dios seguirá siendo todo para el hombre, para Él el hombre seguirá formando parte de Él, pero su comunión será tan definitiva y permanente que "Dios con ellos será su Dios".

Pero el Apocalipsis de San Juan, si bien nos cifra en mil años la distancia entre ambos combates escatológicos, no nos da la distancia temporal entre la venida de Jesús y el primero de éstos.

Hasta donde sabemos, el primero en dar esa distancia de manera precisa fue Merlín, el cual profetizó muchos acontecimientos históricos, como la revolución francesa, con fechas y hechos (incluido el tan característico de las decapitaciones del Rey, la Reina, y los aristócratas) y que fechó el primer combate escatológico en los últimos años del siglo veinte. Después, multitud de profecías han insistido en esa fecha. Pero, el más preciso y detallado de todos los profetas es Nostradamus que relató con exactitud y detalle asombrosos todos los acontecimientos históricos, desde su época (siglo XVI), hasta el gran acontecimiento, que fechó en el mes de octubre de 1999.

Dios, en su infinita bondad, nos ahorró la hecatombe multiprofetizada y, desde esa fecha, ninguno de los acontecimientos registrados en las profecías de Nostradamus han ocurrido ni ocurrirán. Ya nada seguirá ese camino, puesto que el gran acontecimiento fue desviado. Su acierto hasta octubre del 1999 fue del 100%, su acierto posterior fue y será del 0%.

Todo esto no obsta para que estemos en pleno primer combate escatológico, aquél en el que nuestro enemigo debe ser atado provisionalmente, inaugurando una etapa en la que, ya sin el horrible peso de él sobre nuestras espaldas, podamos avanzar con las botas de siete leguas hacia nuestra realización, hacia nuestra eclosión, en definitiva, hacia Dios.

Jesús había dicho lo necesario: "Mi venida inaugura el reino de Dios en la tierra, nada más, que, durante una larga etapa, los buenos y los malos coexistirán en esta tierra". ¿Dejó San Juan Bautista de dudar?, no lo sabemos, pero es muy posible que sí porque Jesús lo visitó en su celda, antes de su ejecución. No sólo fue a consolarlo y confortarlo, seguramente no quiso que muriera dudando, él, que había sido el que tan vehementemente lo había anunciado.

San Juan Bautista no fue el único que dudó, los primeros cristianos también se sorprendían "¿Y eso fue todo?, llegó, realizó sus milagros, dejó su mensaje, fue juzgado injustamente, torturado, asesinado, resucitó, subió a los cielos, sí, pero, ¿y todo lo que las profecías nos habían anunciado?". Todo eso que había sido anunciado requeriría de tres mil años para consumarse. Dos mil desde Jesús hasta el primer combate escatológico y mil desde éste hasta el segundo y definitivo.

No culpemos a San Juan Bautista, los judíos ignoraron olímpicamente a aquél que les había sido anunciado durante toda su larguísima historia y los cristianos ignoraron total, y también olímpicamente, lo que seguía. Todo lo asociado a la profecía de Jesús quedó como algo en el limbo, sin mayores (ni menores) consecuencias en nuestra vida e historia real. Esta es la fe que debemos llevar al centro de nuestro corazón, de nuestra vida personal e íntima, y al centro de nuestra vida pública. La fe que nos hará pedir y pedir que Dios tenga piedad de nosotros y celebre un pacto, no con este o aquel pueblo, sino con todos nosotros, con la humanidad entera. Esa fe que nos hará agradecerle hasta el infinito que nos haya ahorrado la hecatombe que nos amenazaba (y que ya ocurrió otra vez en esta tierra). Si tuviéramos conciencia de los que Él nos ha ahorrado, nos faltaría corazón para darle gracias, y si tuviéramos conciencia de lo que significa vivir sin el peso apabullante de nuestro enemigo, nos faltaría corazón, voluntad y fuerzas para pedir, para pedir y para pedir, que nos lo quite de encima, así sea provisionalmente.

Benedicto XVI tiene mil veces razón cuando nos pide colocar la fe en el centro de nuestras vidas privadas y públicas, sabe de lo que habla, pero está lejos de saber todo, sabe sólo de la misa la media (así sea en latín), y cuando uno les pregunta (a los miembros de la Iglesia) por el Libro de las Revelaciones o el Apocalipsis de San Juan, dicen que es un libro simbólico siendo que, al contrario, contiene la más grande de las informaciones, precisas y concretas, que Dios ha permitido llegar a nuestros corazones y mentes y, en cuanto al accionar diario de esta Iglesia, diremos que Benedicto XVI acaba de convocar al Colegio Cardenalicio en bloque, con la presencia del Prefecto de la Congregación para la Doctrina de la Fe (ex-Inquisición), Joseph Nevada, para discutir las cuestiones de la pedofilia dentro de la Iglesia. No sabemos qué decidirán, pero ese tema seguirá indefinidamente hasta que las palabras requeridas y verdaderas sean pronunciadas.

La Iglesia, (no sólo los sacerdotes pedófilos) pecó mortalmente porque encubrió tercamente los hechos y, al hacerlo, condenó a sabiendas a esos niños y niñas a ser abusados. La iglesia los sacrificó, a sabiendas, repetimos, en el altar de la defensa de su imagen. Mientras ese pecado (mucho peor que el cometido por los propios sacerdotes pedófilos) no sea confesado, ese tema les seguirá provocando los peores problemas (muy merecidos por cierto). Por otro lado, el Santo Oficio, a instancias de Benedicto XVI, ha puesto en el mismo nivel el pecado de la pedofilia con el pecado de promover el sacerdocio para las mujeres. ¿Cómo decirle a una

Iglesia que está recogiendo los frutos de su necia misoginia con la incorporación de cinco obispos anglicanos a sus filas, que se está equivocado gravemente?

No podemos ignorar el papel de esta iglesia para promover el mensaje de Jesús a lo largo de los siglos, pero tampoco podemos ignorar sus desvaríos, la mitad de esa misa que ignora (más otros elementos de vital importancia que no ignora pero, peor, esconde) y menos podemos ignorar que quiera cubrir sus pecados y hacernos cómplices de ellos (que bastante tenemos con asumir los nuestros). Que la Iglesia Católica se aplique el don salvífico de la confesión (que no es más que la salvación del arrepentimiento) y que no se limite a confesar los pecados de los sacerdotes pedófilos sino el mucho más horrible pecado de una institución que prefirió su imagen a la protección de esos pequeños. No sólo los sacerdotes pedófilos los escandalizaron tan gravemente, sino la jerarquía entera.

Esta es la fe en la que debemos concentrarnos, la fe y conciencia de ese Dios infinitamente amoroso que nos mandó a su hijo a sabiendas de todo aquello por lo que iba a pasar en nuestro beneficio y que, ya desde entonces, puso lo necesario, para poder, dos mil años después, ahorrarnos el peor de los cálices que podamos imaginar. Que nuestro inagotable agradecimiento y nuestro inagotable pedido de ayuda constituyan la esencia de esa fe y sepamos qué es lo que estamos agradeciendo y qué es lo que estamos pidiendo.

Agradezcamos, asimismo, a Benedicto XVI el llamado a colocar esta fe, y a Dios mismo, en el lugar que les corresponde y que Dios se lo tenga en cuenta, a él y al resto de la jerarquía eclesiástica, cuando tengan que rendir cuentas de esa pedofilia consentida y encubierta.

Sobre Rasputín.

28 de febrero 2011. Publicado en:
http://losbarbarosdelnorte.com/html/modules.php?name=Forums&file=viewtopic&t=1954

Rasputín nunca se permitió tener relación sexual alguna con la zarina ni con las hijas del Zar. En cuanto a sus intensas relaciones sexuales, las tuvo con mujeres adultas, plenamente consintientes y eso, en modo alguno puede equiparase a pedofilia. La única ofensa que hizo a más de una mujer fue la de verse en la obligación de rechazarla (ni esa fuerza de la naturaleza era ilimitada). Aquí la clave histórica Y ÉTICA es solamente Sí, sí, o no, peleó denodadamente en palacio para que Rusia no entrara en la primera guerra mundial o, ya entrada, hiciera la paz por separado. Cualquier reflexión sobre la naturaleza y consecuencias de esa guerra infernal, nos tiene que llevar a reflexiones trascendentes que hemos dejado de hacer, para desdoro de nuestra capacidad humana de reflexión y reconsideración.

Adrede introduje tan escabroso tema, pero hay muchos más, de índole todavía más difícil de procesar, y que, sin embargo, son los que hacen la diferencia entre esta humanidad tan precaria y alejada de Dios como la que tenemos y somos y la que podríamos y deberíamos ser.

En octubre del 1999 si venía un aerolito directamente sobre nuestra tierra, a la NASA se le chispoteó, y muchos medios de comunicación lo notificaron. No teniendo ninguna manera técnica de impedirlo, decidieron, con mucha sabiduría, que era mejor dejar a la gente en paz y retiraron toda la información que se les había escapado.

Muchos especialistas en computación pudieron constatar la ablación del tema, entre ellos Rarámuri.

Decía San Agustín, con gran verdad, que la historia es la Historia de las intervenciones de Dios en favor nuestro y Dios se sirve de todos nosotros, sin excepción, para llevar adelante sus planes. Sólo Él sabe qué y con quién. Pero si algo decide hacérnoslo saber, por sabido nos lo tenemos que tener, pues esa información también tiene un porqué y para qué, aunque no se nos alcance. La capacidad de discurrir que nos ha dado es más grande de lo que consideramos porque el Espíritu Santo se comunica con nosotros a través de nuestro entendimiento, siempre y cuando, seamos materia disponible. Sí, es el corazón el que comprende, pero si la cabeza no hace su trabajo, el corazón no puede comprender. Que nada humano sea ajeno a nuestra reflexión.

.

Los cambios árabo-musulmanes en el plan de Dios

4 de marzo 2011. Publicado en:
http://losbarbarosdelnorte.com/html/modules.php?name=Forums&file=viewtopic&t=1957

Cualquier paso esencial en el progreso espiritual de la humanidad, requerirá de esas ayudas inconmensurables e insustituibles que Dios nos da, que sólo Él puede darnos, y que nos da en el más estricto respeto a nuestro libre albedrío. A su vez, dentro de los más decisivos pasos de este progreso espiritual y humano, dos, serán radicalmente esenciales y, en ellos, Jesús se hará universal y explícitamente presente (y estamos en uno de esos momentos maravillosos y, a la vez, potencialmente terribles, pidamos para que el tránsito sea, no sólo para gran bien, sino también que transcurra de manera benigna).

Así pues, la manifestación y presencia de Jesús será la parte más decisiva e irrenunciable de ese momento, pero, lo aquí dicho, hasta hoy, planteaba un problema agudo.

Para los asiáticos en general, esta revelación no tiene porqué causar mayor problema. De no saber, o no creer, nada, o casi nada, a que esta verdad te sea revelada, pues, si así son las cosas, y son evidentemente para bien, pues, bienvenidas sean.

Para los ateos y descreídos, tampoco es tanta la dificultad, en primer lugar, van de capa caída (con todo y las sandeces de Hawking y compañía), en segundo lugar, muchos conocen la verdad en su fuero interno, aunque no den su brazo a torcer, y, en tercer lugar, todo esto, bien que mal, forma parte de su (nuestra), cultura. Finalmente, si ésta es la verdad y de nuevo, evidentemente para bien, bienvenida sea también.

Para los judíos, aunque alguno pueda sofocarse, finalmente, de ellos vino todo esto y judío era Jesús y todos sus apóstoles, con lo cual, aquí paz y allá gloria, y bienvenida sea la vuelta a lo mejor de sus propias tradiciones y la realización de lo que, desde siempre, y antes que ningún otro pueblo, tuvieron en sus profecías.

Pero, el caso de los musulmanes es distinto (o más bien lo era hasta la llegada de estas luchas libertarias). Toda su cultura se ha centrado en el antagonismo irrenunciable con el cristianismo (en el que nacieron). Ese antagonismo con el que ellos se expandieron desde el principio, se vio intensificado con las cruzadas, fue la constante a lo largo de todos los siglos posteriores y, con la expansión colonial europea, alcanzó un paroxismo que se materializó en los Wahabitas saudís, precedente exacto y preciso de Al Qaeda.

Para los musulmanes, la llegada de Jesús, Rey y Señor nuestro, de toda la humanidad, habría sido resentida como si Dios viniera a dar razón a sus enemigos y a desautorizarlos a ellos.

Estos movimientos árabe-musulmanes están cambiando todo y, a partir de este momento, occidente será el aliado natural de la liberación de estos pueblos, más allá de los vaivenes de occidente y más allá de los vaivenes en las luchas de estos pueblos y en su conciencia. Con la llegada de estos acontecimientos, Dios, sin duda, ha movido sus fichas para que Jesús pueda venir, soberana y explícitamente, hacia nosotros y ante nosotros, sin que ninguna cultura ni religión lo resienta como una desautorización o un menoscabo.

Esta vez, con este texto, sólo pretendo que aquel que lo llegara a leer, lo guarde, si así lo considera, en un rincón de su cerebro o de su corazón. Dios mueve sus fichas y no necesita guardar el secreto de sus movimientos, estos se guardan solos frente a nuestra incapacidad de comprenderlos. Cuando esta comprensión, por algún designio de Dios, nos alcanza, es maravilloso y regocijante.

Que Dios proteja a nuestros hermanos árabes y que los ayude a que esos malos gobernantes, y malos hombres, de los que se tienen que liberar, no los asesinen.

Que Dios guarde sus espíritus y sus vidas.

La trascendencia de lo que está ocurriendo ante nuestros ojos es, como mínima, equivalente a la que tuvo el derrumbe de ese imperio del mal que eran los países comunistas.

.

De nuevo en torno a la fe.

15 de marzo 2011. Publicado en:
http://losbarbarosdelnorte.com/html/modules.php?name=Forums&file=viewtopic&t=1982

Ciertamente, cabeza y corazón eran términos metafóricos.

¿Cómo puede verdaderamente entender nuestro entendimiento, en medio de nuestras mil limitaciones? Siento, pienso, que, en verdad, el Espíritu Santo se comunica con nosotros a través de él. Esto no nos convierte en iluminados. No hace que podamos hablar en nombre del cielo (y apenas de la tierra), pero sí nos permite acceder a rasgos de sabiduría, de IDENTIDAD.

La mera especulación irreflexiva (la más común, y casi única, de nuestras actividades mentales) nos hace acceder (más bien caer), por la vía de la comparación, al prejuicio (que no solamente es aquello que precede al juicio sino, también, aquello que lo distorsiona).

El esfuerzo intelectual honesto (y conceptual), nos permite acceder al juicio (por la vía de la analogía fuerte). Y: la comunión con Dios, en la persona del Espíritu Santo y a través de nuestro entendimiento, nos permite acceder a la IDENTIDAD (aquella que identifica y muestra qué es idéntico a qué). Así, por ejemplo, esta comunión le permitió a Newton comprender que la fuerza que mueve los astros en el cielo es la misma que atrae los cuerpos en la tierra, la gravedad. Chispa sencilla, aparentemente anodina, pero trascedente y revolucionaria. Esas fuerzas, no son semejantes, no son análogas, no, son IDÉNTICAS, son una sola, es la misma y, cuando esta identificación ocurre, cuando este milagro, sin pretensión intelectual alguna, sin requerir de esfuerzo especulativo alguno, se hace, todo se dispara, todo pasa a embonar, y las leyes de Kepler del movimiento de los astros en el espacio y las leyes de Galileo sobre la aceleración de la gravedad en los cuerpos en caída libre, se integran en un solo cuerpo de leyes para permitirle a Newton, para sí y para todos nosotros, determinar el movimiento de los astros en el espacio, sus leyes, y sus causas. Nada está terminado, a cada paso hacia la sabiduría seguirán infinidad de otros, pero éste está, definitiva e irreversiblemente, dado.

Que uno de nosotros pueda tener un rasgo de sabiduría no hace de él un sabio, pero es innegable que ese rasgo nos es accesible y que hace de nosotros seres pensantes (no solamente especulantes, sino realmente pensantes).

¿Cómo puede ser que tengamos fe sin saberlo? De la misma manera que los animales saben perfectamente cosas sin, por eso, tener conciencia de ese saber.

Cuando mencionamos creaciones intelectuales, desde donde yo lo veo, somos demasiado laxos, solo es creación intelectual aquel esfuerzo intelectual honesto que, ante sí mismo, elabora conceptos y logra, con ellos, hacer avanzar la conciencia y el conocimiento, en cualquier ámbito. Aquel esfuerzo intelectual que llega a generar verdaderas IDENTIDADES. La elaboración intelectual que se quedó en la comparación y generó prejuicio es, en sí misma, una destrucción intelectual, no una creación, y toda exterioridad que surja de él, será destructiva.

Incluso la elaboración mental que logró el juicio y la analogía fuerte, si bien es ya conocimiento, puede ser reversible. Fue, sí, hija de nuestra capacidad mental, hizo honor a nuestros propios recursos, nos sugiere la necesidad de nuevos pasos intelectuales, pero, en la medida en que no conoció la comunión con el Espíritu Santo, y no alcanzó la IDENTIDAD, sigue disponible para el error.

Sólo es creación intelectual aquella que logró obtener la IDENTIDAD y, cuando eso se produce, tengamos por seguro que es un paso más en la sabiduría, y constituye un peldaño irreversible del conocimiento.

¿Cómo actúa la fe en este asunto, cómo se abre a esa eventual comunicación del Espíritu Santo con nosotros? Para responder, veamos el caso particular de Einstein y de sus dos teorías de la relatividad. Él partió siempre de la certeza de que los griegos tenían razón cuando afirmaban que la mente, en sus elaboraciones teóricas, era, de algún modo, capaz, en sí misma, de procurarnos verdadero conocimiento, y, un día, en una simple ensoñación pensante, en su oficina de patentes de Berna "vio", "sintió", "pensó", comprendió, que a una persona en caída libre, sin referentes exteriores, le sería imposible distinguir, saber, si en ese momento estaba en un estado físico de ingravidez o de caída libre.

No cabe duda de que Einstein tenía fe. Fe, en él mismo y en Dios, (aunque, en la que a Dios respecta se le hiciera algunas bolas el engrudo), y, en el momento en que se hizo esa reflexión, esa sencilla y única reflexión, todo fluyó, toda la física de su época cambió, y en ese mismo momento, estableció LA IDENTIDAD de la masa inercial con la masa gravitacional. Al hacer esto determinó toda la física de su época y muchas otras cosas que, ni él dedujo, ni hemos deducido todavía, pero que ahí están, disponibles para seguir siendo deducidas. Todo, surgiendo de una sola IDENTIDAD, surgida ella, a su vez, de la simple comprensión de que, en las condiciones de caída libre, no podemos determinar, en el seno del propio experimento, si estamos frente a una ausencia de gravedad o frente a una caída libre.

Fe en Dios, implica, también, fe en nosotros mismos, en la capacidad que Él tiene de comunicarse con nosotros a través de nuestro entendimiento y, no importando cuántas sean nuestras limitaciones, somos útiles para el conocimiento, para el progreso espiritual, moral e intelectual y Él se encarga de buscar el modo y manera de que así sea. Así, si empezamos por no creer en esa capacidad nuestra, de cualquiera de nosotros, de comunicarse con Él, no estamos en la actitud más productiva, pero, aún así, nada está definitivamente perdido, a pesar de que se lo pongamos mucho más difícil, pues, no olvidemos que para Él, ni hay difíciles ni hay imposibles.

¿Fe es acción? Si y el amor es la acción misma, la acción por excelencia, la acción propiamente dicha. De ahí que el más simple de los seres humanos (intelectualmente hablando) puede tener, y sentir, la más grande fe y acceder a la más impensable sabiduría. Todo en el amor es acción y así, la verdadera y real acción intelectual, la que sí crea pensamiento, es aquella, re-repetimos, surgida como un acto de fe, de amor, que nos colocará en un estado místico (del que Einstein tan bien hablaba por propio conocimiento), capaz de comunicarnos con Dios a través de nuestro entendimiento y llevarnos a la chispa de la sabiduría. Bien dijo Einstein que la idea de esa IDENTIDAD mencionada había sido la más fructífera de toda su vida.

Obvia decir que nazismo, comunismo y otros muchos ismos (pero no forzosamente todos) no solamente no rebasaron el nivel del prejuicio sino que se aferraron a él y a su capacidad destructiva. Nunca fueron creación intelectual alguna, jamás alcanzaron la analogía y, menos, la IDENTIDAD, ni aspiraron a ella.

La IDENTIDAD es siempre tan sencilla que, sin duda, está al alcance de cualquiera de nosotros, pero sólo con la fe, con el acto de amor de la fe, accederemos a ella. ¿Qué no somos conscientes de en quién tenemos fe? Tengámosla ya en nosotros mismos y un buen trecho habrá sido andado.

En torno al espíritu.

18 de marzo 2011. Publicado en:
http://losbarbarosdelnorte.com/html/modules.php?name=Forums&file=viewtopic&t=1984

Somos un espíritu, que solo Dios crea y provee. Tenemos un alma, que es una idea, por nosotros producida. Las ideas son el alma intelectual de las cosas e indisolublemente vinculadas a la cosa en consecuencia. En tanto que cultura o nación, somos una cosa, en tanto que personas somos seres, aunque con cuerpo y, por lo tanto, somos, a la vez, ser y cosa. Solo Dios crea seres, pero nos es dado a nosotros crear cosas (aunque, aún esas cosas, sólo las podemos crear en Él y por Él, en comunión con Él). Nos es dado, pues, dotarnos de alma, tanto en lo individual y personal, como en lo colectivo. ¿Que por qué podemos dotarnos de un alma personal siendo espíritu? Porque también somos cuerpo.

¿Tiene alma un espíritu desencarnado, un ser espiritual? No, pero sí dispone de las creaciones de esa alma, el temperamento por ejemplo. ¿Hay tránsito entre el espíritu encarnado y con alma y el desencarnado y sin alma? Sí y en el común de los mortales es de siete años, los mismos que tarda biológicamente un cuerpo en reintegrarse por completo a la naturaleza (siempre y cuando ese ser decida ir hacia Dios, pues de lo contrario puede permanecer indefinidamente en el peor de los mundos, sin gozar del cielo ni de la tierra y aferrado a su alma). Cuando ese tránsito del ser desencarnado hacia la carencia de alma (hacia el dejar definitivamente de ser cosa para ser puro espíritu) es asumido y emprendido y durante toda su duración, el desencarnado no puede tocar al vivo (caería en la tentación del volver a ser un ser encarnado con alma). ¿Qué ocurre cuando ese ser desencarnado ha completado su tránsito hacia la pureza espiritual? Es presentado al Padre, es presentado a Dios y Él dispone de ese espíritu, ahora ya en la plena identificación de la voluntad de Dios y de la de ese ser desencarnado.

Recordemos el pasaje en el que Jesús resucitado encuentra a María Magdalena y ésta lo quiere abrazar y Él le dice: "No me puedes tocar, porque todavía no he sido presentado al Padre". Hasta Él tuvo que pasar por ese tránsito, aunque en Él fuera un muy breve tiempo, pues en los días siguientes sí fue tocado por los discípulos (Tomás entre otros).

"Hemos vivido a la sombra del árbol envenenado".

22 de marzo 2011. Publicado en:
http://losbarbarosdelnorte.com/html/modules.php?name=Forums&file=viewtopic&t=1989

Decía Francisco I. Madero, (apóstol de la libertad, sí, no importando cuantas limitaciones hayan confluido en él, que para eso era ser humano) refiriéndose a las generaciones que habían crecido durante el porfiriato, que habían vivido "a la sombra del árbol envenenado", aquel que sólo produjo los frutos del autoritarismo y que hizo creer a las personas que la libertad sólo era una peligrosa ilusión, reñida con el bienestar.

Quienes hemos crecido y vivido durante el priíato, hemos vivido, también, a la sombra del árbol envenenado, uno más sofisticado y tóxico que el del porfiriato, porque introdujo en los circuitos cerebrales del mexicano, como con un soplete, como la gran verdad, que todo en política es manipulación, que todos los movimientos libertarios de la humanidad son digitados por intereses, determinados, y financiados por ellos.

Nadie se atreva en México a hablar de ideas, de necesidades profundas de la población y de la sociedad, de grandes corrientes históricas que atraviesan la humanidad entera. Nadie se atreva en México a esa manifestación insolente de lesa ignorancia de la "ciencia política". Nadie se atreva a pensar o a reflexionar, pobre ignorante de las verdades históricas, nadie se atreva a aspirar a nada, porque su interlocutor, tanto el menos como el más ilustrado, prestamente, le demostrará, pruebas "secretas", o, "muy discretas", "ignoradas", pero irrefutables, al canto, que ese fue un movimiento digitado por tal o cual interés, o secta, extranjeros de preferencia, o nacionales, pero, eso sí, lesos de craso malinchismo, movimiento sin más alcances reales que los de los intereses que lo digitaron, y siempre habrá alguien para decirnos cuánto, cómo, dónde y cuándo se pagó ese hecho histórico, que, en nuestra supina ignorancia pensábamos surgido de la profundidad de las necesidades, de las capacidades y de los entresijos humanos.

Esta es la verdadera mentira tóxica del priíato y esa mentira no es sólo la panacea de los priístas, sino que en ella participamos todos, cuantos mexicanos somos. Esta es la ideología mentirosa en la que estamos atrapados y que no nos deja avanzar. Nos preguntamos a menudo qué tenemos que cambiar en nosotros para salir adelante. Esto tenemos que cambiar, esta ciencia falaz que nos exime de toda reflexión, de todo esfuerzo, de toda honestidad intelectual y de la búsqueda de cualquier verdad, a no ser la verdad, única, de tal, o cual, complot, único hacedor de historia.

El priíato sigue vivito y coleando, puesto que sigue viviendo en cada uno de nosotros en su peor manifestación, la mentira aviesa de que todo movimiento social y humano es manipulación con precio y pagador.

Nadie digita nada, pues nadie tiene esa capacidad. Ahí están los intereses, sí, que actuarán en cada desplazamiento social. Los propios movimientos sociales generarán, a su vez, nuevos intereses, que acabarán siendo más poderosos que los intereses originales, pero, primero, primero en la esencia, primero en la verdad, y primero en el tiempo, están las necesidades profundas de los seres humanos, sus ideas, sus voluntades.

¿Quién ha digitado el actual movimiento en las sociedades árabe-musulmanas? Nadie, absolutamente nadie. Rusia y China, así como todos los sátrapas del mundo, están profundamente enojados con todo ese movimiento, que ellos sólo consideran "borlote" y en occidente nadie fue capaz de prever, y menos digitar, semejante proceso, que sí va en el sentido de los intereses personales e históricos más profundos de estos pueblos rebelados y en el de los de la humanidad entera.

Mientras exista en México un solo sabio que nos diga quién pagó qué y a quién, para que tal o cual movimiento histórico profundo ocurriera en nuestro país, (y han ocurrido varios), no estaremos listos para la verdad, ni para le reflexión, ni para el sentimiento, ni para la libertad.

El príato, como todos los fenómenos, tanto virtuosos como nefastos, se dio razón a sí mismo y, con su manipulación permanente de la realidad mexicana, quiso demostrar su punto de que todo en el mundo es manipulación y sólo eso, pero, esa manipulación, casi exhaustiva, a la que, efectivamente, nos sometió, sólo fue posible porque nos hicieron tragar la especie de que así son, y sólo así, las cosas de la humanidad, en cualquiera de sus aspectos. Su voluntad se impuso a la nuestra, su imaginación se sustituyó a la nuestra, y nosotros les permitimos que nos hicieran buena, a nuestras costillas, esa puñetera mentira que habían inventado para nutrir y halagar nuestros propios prejuicios (que siguen siendo nutridos y halagados por esta especie falaz).

Ese es el veneno insidioso y paralizante que el príato introdujo en nuestras mentes, y no nos hemos liberado de ese sistema infecto, y lo seguimos reproduciendo, aún desde la oposición, porque todos seguimos siendo esos sabios que saben de política y que, por lo tanto, saben que todo es manipulación y que, finalmente (en consecuencia, y aunque no lo formulemos así), nada es verdad.

No estamos atorados por haber "sucumbido" a religiosidad alguna (hasta ahí podríamos llegar, pues más bien los que no "sucumben" a ella son los que perecen, por más puros que se crean, que las iconoclastias, físicas o espirituales, son tan viejas como las religiones mismas), ni porque sucumbamos a supersticiones de índole brujeril (que en eso estamos bien, o más bien, mal, acompañados, a lo largo y ancho del mundo), pues si ese fuera obstáculo insalvable, nadie se habría liberado jamás de nada. No. Ciertamente, sí hemos sucumbido, y seguimos sucumbiendo, a una superchería, a una superstición infame, que, ésa sí, nos tiene como estatua de sal, y es esa superchería que reduce la historia a una simple y universal manipulación.

Ese es el árbol envenenado del priíato, a cuya sombra hemos vivido, y del cual ni siquiera deseamos, hoy por hoy, apartarnos.

Benedicto XVI, "de Nazaret a Jerusalén".

25 de marzo 2011. Publicado en:
http://losbarbarosdelnorte.com/html/modules.php?name=Forums&file=viewtopic&t=1993

Estimo a la persona y figura de Jesús de Nazaret como central en todo nuestro devenir humano, aquello que lo hace definitivamente posible. Esta es la razón por la que agradezco el libro de Benedicto XVI, "De Nazaret a Jerusalén". En él, el autor, hace una reflexión teológica, que estimo muy lograda, sobre los alcances y significación de la vida de Jesús, a la luz de lo que de Él nos cuentan los Evangelios y textos posteriores del Nuevo Testamento.

Pero, como ocurre casi siempre, la parte más importante del texto está, más que en lo que es su materia explícita, en sus características implícitas.

Para mí, lo más logrado de este libro, es el hecho de que el autor, para sacar sus conclusiones, trata los textos como lo que son, libros de hombres para hombres, sin detrimento de la información que puedan contener.

A mi criterio, lo esencial y definitorio de la biblia, en ambos testamentos, gira en torno a la figura de Jesús, pues nuestra vida entera, individual y colectiva, gira asimismo en torno a ella, y en estos textos, lo más importante es, en el caso del Antiguo Testamento, la información que obtenemos, por la vía de las diferentes profecías, sobre Él, y sobre los actos cruciales de la humanidad entera de los que Él fue, y será, parte central y, en mucho menor grado, la información, que, asimismo nos da, sobre la manera en que el pueblo judío entendía y vivía su fe.

En lo que se refiere al Nuevo Testamento, obviamente, lo importante es la información que podamos obtener de la vida de Jesús y de los alcances de sus actos y palabras, y de todo aquello de lo que podamos informarnos respecto a los múltiples propósitos de su vida con el único fin de nuestra redención y salvación hacia una vida eterna dentro del "ser nosotros mismos", en Dios y por Dios.

Pero, no importando cuán trascendente sea la información que nos dan estos textos, y lo es en grado sumo, siguen, no obstante siendo libros humanos, y, como tal, los trata Benedicto XVI y, como tal, entiendo que debemos tratarlos los demás. Son como cualquier otro libro en el que la información que nos dan, o pretenden darnos, tendrá que ser sometida a análisis y reflexión. Son libros escritos en la historia y son, como todos los demás, repetimos, cosa de hombres. Su única, pero esencial, ventaja sobre los demás es que nos dan información sobre la persona y el personaje central de nuestra humana historia y de nuestro humano devenir.

Todos somos instrumentos de Dios, lo cual para nada nos hace intermediarios entre Dios y los hombres. Bien hará cada quien en rechazar a cualquiera que se proponga como intermediario entre él y Dios, pero, siendo esto así, imaginemos el gran despropósito de rechazar a cualquier intermediario humano para después someterse al dictado y tiranía de versículos que, sólo son, como las frases de cualquier otro texto, dictadas por hombres y no por Dios.

Rechazar un intermediario humano para aceptar una dictadura libresca está totalmente fuera de lugar. No es a golpe de versículos como avanzaremos hacia nuestro propósito central y esencial sino a golpe de actos de fe y de sus correspondientes reflexiones, como, por ejemplo, las que hace Benedicto XVI y que, cada quien sabrá en qué modo le convienen, pero que no son, ni se pretenden (y aunque se pretendieran), "palabra de Dios", sino, tan sólo, palabra de Benedicto.

Decíamos, en otro texto, que la gran desgracia de los musulmanes (la que los ha anclado en una edad media de la que, hasta ahora, parecen querer salir), fue, y es, la de postular y asegurar que ese libro suyo, el Corán, es palabra de Dios y que cada una de las que contiene son escritas, o dictadas, directamente por Dios. ¡No y no! Los judíos convirtieron la gracia de Dios de la que disponían en desgracia al convertirse en "el pueblo del libro", base del poder de la clase sacerdotal, esa tan "humilde" y "servidora de Dios" y "obediente de Dios", y fueron los ortodoxos, los obedientes del libro, los que "respetaban" cada palabra del libro, los responsables de la crucifixión de Jesús, aquellos cuyo poder dependía del texto "sagrado" y aquellos que les hacían caso y que gritaban ¡sacrilegio!, cuando Jesús les manifestaba cualquiera de las cosas que había venido a manifestarles, por orden del Padre, y después, cada quien, quiso tener su libro y postuló que el suyo era el único que contenía, y sólo contenía, la palabra de Dios. Estimo todo el asunto como un paso en falso, contrario a nuestros intereses de hombres y de hijos de Dios, fruto de nuestras excesivas limitaciones y vulnerabilidades, enajenante y poco edificante y la suerte de Jesús será, esta vez, la de no venir como ser humano, pues, de lo contrario, volvería a ser torturado y ejecutado y, de nuevo, por los defensores del libro, los del testamento (los de los dos testamentos esta vez).

No importando la trascendencia de la información que pueda contener cualquier texto que caiga en nuestras manos, solamente se trata de un libro humano, jamás de un libro escrito ni dictado por Dios, y no vamos a rechazar gurús hombres para caer en dictadores libros.

Isaías, revelándoles la verdad a judíos y cristianos.

6 de abril 2011. Publicado en:
http://losbarbarosdelnorte.com/html/modules.php?name=Forums&file=viewtopic&t=1996

Dice la opinión, tradicionalmente aceptada, que Isaías es el más grande de los profetas de Israel, pero, yo estimo, que él es, en verdad, el más grande profeta de la humanidad y de todos los tiempos.

Su profecía es tan precisa que, no solamente encontramos en él toda la información sobre Jesús que, después, encontraremos en los evangelios, sino que, incluso, encontramos otros hechos que los evangelios no mencionan pero Isaías sí, como, el de los mechones de barba que, según Isaías, le serían arrancados a Jesús por los soldados al maltratarlo y burlarse de Él, cosa que los evangelistas no podían relatar, puesto que ninguno de ellos estuvo ahí, pero que Isaías sí, porque él, como buen y real profeta, sí estuvo. Información que corroboramos en la Santa Sábana.

Todo lo que dice Isaías del Mesías se aplica a Jesús, pues incluso profetiza a Juan el bautista como aquél que, clamando en el desierto, precede, anuncia, y prepara, su misión. Pero, hay un capítulo de Isaías, el 53, que es particularmente impactante. Es tal el retrato que ahí se hace de Jesús, aparece con tal evidencia que el Mesías es Jesús, que, con razón, a causa de este capítulo, se ha dicho de Isaías que, más que un profeta, es un evangelista.

Se nos dice en este capítulo, que nada de lo ahí dicho será creído, que ningún especial atractivo será visto en Él, que será particularmente despreciado y desestimado, que Él cargará con nuestras enfermedades y con nuestros dolores, que será herido de Dios y abatido, que será molido por nuestros pecados, que por su llaga seremos nosotros curados, que Jehová cargará en Él el pecado de todos nosotros, descarriados como ovejas, que angustiado Él, y afligido, no abrirá su boca y que COMO CORDERO será llevado al matadero y como oveja será ante sus trasquiladores, enmudeciendo y no abriendo su boca, que por cárcel y juicio será QUITADO DE LA TIERRA DE LOS VIVIENTES, que por la rebelión de su pueblo será herido, que con los impíos morirá y con los ricos será su sepultura (aunque la mayoría de las traducciones cambien erróneamente estos dos sucesos y momentos), y que, todo esto, ocurrirá sin que, en ningún momento haya habido maldad en Él ni mentira en su boca, que será satisfecho ante el fruto de la aflicción de su alma, que llevará en Él el peso de las iniquidades de todos nosotros, que tendrá parte con los grandes y que con los fuertes repartirá los despojos, por cuanto derramó su vida hasta la muerte y habrá llevado el pecado de muchos y orado por los transgresores.

Anunciamos que hemos omitido un versículo que veremos a continuación.

Yo desafío a cualquiera de los que pudieran leer este texto, y que se sitúe ante él, con un mínimo de honestidad y sentimiento, a que no perciba, piense, comprenda, sin duda alguna, que es de Jesús de quien Isaías está hablando en él.

Este es un texto que fue escrito 700 años antes de la vida de Jesús (algunos expertos hablan de dos, y hasta de tres, Isaías, pero, aun en la más compleja de las versiones, habría sido escrito 200 años antes, y, por lo tanto, en cualquier circunstancia, se trata de una verdadera, y muy prolongada, anticipación temporal).

Incorporamos ahora el versículo 10, antes suprimido, porque es, como veremos, asunto muy aparte.

Inmediatamente después de que Isaías nos haya dicho que Jesús será arrancado de la tierra de los vivos y nos haya detallado con quién morirá y dónde será enterrado, nos sigue diciendo, que: "cuando haya puesto su vida en expiación por el pecado, verá linaje (otras traducciones dicen, verá descendencia), vivirá por largos días, y la voluntad de Jehová será en su mano prosperada".

Sorprendente, pero claro y simple, sin que haya para dónde hacerse.

Este no es un texto "simbólico" como decimos de aquellos que no nos da la gana considerar. Es un relato de hechos sencillos y presentados en rigurosa secuencia cronológica, donde se nos da el santo y seña, no sólo de los hechos, sino, asimismo, de sus alcances y trascendencia.

Este sencillo versículo 10 nos habla de la resurrección de Jesús, puesto que si, después de haber sido arrancado de la tierra de los vivos, por haberse sometido a la voluntad de Dios, debe vivir por largo tiempo, gracias a haberse ofrecido en expiación, quiere decir, que tendrá que resucitar puesto que, por la misma causa, primero, morirá, y después, vivirá por largo tiempo. Luminoso y simple.

Pero Isaías nos dice más, nos dice que, al resucitar, por haberse ofrecido en expiación por el pecado, misma causa por la que primero murió, "verá linaje, vivirá por largos días, y la voluntad de Jehová será en su mano prosperada". Luego, tras haber resucitado, Jesús tuvo hijos y vivió por largo tiempo.

Largo tiempo no son los cuarenta días que supuestamente median entre su muerte y su ascensión a los cielos y tampoco dan para procrear hijos y verlos ya procreados.

No estamos hablando de cualquiera de los evangelios apócrifos, o de cualquier escrito encontrado en cualquier circunstancia y no homologado. Estamos hablando de un texto que los cristianos llevan dos mil años leyendo y los judíos varios siglos más y oficial y plenamente homologado por ambas religiones.

Algunos eruditos (aquellos que aprendieron a argumentar pero no a pensar) saldrán con cualquier especie, pero no queremos hacer casuística sobre sus eventuales y muy previsibles respuestas. Esa descendencia es física, humana, como físicos y humanos son todos los hechos relatados en el capítulo. Cuando el texto dice que verá descendencia, es con sus ojos humanos con los que la verá, pues si con los otros fuera, ningún caso tendría que Isaías nos profetizara nada, pues, nuestras objeciones podrán ser necias, pero Isaías no lo fue, y nada dijo que no fuera necesario, cierto, sencillo, y vivido, como es el caso para cualquier verdadero profeta.

Incluso los que postulan una eventual descendencia de Jesús, le han buscado por todos lados, menos por el único evidente, palmario, y a la vista, desde hace mucho más de dos mil años.

Podrán los judíos cantar una de sus bellísimas melopeas (la que quieran y gusten) que, después de cantarla, el 53 de Isaías seguirá diciendo, para quien tenga ojos para ver y cacumen para leer, que Jesús sí fue el Mesías que les había sido anunciado y al que habían esperado por tantos siglos.

Podrán los cristianos cantar misa, en sus no menos bellísimos cantos gregorianos (y en latín, como le gusta a Benedicto XVI), que, después de cantarla, el versículo 10 del capítulo 53 de Isaías seguirá diciendo que Jesús resucitó y que, tras haber resucitado, vivió por largo tiempo y tuvo hijos.

Queda en la voluntad reflexiva de cada quien tener en cuenta que, siendo Jesús quien fue, si Dios dispuso que, tras su resurrección, viviera por largo tiempo y tuviera hijos, no solamente fue para que Jesús viviera la vida de hombre, a la que tenía derecho, sino, asimismo, para los propósitos esenciales a los designios de Dios (siempre infinitamente favorables a nosotros los humanos).

Si ahora incluyéramos en este texto al conjunto de las profecías que nuestra reflexión, inteligencia y estudio sistemático, nos permitiera calificar como tales, veríamos, que ese conjunto de verdaderas profecías que en el mundo han sido (incluyendo las múltiples profecías marianas), constituyen una sola, grandiosa, y precisa, profecía sobre un único sujeto de sus desvelos y develaciones, Jesús y, veríamos, a su vez, que cada una de esas profecías es parte orgánica de todas las demás, constituyendo un conjunto armónico y completo, que, si Dios ha puesto ante nuestros ojos y nuestra comprensión, es con un propósito claro y definido, pues, todo lo que se refiere a su Hijo es esencial en su plan y capital para nuestra salvación. Bien dijo San Agustín que la historia humana es la historia de las intervenciones de Dios a favor nuestro y Jesús es la esencia, clave, origen, y destino, de todas esas intervenciones.

.

El SME o la impotencia cobarde de nuestro Estado.

13 de abril 2011. Publicado en:
http://losbarbarosdelnorte.com/html/modules.php?name=Forums&file=viewtopic&t=2009

El día de ayer, lunes, 11 de Abril de 2011, a las 7 de la mañana, se concentraron 800 ex-trabajadores de la extinta Compañía de Luz y Fuerza en el cruce de Marina Nacional y Circuito Interior, frente a la antigua sede central de la Compañía.

Cerraron Circuito Interior con los mismos parapetos metálicos con los que está protegido el edificio, derribaron árboles, destruyeron jardineras, e hicieron su fogata-barricada. Quemaron cuatro coches, de los que previamente habían hecho descender a sus ocupantes, golpearon a uno de los dueños de estos carros y atacaron camionetas de CFE con petardos. Todos los vehículos que circulaban por la zona fueron atacados con piedras y sus conductores insultados verbalmente.

Llegaron al lugar de los hechos 600 granaderos de la SSP DF, más 100 policías de tránsito, ninguno de los cuales intervino durante los desmanes de estos cretinos. Cuando habían terminado sus actuaciones, y se habían despachado a sus anchas, procedieron a marcharse al grito de ¡lero, lero!, momento en el cual, los 700 policías procedieron a detener a 12 de ellos y limpiar la barricada del circuito interior para que se reiniciara el tránsito.

Por la tarde llegaron al Zócalo para pedir la liberación de los doce que fueron detenidos en la mañana. Para ese momento, ya eran mil 200 los energúmenos. Obligaron a las personas a refugiarse dentro del metro, donde fueron intoxicadas con una granada lacrimógena, y los empleados de la Suprema Corte de la Nación sufrieron también las consecuencias de los desmanes de estos señores.

Marcelo Ebrard anunció, desde el momento de la extinción de la Compañía, que no los reprimiría, y lo ha cumplido. Hoy quiere cacarear el huevo de que no permitirá más violencias. ¿Más?, pero, su policía, también esta vez, dejó que hicieran lo que quisieran sin intervenir ni proteger a la ciudadanía. Destruyeron propiedad federal, propiedad privada, incurrieron en agresiones físicas a personas, interrumpieron una vía capital para la ciudad, sin intervención alguna de esos 700 policías que estaban presentes y sólo detuvieron a doce de los 800 hooligans. Por la tarde no detuvieron a nadie, y la cosa ocurrió en el Zócalo, frente a las oficinas centrales del gobierno del DF.

Sr. Ebrard, Usted no nos sirve como Jefe de Gobierno del DF, ni como Presidente, si es que todavía piensa en eso.

Pero el problema no se limita al Gobierno del DF. ¿Y la Federación?

CFE ha puesto mil 300 denuncias contra estos señores. Por agresiones, daño en propiedad ajena, incluido al patrimonio del estado, e incluso por disparos en contra de trabajadores de CFE. De estas mil 300 denuncias, ¡sólo un detenido ha resultado!

Estas mil 300 denuncias no cubren, ni mucho menos, todo el espectro de las agresiones de estos criminales sino que infinidad de ellas se han cometido contra toda clase de ciudadanos y autoridades, como cuando asesinaron a dos policías federales en la entrada de la autopista de Cuernavaca (estando los asesinos ahí para cerrar el paso de la autopista), agresión de la que, para zafarse, les bastó con argumentar que la presencia de la policía "era provocadora".

¿Cuál ha sido la respuesta de la Federación a toda esta criminalidad desatada?

De parte de la Secretaría del Trabajo, la concesión de la toma de nota que les permitió recuperar la totalidad del patrimonio sindical (fruto de toda clase de abusos y latrocinios), y de parte de la Secretaría de Gobernación, la instalación de todas las mesas de negociación necesarias para ver qué más se les concede a estos miembros de esa vieja delincuencia política y sindical (de la que ha derivado toda la demás delincuencia que sufrimos en el país).

Ni siquiera se procedió a una auditoría interna del Sindicato antes de concederles la toma de nota.

Lozano, otro que tampoco nos sirve para Presidente, junto a Francisco Blake Mora, (por si tuviera esas miras).

Las defensorías de derechos humanos también han dejado desvalida a la ciudadanía frente a estos delincuentes, porque, aun cuando no puedan intervenir en perjuicios entre particulares sí pueden, y deben, hacerlo, ante la indefensión palmaria en la que la autoridades, locales y federales, han dejado a todo el mundo.

La ciudadanía está sola frente a estos criminales y, siendo así, ¿cómo podremos enfrentar a los otros criminales, si aquellos derivan de estos?

¿Qué clase de impotencia tiene atenazado al Estado mexicano, sea local o federal?

La impotencia de la cobardía.

Crecimos a la sombra del árbol envenenado, aquel del Priíato en el que se nos intoxicó con toda clase de mentiras y mamarrachadas y una de ellas es la de que no hay que "despertar al México bronco".

No estamos impulsando la idea de un gobierno con maneras fuertes, estamos solamente reclamando la aplicación de la ley, fuera de la cual, ninguna civilización tiene asiento y ningún gobierno justificación.

Señor Calderón, la delincuencia que usted decidió enfrentar deriva de esta delincuencia política y sindical que Usted sigue permitiendo. Sea coherente y consecuente, aplique la ley y, al hacerlo, no despertará Usted a ningún México bronco, al que sí despertará es al México consciente de sus derechos y que, créame, ya está saturado de tanta estupidez y de tanta "astucia y saber políticos".

Señor Lozano, no siga presentándose como el hombre fuerte que no es.

Señor Ebrard, es Usted un timorato, para aplicar la ley, y para defenderse en sus pleitos internos. Deje el espacio político a hombres (y mujeres) que tengan la audacia de sus justas convicciones y sean capaces de aplicar la ley, no ensucie el panorama político.

Señor Blake, no más mesas de discusión con estos cretinos, agotaron todas las instancias legales, y con esas mesas lo único que hace es darles cuerda. Esa no es su misión como Secretario de Gobernación.

Necesitamos desesperadamente un Gobierno Federal que comprenda una sola cosa. La aplicación sistemática de la ley es indispensable a toda vida civilizada.

El Gobierno Federal que se atreva a aplicar la ley desanudará este nudo gordiano en el que estos miserables creen tenernos atrapados y sin salida.

La amalgama de sistema político, delincuencia política, delincuencia sindical y delincuencia sin adjetivo, es tal, que de la simple aplicación de la ley derivará la liberación definitiva de nuestra sociedad de toda esta caterva de cretinos e iniciará la verdadera transición hacia ese país desarrollado, civilizado, y parte activa del mundo, que necesitamos desesperadamente, con exasperación, y que está mucho más a nuestro alcance de lo que concebimos, basta con atrevernos, repetimos, a aplicar la ley.

Sacudámonos esa mentira del México bronco que no hay que despertar. ¿Piensan acaso el Presidente, sus Gobernadores, y sus Secretarios, que el ciudadano ofendido y abandonado a su suerte no es bronco?

Hay un inconmensurable capital político al alcance del Presidente (o Presidenta) que se atreva, simplemente, a aplicar la ley.

"Hay un hijo del hombre y el hijo del hijo del hombre

25 de abril 2011. Publicado en:
http://losbarbarosdelnorte.com/html/modules.php?name=Forums&file=viewtopic&t=2016

Los cuatro evangelios canónicos son aquellos relatos de la vida de Jesús que fueron escritos por apóstol o por discípulo directo de apóstol. Los evangelios apócrifos son, en su mayoría, aquellos que fueron escritos uno, o varios, siglos después, por quien no fue testigo directo ni recibió información de testigo directo.

Los evangelios canónicos son, los cuatro, relatos de la vida de Jesús. Los apócrifos son, la mayoría (hay unos 64, de valor y naturaleza muy desiguales), frases, o enseñanzas, más o menos esotéricas, de Jesús.

El término apócrifo, en su origen, no quería decir falso (como se entiende hoy), sino aquello que debe ser ocultado porque es sumamente precioso.

La Iglesia Católica (incluidos los Padres de la Iglesia), ha usado, y sigue usando, algunos de estos textos como fuente de información.

En los hechos de los apóstoles 21:8 su autor, Lucas, habla de Felipe el evangelista.

Evangelio de Felipe, 120. "Hay un Hijo del hombre y un hijo del Hijo del hombre. El Señor es el Hijo del hombre, el hijo del Hijo del hombre es aquél que fue hecho por el Hijo del hombre. El Hijo del hombre recibió de Dios la facultad de crear y, también, la de engendrar".

Felipe 21. "El Hijo del hombre, primero resucitó, y luego murió".

Lo que dijo Isaías, como profeta, lo dijo, de nuevo, Felipe, como evangelista, y sin apoyarse en Isaías ni haberse percatado de lo que Isaías había dicho.

Sin comentarios.

¿Afirmó Jesús su deidad?

25 de abril 2011. Publicado en:
http://losbarbarosdelnorte.com/html/modules.php?name=Forums&file=viewtopic&t=2017

Mateo 28:18-19. (Y Jesús se acercó y les habló diciendo: "Toda potestad me es dada, en el cielo y en la tierra". (19) "Por tanto, id y haced discípulos a todas las naciones, bautizándolos en el nombre del Padre, y del Hijo, y del Espíritu Santo".

Juan 8:12. Otra vez Jesús les habló diciendo: "Yo soy la luz del mundo, el que me sigue, no andará en tinieblas, sino que tendrá la luz de la vida."

Juan 10:30. "Yo y el Padre uno somos".

Juan 10:33-38. (33) "Le respondieron los judíos, diciendo: "Por buena obra no te apedreamos, sino por la blasfemia; porque tú, siendo hombre, te haces Dios". (34) "Jesús les respondió: ¿No está escrito en vuestra ley: Yo dije, dioses sois?". (35) "Si llamó dioses a aquellos a quienes vino la palabra de Dios (Y la escritura no puede ser quebrantada)", (36) "¿al que el Padre santificó y envió al mundo, vosotros decís: Tú blasfemas, porque dije: Hijo de Dios soy?" (37) "Si no hago las obras de mi Padre, no me creáis," ("mas si las hago, aunque no me creáis a mí creed en las obras, para que conozcáis que el Padre está en mí y yo en el Padre".

Juan 14:6-7. (6) "Jesús le dijo: Yo soy el camino, y la verdad, y la vida; Nadie viene al Padre sino por mí". (7) "Si me conocieseis, también a mi Padre conoceríais; y desde ahora le conocéis y le habéis visto".

Juan 14:9. "Jesús le dijo: ¿Tanto tiempo hace que estoy con vosotros, y no me has conocido, Felipe? El que me ha visto a mí, ha visto al Padre; ¿cómo pues, dices tú: Muéstranos el Padre?".

Apocalipsis 22:13 (también de Juan). "Yo soy el Alfa y la Omega, el principio y el fin, el primero y el último".

Jesús dijo lo que acabamos de leer, y muchas otras cosas, y soportó sus dichos con sus hechos, como Él mismo alegó, una y otra vez.

Del maremágnum de posibles criterios sobre el modo y manera en que Jesús reúne sus dos naturalezas, el oficial y admitido es, a mi modo de ver, el más acertado y exacto: Dios y hombre verdadero.

Cada quien sentirá como Dios le dé a entender los anteriores dichos de Jesús que Mateo y Juan nos reportan. Mi conclusión es firme. Jesús sí definió claramente su relación consubstancial con el Padre en esas frases.

.

Juan, el evangelista por excelencia.

30 de mayo 2011. Publicado en:
http://losbarbarosdelnorte.com/html/modules.php?name=Forums&file=viewtopic&t=2034

Juan es el evangelista que mejor expresa, no solamente la teología de Jesús, sino también su veracidad histórica.

Él nos muestra exactamente lo que Jesús dijo de sí mismo y desmiente todas aquellas teorías que pretenden que esa teología es posterior e influenciada por la competencia del cristianismo con otras religiones monoteístas.

Es el más exacto también, en el sentido histórico, cuando queremos saber cuál fue el papel de los judíos en la pasión y muerte de Jesús, o cuándo ocurrieron las cosas en sus tres años de apostolado o cómo fueron las relaciones de Juan el Bautista con Jesús.

Nos dicen que el evangelio de Juan fue el último en escribirse (hacia el año 90 de la era cristiana), pero lo deducen simplemente porque creen que esa teología elaborada "tenía" que responder a los otros tres evangelios "sinópticos", de una fuente aparentemente común. Pero, de hecho, la primera copia física de evangelio alguno es el papiro P52 escrito alrededor del año 125 de la era cristiana y que contiene la casi totalidad del evangelio de Juan, así como en el 190 tenemos el J 66 que contiene la totalidad de ese evangelio, más otros textos de Lucas y Pablo.

Pero, esa fecha del año 90 de la era cristiana como aquella en que probablemente fue escrito el evangelio de Juan, es especulativa y surgida de un razonamiento subjetivo. Lo cierto es que este evangelio demuestra, en sus referencias de lugar y época, que fue escrito por alguien que había vivido en Jerusalén antes de la destrucción del Templo del año 70 y antes de la rebelión del año 66.

Quedan, por lo tanto, excluidas todas las especulaciones sobre la posibilidad de que los actuales textos de los evangelios canónicos, fueran redacciones rehechas después de la gran destrucción de textos cristianos ocurrida durante la más grande de las persecuciones, la de los años 303 al 313, en tiempos de Diocleciano.

No, Juan nos refleja de Jesús exactamente esa autodefinición de Dios y hombre verdadero con la que el Papa San Félix I lo calificó en el año 270 de la era cristiana y con el que la teología actual de la iglesia nos lo presenta.

Ninguna evolución posterior determinó lo que nos ha sido dicho de Jesús. Todo quedó muy claro desde el primer momento y Juan es aquél que nos hace llegar diáfanamente, tanto a Aquél que es Uno con el Padre, como a Aquél que tiene las mismas necesidades de cualquier otro hombre, empezando por la de la alimentación.

En Juan, Jesús es consciente de haber preexistido, junto a Dios, desde antes de venir al mundo. Podemos considerar estos hechos como nos plazca, pero no podemos decir que es algo que surgió después y en lo que Jesús y los apóstoles nunca habían pensado.

Si, además, tenemos en cuenta que este Hijo del hombre, sí resucitó, todo el asunto es digno de ser sometido a gran reflexión y análisis.

.

"Indignados", Nietzsche y reflexión.

30 de mayo 2011. Publicado en:
http://losbarbarosdelnorte.com/html/modules.php?name=Forums&file=viewtopic&t=2035

Los "indignados" de la madrileña Plaza del Sol, en su desválidez pensante, están recurriendo a Nietzsche, como alimento "filosófico".

Nietzsche, ese que, al "pasar" de Dios, declaró que la existencia no tiene ningún sentido, objetivo, ni razón de ser.

Para ese viaje no hacían falta alforjas. Si yo le quito a la existencia, en la persona de Dios, su porqué y su cómo, claro está que la declararé vacía de sentido y consistente en puro ruido. Pensamiento éste que sólo tendría caso como método de reducción al absurdo.

Nietzsche, aquel que declaró que los débiles y los malogrados deben perecer y que sólo los fuertes tienen derecho a existir. Aquél que estimó que la compasión es lo más dañino que pueda haber porque permite la existencia de esos débiles y malogrados y que dijo, en consecuencia, que el peor de los males es el cristianismo, punto que ilustró comparando a Cristo con el "idiota" en la obra de Dostoyevski.

Dicen los exégetas y afectos al panegírico que Nietzsche fue secuestrado por Hitler. No, Hitler era malvado pero menos estúpido que estos "eruditos". Hitler aplicó el pensamiento de Nietzsche a rajatabla y sin compasión hacia los que él consideró débiles y malogrados. Hitler es el primer y más grande de los discípulos de Nietzsche, el más aplicado y puro.

Dicen, asimismo, estos muchachos "indignados" que no le han dado permiso a los bancos para dirigir sus vidas.

Los bancos no quieren dirigir sus vidas (no es su negocio), sólo quieren cobrar las estúpida deuda que los españoles contrajeron en poco más de una década.

Veamos tantito de qué estamos hablando.

En la última década España estaba construyendo más casas (en términos absolutos) que Francia, Alemania e Italia juntas. Toda esa construcción se financiaba a crédito (que acababa en su casi totalidad siendo crédito internacional) con un endeudamiento privado anual del 10% del PIB. Algo inaudito, único en el mundo, y por demás estúpido. España acumuló, por esta vía, una deuda privada con el exterior, del 280% de su PIB.

Para mientras esta locura duraba, las arcas del Estado estaban llenas por la vía de los impuestos que toda esta construcción pagaba y daba la sensación de estar en un carrusel que procuraría indefinidamente el ¡por fin! hallado cuerno de la abundancia.

Todas estas casas construidas no generaban capacidad de exportación alguna y, por lo tanto, no generaban la capacidad de pago necesaria para cubrir las deudas contraídas.

En el momento en que este carrusel baboso se paró (y tenía que hacerlo en algún momento), los ingresos del Estado se derrumbaron, el desempleo se disparó, los egresos del Estado se dispararon también y a la deuda privada empezó a sumarse la deuda pública al mismo ritmo del déficit fiscal, que ahora anda rozando el 12% del PIB anual.

No muchachitos babosos, los bancos no quieren dirigir sus vidas, sólo hay que pagar, apretarse el cinturón, renegociar la deuda y perder capacidad de endeudamiento, o suspender pagos, declararse en quiebra y perder, todavía más, la capacidad de recurrir al endeudamiento para crecer y ahora, además, hay que volver a endeudarse, pero esta vez para generar verdadera capacidad de producción, venta y generación de riqueza y es de esta clase de cosas de las que tienen que estar hablando, junto a las indispensables reformas laborales y otras, si quieren entender algo o remediar en algo su situación y no emprenderla contra la democracia, contra las libertades y recurrir para eso a "pensadores" nefastos y mequetrefes, que se creyeron los ¨muy¨, ¨muy¨, solamente porque proferían cuanto improperio estaba a su alcance y que se creyeron dioses sólo por su capacidad de cometer sacrilegio y que ya demostraron, por la vía del comunismo y del nazismo, las consecuencias de esos ataques a la fe y de esas formulaciones irreflexivas y llenas de maldad y destrucción y en las que todo el mundo resulta responsable de nuestras desgracias menos nosotros mismos.

Si queremos llevar más allá la reflexión sobre las responsabilidades de la propia banca, española e internacional, en este carrusel maldito del endeudamiento irresponsable, deberemos entender que la no existencia de una moneda mundial (capaz de generar una demanda, solvente, y ubicada en el lugar de las verdaderas necesidades del mercado mundial), genera estas burbujas donde se desdeñan verdaderas necesidades, por carecer de solvencia mercantil, para atender necesidades infladas, como la española, pero con aparente solvencia. Pero, mientras esta burbuja estúpida se inflaba ninguno de estos "demócratas reales" decía ni pío.

En una palabra, este carrusel de estupideces se repetirá mientras no tengamos un sistema mundial, en este mercado único que ya somos, en el que cada nueva tecnología genere, simultáneamente, su nueva necesidad y la nueva solvencia con la que la satisfacción correspondiente pueda ser abordada.

Pero estos muchachitos "indignados" (crecidos entre algodones y que se creen los muy reprimidos con dos o tres porrazos), prefieren recurrir a los adoradores de Stalin, como Sartre, y a los mentores intelectuales de Hitler, como Nietzsche.

.

La macro física lo dijo primero.

8 de junio 2011. Publicado en:
http://losbarbarosdelnorte.com/html/modules.php?name=Forums&file=viewtopic&t=2040

Investigadores en microfísica dicen haber extraído fotones, luz, del "vacío" cuántico".

A través de lo que han llamado un "superconductor de interferencia cuántica" han ajustado miles de millones de veces por segundo la dirección del campo magnético, de manera, que este "meneo" ha logrado un movimiento de un 5% de la velocidad de la luz, la cual, ha resultado suficiente para que las partículas "virtuales" (aquellas que tiene una existencia fantásticamente fugaz) se manifiesten como fotones estables y tengamos luz "real", donde teníamos luz "virtual", o, dicho de otra manera, tengamos luz duradera donde teníamos luz, casi, sin permanencia.

El experimento es una sutil aplicación del efecto Casimir donde dos espejos extraordinariamente cercanos generan fuerzas de atracción que evidencian la presencia energética del "vacío" cuántico y donde se sabía ya, desde hace tiempo, que esas fuerzas deberían también manifestarse en un sólo espejo que viajase a velocidades muy altas.

La conclusión de los microfísicos es que el "vacío" es ... todo lo contrario y que consiste en una especie de espuma retorcida donde las partículas revolotean y donde lo fugaz es descrito como virtual.

Es magnífico que podamos entrar a concretar las formas de existencia de ese, mal llamado, "vacío" cuántico. La acumulación de datos en este ámbito nos permitirá reflexiones sobre la naturaleza, o forma, de esta materia en la que nuestro espíritu está inmerso y que nos sirve de pretexto para ese evolucionar hacia el ser nosotros mismos. Pero, hablando de reflexiones, queremos aportar una en relación a este mismo fenómeno, visto por la macro física.

Desde que supimos que la materia era un continuo espacio-temporal y que es, asimismo, energía, condensada en fantásticas proporciones, supimos que no había tal "vacío" y que no podíamos sorprendernos al descubrir que ese "vacío" TUVIERA energía, puesto que ERA energía, o viceversa. Esto nos muestra que debemos tener la audacia de sacar siempre las últimas conclusiones de nuestras formulaciones conceptuales y de sus consecuencias, las formulaciones matemáticas, puesto que éstas han demostrado, una y otra vez, ser más inteligentes que nosotros mismos.

Podemos pues decir que gran mérito tiene la microfísica en estos avances que darán, sin duda, lugar a nuevas formulaciones conceptuales y matemáticas, pero un mérito que no tienen es el de habernos hecho saber que no hay tal "vacío", que éste está lleno de energía, en todas sus formas, incluso la de las partículas, porque eso ya nos lo había dicho la macro física desde principios del siglo XX.

.

El acto de comunión con Dios, fuente de todo conocimiento

14 de julio 2011. Publicado en:
http://losbarbarosdelnorte.com/html/modules.php?name=Forums&file=viewtopic&t=2063

Decía Einstein, y decía bien, que el acto místico, el acto del conocimiento científico, y el acto de creación artística, son de la misma naturaleza y, en efecto, los tres son actos de comunión con Dios, fuente de toda vida, de todo conocimiento y de toda creación.

Decía, asimismo, Einstein, y, de nuevo, decía bien, que siempre habrá un camino que vaya de la teoría a la práctica pero que no hay ninguno para ir de la práctica a la teoría y, de nuevo, en efecto, la relación práctica-teoría no es una relación dinámico-dialéctica de la que surja todo conocimiento y, en definitiva todo el ser y todo ser, sino que es una relación exclusivamente unívoca en la que el acto teórico genera, per se, una cascada de conocimientos prácticos y en la que, por lo contrario, toda la práctica del mundo no genera ni una sola teoría, pues ésta surge, precisamente, de cada acto de comunión con Dios.

Él es la fuente de todo, Él es el proveedor universal. Aquél que nos disculpa de sostener el universo que nos sostiene. Aquél que nos ha colocado en la bondadosa y confortable posición de usufructuarios de toda su obra. Podemos concentrarnos en nuestro propio quehacer, desarrollo y crecimiento, porque Él sostiene todo para nosotros, sus usufructuarios privilegiados y apapachados.

Toda la ciencia de nuestro crecimiento espiritual y material es la opción, esencial y permanente, entre el bien y el mal.

Dos regalos inconmensurables nos hizo al crearnos: nuestra libertad y nuestra limitación.

Nuestra limitación para que podamos participar en el ser nosotros mismos, para que podamos ser partícipes de nuestra propia creación, y nuestra libertad, para que podamos hacer las más libres y profundas opciones, incluida la más trascendente y definitiva, la opción entre el bien y el mal.

Pero, limitados y libres, es garantía de error y ese error, en materia de bien y de mal, es apabullantemente trascendente, porque el bien puede procurarnos un cielo inefable, insospechado, eterno, y, el mal (el maligno, puesto que éste es un universo de seres y no de cosas), puede llevarnos a un abismo impensable, terrible, e igualmente eterno.

También en eso Dios proveyó y provee.

Dios nos mandé a su hijo, Jesucristo, para derrotar ese mal, ese maligno, para hacer, como hombre, lo que por hombre tiene que ser hecho, y que ninguno de nosotros estuvo, está, ni estará, en condiciones de hacer.

Toda nuestra humana historia gira en torno a Jesucristo. Él derrotó a ese ser al que nosotros damos más fuerza, y más maldad, con cada una de las nuestras (que ya van siendo incontables). Por Él nos será retirado provisionalmente de encima, con la analogía perfecta de la quita bancaria al acreditado ya definitivamente aplastado por sus deudas. Por Él nos será definitivamente retirado de encima cuando nuestro crecimiento nos dé la madurez necesaria para que esa libertad, que nos ha sido graciosamente concedida, ya no sea garantía de error. Él, sin duda, reinará eternamente sobre nosotros.

Eternamente, sí, porque la eternidad es la única forma natural y real de la existencia, del ser. Lo que no es eterno, simplemente, no es.

Abracemos este amor infinito de Dios hacia nosotros. Este Dios amoroso que se inventa a sí mismo (como decían los mexicas) a través, precisamente, de nosotros y que, aún en nuestra inconmensurable distancia de Él, nos permite, no obstante, ser parte suya y estar hechos a su imagen y semejanza.

Sintamos el acto indecible de amor que le llevó a mandarnos a su Hijo, a pasar por lo que pasó, para nuestra redención y preparémonos, porque estamos en la época en la que ese enemigo terrible nos será quitado provisionalmente de encima. Preparémonos para hacer de ese acto trascendente un acto de conciencia plena de que sólo el amor nos da existencia. Preparémonos para hacer de esa quita de nuestras maldades acumuladas (que el banco de Dios se dispone a hacernos), un acto de plena conciencia amorosa. Conciencia del amor filial nuestro hacia Él, por encima de todas las cosas, y del amor fraternal hacia nuestros semejantes.

La hipótesis de trabajo materialista de la ciencia ha terminado su carrera, ya no es productiva. Seamos conscientes de que nuestro conocimiento viene de Dios y seamos capaces de concebir esas indispensables teorías que, en una inagotable cascada de consecuencias prácticas, tengan la capacidad de transformar nuestro mundo en uno humano.

Démosle, desde nuestra fe, un alma al mundo, para que deje de ser un mundo desalmado, y, seamos conscientes de que esa fe, que es la fuerza que nos hace vivir, aún cuando no hayamos sido conscientes de ella, siempre fue nuestro motor y la normadora de nuestro criterio.

Toda cultura es hija de la fe, y no al revés.

Toda la relación de Dios con nosotros toma cuerpo con Jesús. En torno a Jesús gira toda ciencia, todo conocimiento, toda profecía, toda salvación, toda redención, y todo mensaje, que se redujo, y se reduce, al "amaos los unos a los otros y a Dios por sobre todas las cosas".

Aprestémonos a cumplir su mensaje cuando los tiempos se acercan, cuando la quita se hace indispensable, porque el peso acumulado de nuestras maldades es ya capaz de impedir nuestro progreso espiritual y material.

Tengamos la sensatez, la audacia, y la conciencia, de asumir nuestra fe, esa que siempre hemos tenido, aún cuando no lo hayamos querido aceptar. Abandonemos toda hipótesis de trabajo que no sea la de la unión mística y amorosa con Dios como fuente de toda vida y de todo conocimiento y la más sentida fraternidad con nuestros semejantes.

Concibamos, que la práctica vendrá por añadidura.

Q

uerer ser Dios y quedarse chiflando en la loma.

17 de julio 2011. Publicado en:
http://losbarbarosdelnorte.com/html/modules.php?name=Forums&file=viewtopic&t=2066

Dios, para los filósofos, es El Ser. Para los hombres de fe también, pero, para éstos, además es Un Ser. Alguien, no algo.

Las cosas son la mera apariencia del ser. De ahí que la más grande de las cosas sea más pequeña que el más pequeño de los seres.

Dios, pues, por definición, es El Ser y Un ser personal y es, en tanto que personas, que estamos hechos a su imagen y semejanza.

Los "pensadores", los "científicos", se resisten a ver a Dios como alguien personal, sienten que eso lo hace menos por analogía con nuestra propia y humana calidad de personas (que ellos sienten poco digna, aún siendo esa nuestra parte trascendente y grandiosa), pero, negarle su calidad de Ser personal a Dios es reducirlo a una cosa y, no importando cuán grande fuera esa cosa, sería menor a nosotros mismos.

Dios, el Ser por antonomasia y Un ser, es, evidentemente, el creador de todo lo visible y lo invisible, del cielo y de la tierra. Somos pues sus usufructuarios, los usufructuarios de su obra.

No hay posición más cómoda y confortable que la del usufructuario y si ese usufructo nos es dado sin que implique renuncia alguna a nuestro libre albedrío, miel sobre hojuelas y gloria eterna.

Somos parte de Dios, sí, pues somos parte de su obra y sus destinatarios explícitos, pero somos parte de Él, para Él, en su conciencia, no en la nuestra. En la nuestra Él, simplemente, es todo.

Querer ser Dios es pretender el más radical de los imposibles pues Dios, por definición, ya existe y uno sólo es, y, lo peor es que, para intentar el logro de ese imposible, debemos forzosamente renunciar al verdadero posible que es ser hombres (tarea, por cierto, titánica y que sólo con amor puede ser llevada a cabo).

Pero, al pensar que cualquiera de nosotros puede ser Dios, entonces, estamos dispuestos a darle esa categoría a cualquier mequetrefe que pretenda ocupar el espacio de nuestro ego (del nuestro y del de todos los que se dejen).

Cuando Heidegger dijo a los alemanes que en Hitler estaba todo lo que ellos pudieran requerir y que, por lo tanto, en sentido estricto, ni sus estudios o esfuerzos intelectuales eran necesarios, este pretendido filósofo estaba proponiendo a Hitler como Dios.

Si los alemanes hubieran tenido claro que Dios sólo hay uno y que pretender que cualquier ser humano pueda serlo es absurdo, nulo, y contraproducente en grado sumo, entonces, con la misma fuerza con la que se hubieran negado a sí mismos esa ambición nefasta, se la hubieran negado a Hitler, o a Stalin, o a cualquiera de los que, en cantidad abundante, aspiran a la destrucción del mundo.

Gran cosa es, maravillosa, ese usufructo que nos es ofrecido. Gocémoslo a placer, que para esa regocijante misión hemos sido puestos en este mundo, y sepamos, que aún cuando en la conciencia de Dios formamos parte de Él, nunca seremos Él y esa no es una insoportable limitación, sino el más grande, cariñoso y amable de los dones que nos han sido otorgados junto con aquél del que todos los demás derivan, el de la vida.

Así pues, la deidad, por lógica elemental, nos es negada, pero la humanidad nos es plenamente ofrecida y, en nuestra plena humanidad seremos como dioses (pues sí hemos sido hechos a su imagen y semejanza en tanto que personas), como decían las escrituras y como Jesús mismo refirió cuando tuvo que defenderse de las acusaciones de blasfemia con las que los judíos lo obsequiaban.

Como dioses, no Dios, y como dioses porque todos los dones que nos han sido ofrecidos son mágicos. Usémoslos a carta cabal y recordemos que todo aquello que no nos sea dado alcanzar por nosotros mismos pero que sea indispensable al desarrollo de nuestra plena humanidad, Dios nos lo proveerá, pues no está para que carezcamos, a causa de nuestra limitada naturaleza, de nada de aquello que nos sea indispensable.

La plena certeza de que ninguno de nosotros puede, ni por asomo, ser Dios, nos hará fuertes y libres y ningún sátrapa, gurú o dictador mequetrefe podrá venir a encaramarse sobre nuestras voluntades, sobre nuestros egos y sobre nuestra libertad.

Por eso vino a esta tierra Jesús, para que siendo, a la vez, Dios y hombre verdadero, pudiera poner, como hombre y en el mundo de los hombres, todo lo que es indispensable a nuestra evolución pero que no está en nosotros poner.

Por eso se mencionaba a sí mismo, constantemente, como el Hijo del hombre. Al mencionarse así era su divinidad la que estaba afirmando pues si sólo hombre hubiera sido esa repetida autodefinición estaba de más.

A Heidegger, con todo y su calidad de ex-seminarista, los dedos se le hicieron huéspedes en materia teológica. Dios se le perdió, y como sin Él nadie puede concebirse, lo buscó en un hombre. Que a ninguno de nosotros le ocurra eso, que nos quede clara la existencia de Dios como alguien infinitamente distinto a nuestra propia naturaleza (aún cuando en su conciencia formemos parte de Él, repetimos) y de este modo nadie podrá hacer que nos andemos hincando ante cualquier monigote.

Lemäitre descubrió aún más de lo que pensó descubrir.

19 de julio 2011. Publicado en:
http://losbarbarosdelnorte.com/html/modules.php?name=Forums&file=viewtopic&t=2070

Cuando Lemäitre crea la hipótesis del Big Bang (aunque él no haya acuñado este término) no solo descubrió el punto y el momento originales del universo, sin tiempo y sin espacio (otros consideran que con todo el tiempo y el espacio concentrados en un solo punto), sino que descubrió, simultáneamente, una realidad esencial que sigue presente a lo largo de toda la evolución del universo y que, de hecho, constituye su naturaleza esencial e íntima.

Esto es lo que nos dice la microfísica al realizar la prueba material de la paradoja EPR en la que, agotadas todas las posibles alternativas lógicas, es necesario concluir que todo punto del espacio es contiguo con cualquier otro punto, sin mediar espacio alguno entre ellos y, por lo tanto, sin requerir de tiempo alguno para su conexión o contacto.

Ese punto original de Lemäitre sigue presente a lo largo de todo el desplegamiento del universo en la contigüidad perfecta de cualquier punto del universo con cualquier otro y reencuentra al postulado clásico de la magia que reza "todo ocurre aquí y ahora".

Aún cuando esa conclusión a la que llegó Lemäitre estaba contenida en las leyes einstenianas de la gravitación universal, (y aún Einstein había llegado a ella, sin atreverse a aceptarla), ningún mérito le resta a Lemäitre ni a su audacia intelectual, que hoy sabemos acertada y plenamente objetiva.

Felicidades Rarámuri por este artículo de Eduardo Riaza.

¿Demostrar la existencia de Dios?

19 de julio 2011. Publicado en:
http://losbarbarosdelnorte.com/html/modules.php?name=Forums&file=viewtopic&t=2069

Toda demostración científica es de carácter teoremático y cualquier teorema está basado en axiomas, aquellas verdades que se consideran evidentes por sí mismas. Por lo tanto, todo el que se precie de científico está refiriéndose a verdades que no requieren demostración alguna y que sustentan, junto con la lógica formal-matemática (de naturaleza igualmente axiomática), todo el edificio de las demostraciones científicas.

Estos axiomas están lejos de ser algo semejante al nombre que le pudiéramos poner a nuestra ignorancia, pues el primero y más magnífico de estos cuerpos axiomáticos, el de Euclides, se topó con la imposibilidad der darle base axiomática a su postulado de paralelismo, el famoso quinto postulado, y esta dificultad, demostró un carácter revelador pues, con el paso de los siglos, la solución de este obstáculo con el que se topó Euclides, dio lugar a las geometrías curvas, base matemática (entre otras muchas elaboraciones) de la teoría general de la relatividad. Este asunto del quinto postulado demuestra que todo este edificio axiomático tiene plena objetividad puesto que la solución del problema inherente a su demostración determinó toda una nueva gama de teorías portadoras de cascadas de nueva objetividad. Con el paso de los años y el avance de la ciencia, hemos descubierto que este edificio axiomático es, precisamente, el creador de la objetividad.

David Hilbert estimó que se podían encontrar verdades axiomáticas todavía más elementales y evidentes por sí mismas que las de

Euclides y, aunque se topó con los teoremas de incompletitud de Gödel (que se refieren al concepto de los números naturales), su esfuerzo fue tan útil que de él Hilbert derivó su geometría de infinitas dimensiones vectoriales, base teórica que Von Neuman usó para matematizar la microfísica y que está muy lejos de haber agotado su capacidad de dar frutos.

¿Pide alguien que se demuestre un axioma?, No, y, sin embargo los axiomas son la objetividad básica con la que toda demostración científica trabaja.

Debemos ser conscientes, pues, de que toda demostración científica está basada en verdades que, por evidentes, son indemostrables, puesto que demostrado quiere decir derivado, no esencial. De hecho, el vínculo de lo demostrado (o mostrado) con la base axiomática en la que la demostración se apoyó, es el de constituirse en la descripción de esa objetividad constitutiva de cada axioma.

¿Qué pasaría si se cuestionaran los axiomas?, me refiero a que se dijera que, para nada, nos parecen evidentes. Pasaría que, no teniendo estas verdades evidentes sustitutas, nos quedaríamos sin materia de demostración ni ciencia alguna.

Es evidente por sí mismo que este universo no ha podido ser creado espontáneamente y de la nada.

Es evidente por sí mismo que toda la ciencia junta no nos responde a ningún porqué y sólo a precarios y cuestionables cómos.

Es evidente por sí mismo que la simple formulación de los porqués en nuestro espíritu y en nuestra mente demuestra la razón plenamente objetiva de estos porqués. Legítimas preguntas que solo la existencia de Dios nos responde, hecho, también evidente por sí mismo.

Es evidente por sí mismo que el todo es, por definición, absoluto y perfecto, aunque no lo sea ninguna de las partes.

Es evidente por sí mismo que solo Dios puede ser el todo.

Es evidente por sí mismo (como decía San Anselmo) que la existencia es condición necesaria a la perfección de Dios, luego Dios existe.

Es evidente por sí mismo que Dios es personal pues, de lo contrario, ¿de dónde saldríamos nosotros como seres personales?

Es evidente por sí mismo que es de todo esto de lo que nos habla la microfísica cuando determina que es el observador el que genera la objetividad, la realidad, de lo observado y, siendo esto así, ¿quién observa el conjunto de este universo desde el principio de los tiempos sino Dios?

Es evidente por sí mismo que las cosas son solamente la apariencia del espíritu.

Es evidente por sí mismo que somos espíritu y no cosa.

Es evidente por sí mismo el carácter eterno de nuestro espíritu, pues, de no ser así, ¿qué temor le tendríamos a la muerte? Le tememos a la muerte sólo en la medida en que conocemos nuestro carácter eterno y nos aterrorizamos ante un hecho que parece contradecir frontalmente esta esencia eterna nuestra.

Son infinitas las evidencias insoslayables de nuestra naturaleza de seres espirituales e hijos de Dios.

¿Podemos ignorar estas evidencias?, sí, como también podríamos ignorar los axiomas que sustentan todo teorema y, conste, que la existencia de Dios es infinitamente más evidente que cualquiera de los axiomas en los que la ciencia se sostiene pues en la evidencia de Dios está involucrado nuestro espíritu, nuestra alma, nuestra mente, nuestro cuerpo, todo nuestro ser, no tenemos, sino que somos, esa evidencia.

De nuevo, citando a Einstein, decía él, que el que no se emociona ante una demostración deductivo-geométrica está perdido para la ciencia. Del mismo modo, parafraseándolo, diremos que el que no se emociona ante la evidente y palmaria presencia de Dios en todos los instantes y puntos del universo, de nuestro ser y de nuestras vidas, está perdido para la emoción inconmensurable de la fe. Pero, de hecho, nadie está perdido para este menester pues, también es evidente por sí mismo, que Dios está presente en cada uno de nosotros, sin excepción, y que, aún cuando nosotros no creamos en Él (o creamos no creer), Él siempre cree en cada uno de nosotros.

Jesús clave de nuestro ser y Santa Sábana.

1 de agosto 2011. Publicado en:
http://losbarbarosdelnorte.com/html/modules.php?name=Forums&file=viewtopic&t=2078

La Santa Sábana es un objeto por completo extraordinario.

La imagen que en ella aparece es, definitivamente, la imagen real de alguien que pasó por todas las vicisitudes por las que se nos ha dicho que pasó Jesús.

Por su extrema superficialidad, estabilidad térmica, ausencia de pigmentos, tridimensionalidad, carácter de negativo, no direccionalidad, estabilidad química, estabilidad al agua, y fantástica pormenorización, se trata inexorablemente de una radiación. Una radiación que surgió del propio cuerpo pues la imagen carece de las sombras de cualquier fotografía que usa luz exterior.

No es casualidad que la única fabricación artificial de unos trazos con textura similar haya sido hecha con laser de luz ultravioleta. De luz se trata sin duda, pero para lograr esa imagen, y esa pormenorización, se requerirían unos 23 mil de esos láseres.

Esta radiación (casi instantánea, de acuerdo a la levísima penetración en las fibras), no solamente reflejó la imagen exterior, sino también partes del hueso sacro, vértebras, falanges, raíces de 24 dientes, partes escondidas del cuerpo y algunos órganos.

El cuerpo, en el momento de la radiación, flotaba y estaba en posición horizontal.

Por la rigidez cadavérica sabemos que la radiación ocurrió, aproximadamente, 6 horas después del fallecimiento.

Las circunstancias que concurren en la identificación del cuerpo que radió, Jesús, y en su veracidad, son tan apabullantes que, como dijo Yves Delage (agnóstico francés que estudió en el año de 1902 la primera fotografía de Secondo Pía), de no tratarse de Jesús, nadie habría puesto la más mínima objeción a la identificación de la imagen.

Cada uno de los más de 3 mil estudios realizados por el grupo de científicos denominado STURP (equipo de investigación del lienzo de Turín, por sus siglas en inglés) y muchos otros más, da una altísima probabilidad matemática de que sea Jesús el reflejado en la imagen, pero todas las pruebas, circunstancias, y elementos, juntos, dan una tan exhaustiva probabilidad que, no solamente faltarían individuos en toda la historia de la humanidad para tener una sola posibilidad en contra, sino que aún faltarían átomos en el universo para que uno solo de ellos representara esa única posibilidad de error en la identificación.

¿Se imaginan, nada más, el valor estadístico del hecho de que la imagen con la que se presenta a Jesús en las pinturas, cuando reaparece el lienzo en Edesa, tenga más de 120 coincidencias con la imagen del lienzo? A partir de 12 coincidencias se considera ya que estamos ante una identificación positiva. ¿Se imaginan la habilidad inimaginable que un falsario necesitaría para que un cuerpo real irradiara con esas 120 coincidencias? y ¿cómo lo haría irradiar?

La tela tiene esporas de plantas que corresponden a la historia exacta de este objeto por Tierra Santa, Turquía, Constantinopla y los diferentes lugares de Europa en los que ha permanecido. ¿Se imaginan a un falsario medieval teniendo esto en cuenta y logrando incluir todas esas esporas, mismas que eran desconocidas en su época y de imposible detección?, pero, además, entre ellas, están incluidas las de varias plantas endémicas de Tierra Santa y desaparecidas desde el siglo I.

La suma de todas las infinitas circunstancias concurridas y las muy numerosas pruebas ya realizadas sería inacabable hasta en su lectura. Hay que añadir que hay otro objeto extraordinario, el trapo de Oviedo (que fue colocado tapando la cabeza de Jesús desde la cruz y tras su muerte), que no fue radiado, pero que sí estuvo en contacto con Jesús y que tiene manchas de sangre correspondiendo con las de la cabeza de la Santa Sábana con certeza completa, que está comprobadamente en Oviedo desde el siglo VII, y que es de sangre AB como la de la Santa Sindone.

El modo de ejecución, las marcas del flagrum en los azotes, la pérdida de sangre, la posición y dimensiones de la lanza con la que fue abierto su costado y su corazón, la asfixia detectable en su sangre, las manchas de la sangre vital, las de la sangre de difunto, la posición de los clavos en su cuerpo, los mechones arrancados de su barba y de los que habla Isaías, sus caídas, la laceración de su espalda por el madero, su casco de espinas, el golpe en la cara, los restos del embalsamamiento, los restos de aragonita travertina en el lugar de las caídas, y una inacabable cantidad de circunstancias y hechos más, nos dan una aplastante cantidad de pruebas de qué cuerpo fue el que irradió esa imagen en unas circunstancias tan absolutamente extraordinarias como las de la resurrección misma.

En esta, ya apabullante, cantidad de muchos miles de pruebas e investigaciones realizadas, que nos ubican perfectamente a la imagen en el tiempo y espacio en el que la impresión ocurrió, resultó una sola discordancia, UNA SOLA, el carbono 14.

Sabemos que son múltiples las posibilidades de alteración en las pruebas del carbono 14 en ese lienzo: el incendió que fundió la plata de las guarniciones y que pudo alterar el contenido de carbono, la contaminación bacteriana por los siglos de exposición ambiental, la propia irradiación con la que fue impresa la imagen, pero, estas, y otras, posibilidades de error se referirían eventualmente al interior de la tela porque en lo que se refiere a la parte que fue extraída, la causa de la discordancia la conocemos hoy perfectamente. Ese pedazo de la tela no era original y formaba parte de los pedazos con los que las monjas clarisas la remendaron después del incendio de Chambery.

Ese pedazo de tela usado para los estudios del carbono 14 tiene tintes de raíz madder, fijador de óxidos de aluminio y abundante anilina, elementos medievales todos de los que carece el resto de la tela y, además, se ha detectado la costura con la que fue unido al resto.

Se alega que ninguna costura sería indetectable al ojo simple por ambos lados. Falso, soy de una región productora de tejidos de lana de calidad y cualquier roto o agujero en la tela es reparado por hábiles zurcidoras que, por razones mercantiles evidentes, deben repararla sin que el comprador pueda, ni siquiera sospechar, ni en la compra de la tela ni en su uso posterior, que contuvo un roto o agujero. La prueba del carbono 14 fue correcta y decidió que esa tela era medieval porque, efectivamente, el pedazo analizado lo era.

Fue absolutamente ofensivo para la reflexión y para el método científico decretar que la tela era falsa por una sola discordancia cuando había miles y miles de sistemáticas pruebas en sentido contrario.

De por sí, aunque nada nos hubiera sido dicho, deberíamos estar en estado de pasmo ante ese objeto. Pero habiéndonos sido dicho todo lo que nos ha sido dicho y existiendo esa tela, nuestras reflexiones se imponen y en ellas está, sin duda, la clave de nuestra propia naturaleza y condición humanas.

¿Por qué insistir en este hecho?, porque de él derivará todo, completamente todo, lo que necesitamos saber, que no estamos en condiciones de saber por nosotros mismos y que, por lo tanto, y en beneficio nuestro, nos ha sido dicho y que no podemos ignorar ni olvidar.

Nuestra humana realidad es mucho más trascendente y trágica de lo que estamos acostumbrados a admitir o manejar y no es, en modo alguno, banal.

Todas las culturas anteriores al cristianismo habían conocido el sacrificio humano y la antropofagia ritual.

Su sentimiento era simple. La naturaleza espiritual de su ser, que ellos percibían claramente y que nosotros hemos casi completamente olvidado, les decía que era el espíritu el que sostenía toda la realidad material y el universo mismo y ese sacrificio humano estaba destinado a realimentar un espíritu que, a su vez, seguía nutriendo y realimentando esta realidad material.

Por otro lado, nuestro libre albedrío es algo de una inmensa trascendencia, de una esencialidad sobrecogedora, y es lo que determina la posibilidad de nuestro ser nosotros mismos. Devenimos y somos nosotros mismos nada más por esa posibilidad de optar por el bien y el mal, hechos que en modo alguno son tibios y mediatizados sino radicalmente trascendentes, decisivos y definitorios, constituyentes de nuestro ser, cada vez que optamos por el bien (o de nuestra imposibilidad de ser, aún dentro del ser que nos ha sido acordado, cada vez que optamos por el mal).

La presencia de Jesús entre nosotros cambió esencial y radicalmente todo. Desde Él quedó claro que es por la fe por la que todo será obtenido, que es por la fe por la que devolveremos al espíritu todo lo que es del espíritu y que sólo a él le pertenece.

Con Él todo sacrificio dejó de ser necesario y la comunión con Él, en la fe, constituye la única antropofagia ritual necesaria.

Su sacrificio sustituyó a los de todos nosotros y los hizo innecesarios.

Los estudios forenses realizados a la Santa Sábana nos hablan de un sufrimiento inaudito del hombre cuya imagen observamos. Su paso por esta tierra, su sacrificio y su sufrimiento por nosotros, no fue una metáfora, así como nuestra vida y nuestra realidad tampoco lo son.
La trascendencia de su verdad nos revela la trascendencia de la nuestra.

Cuando los ateos preguntan, con ánimo polémico, dónde está Dios, cada vez que el ser humano está sufriendo, esta tela nos responde, está con nosotros, sufriendo con nosotros, y sufre doblemente, no solamente por el sufrimiento que está ocurriendo, sino, asimismo, por la maldad que casi siempre está detrás de cada uno de esos sufrimientos, o acompañándolos, pero se abstiene de intervenir, porque cualquier intervención suya cercanaría nuestro libre albedrío y sería uno de esos remedios peores que la enfermedad.

Ese es el objeto más digno de nuestros desvelos y estudios científicos porque es uno que Dios ha preservado para nosotros y que nos revela todo aquello que debe sernos revelado para acercarnos al conocimiento de aquellos cómos, y aún de aquellos porqués, a los que la ciencia, fuera del estudio de este objeto, no está en condiciones de acercarnos.

Todos aquellos que, aún siendo personas de fe, piensan y declaran que este objeto no es indispensable a la fe se equivocan, porque él es el único que da coherencia y veracidad a todos los conocimientos humanos de distinta índole y que reúne en un solo conocimiento toda la historia, todos los evangelios, y todas las profecías.

Los evangelios son tan completamente coherentes con las profecías que no cabe duda alguna de que están hablando de la misma persona pero, también es cierto, que las informaciones históricas que tenemos de Jesús, fuera de los evangelios, son tan escasas, que perfectamente podríamos argumentar que los evangelios fueron escritos de modo a corresponder a las profecías y todo el efecto demostrativo del conjunto de esos textos, profecías y evangelios, se vería severamente cuestionada con esta simple hipótesis, pero, la Santa Sábana nos obliga exigentemente a considerar la verdad de todos ellos y los alcances de todo lo dicho.

La Santa Sábana es el núcleo de toda reflexión de fe, es el espejo de Jesús y el nuestro, otorga las más grandes virtudes y justificaciones a nuestra capacidad de reflexión científica, confluyendo en una sola y autentica revelación: la de nuestra naturaleza espiritual y trascendente.

R2P conciencia de la humanidad que se manifiesta.

21 de agosto 2011. Publicado en:
http://losbarbarosdelnorte.com/html/modules.php?name=Forums&file=viewtopic&t=2093

En el 2001 Canadá promovió una iniciativa en las Naciones Unidas para que éstas apoyaran, promovieran, y aún impusieran, a los estados, la obligación de proteger a sus respectivas ciudadanías de masacres, violaciones masivas a los derechos humanos y grandes desastres.

La iniciativa, de hecho, concedía a las Naciones Unidas la posibilidad y la obligación, de intervenir por encima de la soberanía nacional de cada país, pues aún cuando no se explicitaba en la iniciativa, es frente a esos mismos estados que se impone la obligación de esa defensa y protección, siendo ellos los primeros y más grandes violadores de los derechos de sus propias poblaciones.

En el 2005, dentro de un intento fallido de reforma de las Naciones Unidas, como premio de consolación, la Asamblea General, dentro del Consejo de los Derechos Humanos de la institución, creó el ICISS o "Comisión Internacional sobre la intervención y soberanía estatal", para que fuera incorporado lo legítimo dentro de lo legal a escala internacional.

El principio con el que actúa esta Comisión fue conocido como el R2P o "Responsability to Protect".

La norma en la que se ampara esta Comisión es el primero y más importante instrumento hasta hoy día de la indispensable soberanía mundial. Esta norma está redactada de manera no contundente pero se estipula en ella que a la Comisión se le otorga el derecho y el deber de injerencia dentro de esas soberanías mundiales, más allá de la voluntad de cada uno de sus estados, resguardando la igualdad de las diferentes soberanías ante ese derecho de injerencia, el no doble estándar frente a las eventuales intervenciones y el respeto al derecho de veto del Consejo de Seguridad de la ONU.

Esta R2P es la conciencia de la humanidad que pugna por hacerse presente frente a esos estados que, amparados en sus sacrosantas soberanías nacionales, tienen el poder omnímodo y siniestro de destruir masivamente a sus pueblos en la más total impunidad.

Recordemos nada más ese millón de ruandeses que fue masacrado al machete en un solo mes con la complicidad y decisiva participación de su estado, o esos trescientos mil iraquíes que Sadam Hussein eliminó tras la primera guerra del golfo para retomar el control del país, o esas matanzas de musulmanes en Sarajevo y en Kosovo, en el corazón de Europa, y que habrían proseguido hasta la total eliminación de la población afectada sin la intervención de la OTAN, o esos 30 mil ciudadanos sirios que el dictador de turno eliminó, en una sola semana y en una sola ciudad, para afirmar su imperio, o esos 10 mil libios que Gadafi eliminó, también en una sola semana y en una sola ciudad, para gobernar cómodamente, o ese 50% de los habitantes de Camboya que el Kemer Rojo masacró para imponer su "pureza" agrarista, o esos cuatro millones de habitantes de Corea del Norte que murieron de hambre hace una década porque ese estado impide toda productividad con su comunismo de guerra y porque guardó para el aparato represor toda la ayuda internacional, más esos 300 mil niños que fueron sacrificados cada uno de los años de la hambruna, en las guarderías del país, para controlar una población, según ellos sobrante, de acuerdo a su nula capacidad de generar satisfactores, o esos millones de africanos que mueren de hambre en cada una de las hambrunas recurrentes que cada sequía provoca en el continente, o la infinidad de desgracias masivas, masacres, violaciones de los derechos humanos con carácter de hecatombe a las que permanente asistimos sin que la humanidad reaccione.

Escándalo insoportable teniendo en cuenta que existen los medios materiales, y de todo tipo, para impedir semejantes desgracias.

¿Con qué cara le pedimos a Dios que nos ayude en lo que no está a nuestro alcance si en lo que sí está no hacemos nada?

Esta bendita iniciativa canadiense ha manifestado, por primera vez, la necesidad imperiosa de pasar de la era de las soberanías nacionales a la era de la soberanía mundial.

Y, hablando de catástrofes, hoy asistimos a una crisis económica generalizada que amenaza con empeorar y que tendrá lesivas y profundas consecuencias en la capacidad de la humanidad de enfrentar sus problemas, sean provocados por mano humana o por la naturaleza.

GENERAR UN EMBRIÓN EMISOR MUNDIAL Y UN EMBRIÓN DE MONEDA MUNDIAL ES EL CAMINO PARA ESTABLECER FIRMEMENTE LAS BASES DE ESA SOBERANÍA MUNDIAL, PUES ESTE INSTRUMENTO GENERARÍA, SIMULTÁNEAMENTE, LOS FONDOS ECONÓMICOS PARA ESA ACCIÓN PROTECTORA, LOS MERCADOS NECESARIOS A UNA EXPANSIÓN SOSTENIBLE DE LA ECONOMÍA DE MERCADO LIBRE Y LOS MEDIOS POLÍTICOS PARA DISCIPLINAR A LOS ESTADOS NACIONALES POR EL MÉTODO SIMPLE DE QUE EL QUE PAGA MANDA.

¿PODREMOS INSISTIR EN ESTE PUNTO CRUCIAL AUNQUE NO PODAMOS USAR MÁS ARGUMENTO DE AUTORIDAD QUE EL DE NUESTRA PROPIA REFLEXIÓN? ESPERAMOS QUE SÍ.

Fe, alegría, Madrid e ¿indignados?

29 de agosto 2011. Publicado en:
http://losbarbarosdelnorte.com/html/modules.php?name=Forums&file=viewtopic&t=2094

En Madrid, del 16 al 21 de este mes de Agosto, se ha celebrado la reunión mundial de la juventud católica, o JMJ, que se celebra cada tres años.

Es un evento que inició Juan Pablo II en el año de 1985, inspirado en las reuniones mundiales del Komsomol, o juventudes comunistas, que él conocía bien.

Desde el primer día había en Madrid medio millón de jóvenes y el día 20, Benedicto XVI celebró una misa en el aeropuerto de Cuatro Vientos a la que asistieron dos millones de jóvenes y se quedaron doscientos mil sin poder entrar.

Durante todos estos días estos jóvenes han estado desplegando por Madrid su bonhomía y su alegría, de tal modo que habló con verdad Benedicto XVI cuando, al despedirlos, les dijo, "habéis dado a la JMJ el rostro de la amabilidad, la simpatía y la entrega".

Pero, hubo jóvenes "indignados" que se enfurecieron con el evento y decidieron dar la cara ríspida, ácida y despechada.

Se juntaron los gays, los "indignados", los okupas y los ateos para hacer una contramanifestación por los mismos lugares en que iba a transcurrir un vía crucis, en una actitud abiertamente provocadora, y juntaron cinco mil participantes. Al día siguiente la repitieron y esta vez juntaron tres mil.

Si querían exhibirse como absurdos, mezquinos y prejuiciosos lo lograron ampliamente y mostraron sus vergüenzas y su rala escasez.

Reclamaban el costo de la JMJ, para el estado español, en materia de seguridad, siendo que sus plantones no fueron gratuitos en esa materia y dejaron a todos los comerciantes del centro de Madrid sin poder vender durante meses. ¿Se imaginan el valor de promoción gratuita que significa tener en la capital del país a más de dos millones de jóvenes de 93 países durante una semana?

Pero, ¿qué es lo que enoja tanto a los "enojados" en este asunto?

En sus reuniones, pláticas, ceremonias y ritos, en la JMJ, se ha hablado del valor de la entrega, ¿es esto un crimen?

Se ha dicho que la esencia del matrimonio es indisoluble (aunque aceptemos civil y cívicamente su libre disolución) y que el matrimonio entre un hombre y una mujer es el verdadero y natural. ¿Es tan ofensivo que esto sea dicho?

Se ha hablado de la fe en Dios como origen esencial y firme de toda ética. ¿Es acaso falso?

Se ha defendido el derecho a la vida desde la concepción hasta la muerte natural. ¿Es acaso un delito defender ese principio tan simple y esencial?

¿Qué ha ocurrido?, ¿cómo hemos llegado a estos extremos donde la negación de la fe, la negación de Dios, la relativización del valor de la vida y el hedonismo son considerados como la única fuente de "auténtica" civilización y progreso?, ¿cómo es posible que no se perciba que estos jóvenes serenos y alegres tienen algo que los "indignados" han perdido, para su desgracia y la nuestra?

En primer lugar ocurrió, que la Iglesia Católica, en la edad media, llegó a tener un poder omnímodo y opresor para el desarrollo del pensamiento libre, pues, aún cuando sus conventos y universidades participaron activamente en el surgimiento y debate de ese pensamiento libre característico del pre renacimiento y del renacimiento, la autoridad papal que temía ser cuestionada en su poder espiritual y terrenal, cerró filas e impuso una visión del cristianismo enemiga de la reflexión y del debate libre, ocurrió, que esta Institución se creyó en el derecho y la obligación de imponer su fe y sus criterios a toda la sociedad, olvidando que, no importando cuál sea la bondad del objetivo, el respeto al libre pensamiento, al libre albedrío, es condición indispensable y necesaria a la verdadera fe y que el no respeto a esa libertad íntima y esencial es el peor de los atentados a la misma fe que se pretende defender.

Ocurrió, que la humanidad entera, con Europa a la cabeza, tuvo que liberarse de esa tutela insoportable para poder crecer y desarrollar sus potencialidades, sus valores, esos mismos que están en la esencia de nuestra relación con Dios y esos mismos que constituyen hoy nuestra moderna conciencia, la de los derechos humanos universales.

La Iglesia Católica falló ese tiro. Todo el desarrollo y afirmación de esas libertades tuvo que hacerse contra ella y tuvimos que esperar a la segunda mitad del siglo XX para que el primer papa, Juan XXIII, tomara nota de esa terrible y contradictoria situación y de la necesidad de una puesta al día.

Poco antes de su muerte, durante el concilio Vaticano II, ante los obispos de todo el mundo, Juan Pablo II declaró: "Hay que admitir que la libertad religiosa debe su origen, no a las iglesias, no a los teólogos, y ni siquiera al derecho natural cristiano, sino al estado moderno, a los juristas y al derecho natural mundano, en una palabra, al mundo laico".

Para los que pudieran pensar que Juan XXIII se pasó de rosca, podemos aportar las declaraciones del entonces joven Ratzinger (hoy Benedicto XVI) hechas seis años después que las de Juan XXIII: "El estrangulamiento de lo cristiano tuvo su expresión en el siglo XIX y principios del XX en los Syllabi de Pío IX y Pío X. Con ellos condenaba la Iglesia la cultura y ciencia modernas, cerrándoles la puerta. Así se quitó a sí misma la posibilidad de vivir lo cristiano como actual por estar apegada al pasado". Ratzinger siguió diciendo que la Iglesia había tomado a la Edad Media como el único modelo posible de sociedad cristiana, y, a continuación, el hoy Benedicto XVI, hizo un llamado a cultivar la teología desde la totalidad de las fuentes.

Desde el renacimiento hasta hoy la Iglesia Católica ha fallado todas las entradas porque, constituida en una institución de poder, se creyó en la obligación de combatir la libertad en nombre de la fe, siendo que la libertad es, repetimos, la esencia de la fe y de nuestra relación con Dios.

Pero este es solo un capítulo (el preámbulo) de nuestro asunto, porque, también ocurrió, que esta humanidad, al emanciparse de una opresión que se ejercía en nombre de la fe, tiró el niño con el agua sucia de la bañera y renegó de Dios y de la fe y concibió el descreimiento y el ateísmo como única manera de seguir su camino independiente, y, al hacer esto, se causó a sí misma el peor de los daños y se impuso tragedias sin cuento que para nada eran necesarias y menos inevitables.

Los siglos han pasado, y a estas alturas del partido, cada palo tiene que aguantar su vela y estamos en condiciones de afirmar que esta renuncia de la fe, esta negación de Dios y ese desprecio de la persona de Jesús están en el origen de todas las filosofías que han causado nuestras desgracias en estos siglos de emancipación del poder de la Iglesia.

Sin el ateísmo y el odio a Jesús de Nietzsche no se concibe el nazismo y sin el ateísmo radical de Marx, Engels, Lenin y Stalin no se conciben las inmensas e inacabables hecatombes y desgracias del comunismo.

Con la diferencia, muy importante, de que acabamos de aportar textos de severa autocrítica de una Iglesia que ha comprendido su error (aunque haya sido obligada a ello por el desarrollo de los acontecimientos) mientras que, en el bando opuesto, nadie ha querido llevar la autocrítica hasta estos extremos y estamos esperando todavía que alguien pida perdón a la humanidad por esas inacabables maldades, como Juan Pablo II lo pidió (por dos veces) en el sonado caso de Galileo.

No importando cuántos sean los escándalos en los que puedan incurrir los defensores de la fe, si alguien la pierde por esa causa, él es el perdedor, no los escandalosos, Y ESA PÉRDIDA DE LA FE ES, A LA POSTRE, COMO LA HISTORIA NOS LO HA DEMOSTRADO, EL MAYOR DE LOS ESCÁNDALOS.

Estos muchachitos descerebrados del Madrid "indignado" han puesto en evidencia esta situación, a la vez, luminosa y triste. Quienes guardaron su fe siguen su sereno y alegre camino, no importando cuales sean los avatares de la vida, quienes la perdieron, naufragaron en una rabieta destructiva y sin sentido.

Benditos todos aquellos acontecimientos de la historia que descabalgaron a la Iglesia de ese poder malsano (que sólo con malas artes consiguió y sólo para mal logró) y le pedimos a Dios que esa Institución sea definitivamente despojada de todos los oropeles y mieles del poder que todavía conserva.

Puesto que Benedicto XVI afirmó la necesidad de abrevar en todas las fuentes para la reflexión teológica, queremos comunicarle que, si aplica sus dotes de historiador a investigar la vida de Jesús, cotejándola con evangelios y profecías, descubrirá que no murió célibe y que tuvo descendencia y que ese celibato obligatorio para el sacerdocio es de mala ley y ahí podrá encontrar una de las causas de la desafección de sus seminarios y de los escándalos de pederastia entre sus sacerdotes y que, si tiene en cuenta los alcances de María Magdalena (aún dentro de la más estricta ortodoxia católica) verá que la negación del sacerdocio a las mujeres es, igualmente, de muy mala ley.

Ciertamente, la reflexión teológica debe recurrir a todas las fuentes y, si así lo hacemos, podremos recuperar esa fe que nos es indispensable para asumir y resolver, humana y solidariamente, los retos de nuestra vida actual.

Sabemos, por definición, que ninguno de esos retos permanecerá insuperable, pues los que estén a nuestro alcance está en nosotros superarlos y en cuanto a los que no, Dios se encargará de ellos, porque Él no nos ha mandado a fracasar sino a ser plenamente nosotros mismos.

Si así lo hacemos, hasta la ciencia podrá florecer, porque tampoco debemos considerar al materialismo como la única hipótesis objetiva y científica sino que lo consideraremos como lo que es, una mera hipótesis de trabajo, que, por cierto, ha agotado ya su capacidad de dar frutos y que ha sido también parte decisiva en ese grave error que hemos cometido de pagar el innecesario sacrificio de nuestra fe para nuestra legítima e indispensable emancipación.

Necesitábamos, sí, emanciparnos de los hombres, de las instituciones, no de Dios, y nuestra fe en Él redunda en beneficio propio y en el de nadie más.

Rusia, predadores contra humanos.

2 de septiembre 2011. Publicado en:
http://losbarbarosdelnorte.com/html/modules.php?name=Forums&file=viewtopic&t=2101

En una nota anterior (que habíamos titulado "Predadores y subhumanos") relatábamos la barbarie extrema en la que vive la población rusa en las manos de la mafia putinesca.

Veíamos cómo, a lo largo y ancho de Rusia, la nueva aristocracia rusa, los miembros del ex KGB al que Putin perteneció, se dedican sin contención alguna a expropiar a la población en su propio beneficio en un mecanismo en el que primero mandan a porros asesinos a aterrorizar a las personas, simplemente, para que éstas les escrituren sus propiedades y cómo, en caso de no ejecutarse, toda la familia es asesinada y sus propiedades destruidas.

Ésta no es, para nada, una situación accidental o puntual sino que constituye un abuso generalizado a lo largo y ancho de Rusia que pretende asentar una relación entre predadores y subhumanos. Predadores, la aristocracia ex-KGB y subhumanos todos los demás. Esta maldad desaforada e inmisericorde es el subproducto de aquella ideología siniestra que le negaba al individuo su calidad de persona y que, junto con sus libertades personales, le negaba el derecho a la propiedad privada, su extensión natural e indispensable.

Estos gorilas asesinos y predadores que gobiernan Rusia, ya dentro de la economía de mercado, siguen practicando la filosofía expropiadora del marxismo pero en su único y personal beneficio. Así como sólo sus egos tienen carta de naturaleza, también sólo sus propiedades privadas tienen derecho a existir.

Decíamos en aquella nota que sólo en Moscú y Leningrado había alguna presencia de la opinión pública, a través de la prensa y que, por lo tanto, sólo ahí podía presentárseles alguna contención.

Pues bien, en estos días ha explotado un asunto que los ha puesto, a estos predadores, en la picota de la opinión pública.

Una empresa de origen estadounidense pero ampliamente rusificada, Capital Hermitage, empezó a ser saqueada por las altas esferas militares y políticas rusas, con devoluciones indebidas de IVA de hasta 260 millones de dólares de una sola vez y por otros muchos medios, incluido el expediente simple de que cualquiera de esos predadores se adjudicara cuanta propiedad de la empresa quisiera en el registro público.

Destruyeron archivos, antecedentes en el registro público, e hicieron lo que quisieron durante años, dándose la gran vida y "pasando luz" a las más altas esferas, es decir, hasta Putin, haciendo que todos los jerarcas supieran "en qué libro estaban leyendo" (según nuestra terminología mexicana para estos menesteres que tan bien conocemos) y dándose la gran vida con esa "plata dulce" (esta vez según la terminología argentina, que tampoco ellos cantan mal estas rancheras).

Pero, un humilde abogado de la empresa, Serguey Magnitski, rehízo heroicamente toda la documentación destruida y presentó una denuncia de los hechos. Mandaron a interrogarlo a los mismos a los que había denunciado y fue él el encarcelado. Tras once meses de prisión preventiva, malos tratos, y palizas, contrajo una enfermedad muy grave en el hígado. Jamás tuvo derecho a tratamiento médico alguno. Juntó sus energías para hacer una segunda denuncia, todavía más documentada, como respuesta sufrió un traslado a una prisión peor y en la que no había posibilidad de recibir tratamiento médico alguno, más una última paliza, de la cual murió.

Hasta ahí nada de esto le importó a Putin, ni a Medvedev, ni a ninguno de los predadores amparados del poder ruso, pero la cosa se agravó para ellos en el momento en que la prensa y la opinión pública se ampararon del asunto y resultó un escándalo mayúsculo que los tiene en un sobresalto.

EEUU se amparó también del asunto y se está impulsando en el Congreso americano la Magnitski Act, que pondría a tres mil jerarcas rusos en una lista de indeseables para visitar los EEUU, lista que tendría muchas posibilidades de ser adoptada por Europa entera y que alcanzaría a gente muy cercana a Putin y compañía.

Barack Obama está intentando impedir la Magnitski Act, para no complicar sus relaciones con Rusia en los tratados de reducción nuclear, o en Irán, o en Siria, o Libia, o en cualquier otro lado. Nosotros estamos de acuerdo con los críticos de Obama en este asunto, los cuales, le hacen notar que la Rusia de Putin, Medvedev, y compañía nunca será un socio fiable para ninguna democracia.

Ojalá que esta chispa incendie la pradera rusa, como la del tunecino que se inmoló e incendió la de todos los países árabes. Cada uno de estos indeseables poderes, cada uno de estos estados en manos de predadores que pretenden reducir a todas sus poblaciones a la categoría de subhumanos, debe desaparecer si la humanidad tiene que seguir su camino de progreso espiritual, intelectual y material. Ojalá los acontecimientos a los que estamos asistiendo en los países árabes no constituyan solamente la primavera del mundo musulmán, sino la primavera del mundo.

Ojalá que los espíritus se liberen de tanta basura ideológica con la que nos han atenazado y con la que han esclavizado nuestro espíritu y ojalá que ésta sea, también, la primavera mexicana.

El escándalo de la física actual (de ambas).

26 de septiembre 2011. Publicado en:
http://losbarbarosdelnorte.com/html/modules.php?name=Forums&file=viewtopic&t=2114

En estos días han causado gran revuelo unas mediciones efectuadas en el CERN de Ginebra sobre la velocidad de los neutrinos y en las que creen haber hallado que estas partículas se mueven una mil millonésima de veces más rápidas que la luz.

Por de pronto, toda la comunidad científica toma con gran precaución la noticia que está en frontal contradicción, no solamente con la relatividad general, probada infinidad de veces y constantemente utilizada, sino también con la medición de los neutrinos realizada a partir de la aparición de novas donde podemos saber en qué momento partieron éstos de la estrella.

Pues bien, el escándalo radica en el hecho de que esta medición se publica y automáticamente causa gran revuelo, siendo que, desde el año de 2001, en la misma Ginebra, se produjo otra medición (ésta sí ya constatada, repetida y homologada) donde aparecieron hechos mucho más drásticos en lo cuantitativo, e ídem en lo cualitativo, sin que nadie haya decidido inmutarse ni tomar cartas en el asunto.

Me refiero a la medición realizada por Gisin, Suárez y otros en la que, al repetir la experiencia de Aspect en relación a las partículas intricadas, pero esta vez realizada esta medición en sistemas experimentales en movimiento, se pudo determinar que, tal como previó la física cuántica desde el principio, cuando tenemos dos partículas intricadas y que una de ellas es perturbada, la otra responde a esta perturbación del mismo modo en que lo haría si fueran contiguas, y esto ocurre no importando a qué distancia puedan ellas estar, y lo hacen de manera instantánea, sin consideración alguna de tiempo ni de espacio, en total simultaneidad.

La virtud definitiva de este experimento, después de la constatación anterior de la violación de las inecuaciones de Bell (lo cual decidía ya que la teoría cuántica sí era completa y que no existen las variables ocultas), es que, en este caso, se elimina también la última objeción sobre la posibilidad de algún tipo de comunicación entre las partículas puesto que, al haberse realizado el experimento con sistemas en movimiento, cada una de las partículas, en su propio tiempo, resulta llegar después de la otra, de tal modo, que cualquier comunicación carecería de sentido. Eso en la medida en la que partamos de las leyes de la relatividad, porque en la medida en que no las consideráramos, entonces, el experimento no tendría objetivo porque habríamos previamente decidido que es la física cuántica la que tiene razón, cuestión que precisamente es la que se resuelve en el experimento.

En definitiva, y sin que haya ya para dónde hacerse, tal y como postuló y probó hasta la saciedad la física cuántica, en ese ámbito, las cosas ocurren en la indeterminación, sin causalidad, y sin localidad.

Si no quisiéramos respetar ni considerar el tiempo propio de cada partícula y decidiéramos mantenernos en el del observador-experimentador, entonces el grado de cercanía medida con la simultaneidad (dentro del límite de precisión que permiten hoy nuestros aparatos) es tal que, de haber comunicación, debería producirse a una velocidad de veinte mil millones de veces la de la luz.

No caben subterfugios de ninguna especie y (teniendo en cuenta que de lo inferior jamás sale lo superior, aunque lo finja) este es el fin de la localidad, el determinismo, y la causalidad en las dos físicas, pues si la instantaneidad y, de hecho, la universal simultaneidad, se manifiestan en la realidad subyacente, esta es pura y simplemente la única objetividad de la realidad material en la que estamos instalados, y Einstein sabía esto perfectamente y es lo que lo aterrorizó y motivó esa terquedad con la que privó al mundo, en las últimas décadas de su vida, de las grandes aportaciones de las que era capaz aquél que, de hecho, fundó, las dos físicas en las que hoy nos movemos.

El pensamiento físico de nuestra época debe hacer de la aceptación de esta serie de experimentos físicos ya consumados, y definidos en el diseño de la paradoja EPR, la piedra angular de todas sus reflexiones. La consumación de éste experimento físico es el experimento crucial de nuestra época, aquél del que toda nuestra reflexión debe partir y a cuyo procesamiento mental debemos abocarnos, o nadie merece llamarse, ni pensador, ni físico.

Cuando Von Neumann comprendió la total correspondencia de los hechos concretos de la física cuántica con los espacios vectoriales de Hilbert, de infinitas dimensiones potenciales, de hecho, axiomatizó la física cuántica, así como esa geometría, completamente matematizada, había reaxiomatizado la geometría generalizando los espacios de Euclides.

Cualquier físico está en condiciones de asombrarse ante las correspondencias que Von Neumann detectó entre la física cuántica y los espacios de Hilbert. Observó, que el conjunto de estados cuánticos lleva naturalmente a construir espacios de Hilbert para representar los estados físicos de un sistema cuántico, observó, que el conjunto de todos los estados posibles era igual a un espacio de Hilbert complejo y separable en el que el vector unitario es el estado instantáneo, observó, que cuando un vector de espacio mecanocuántico se representa frente a una base continua se llama función de onda, observó, que la no conmutabilidad de espacios de Hilbert corresponde al principio de incertidumbre de Heisenberg. Ni caso tiene abundar en algo perfectamente conocido aunque no muy bien asumido. Debemos solamente recordar en este punto que tanto la mecánica matricial como la ondulatoria se deducen de la axiomatización de la física cuántica de Von Neumann.

Hoy tenemos una tarea simple y emocionante sobre la mesa. Es evidente que esa no localidad, y esa no causalidad, es la realidad subyacente y esencial de nuestro mundo físico, una de la que debemos derivar el modo de estar-en de la macrofísica.

Estamos ante un hecho de la más grande magnitud. La realidad física en la que evolucionamos, y de la que nuestros cuerpos forman parte, no es realmente local, ni causal, y esta es la realidad macrofísica a la que han venido conformándose nuestros sentidos y que aparece, repetimos, como si fuera local y causal.

Para dar este paso, para poder derivar esta realidad macro de esa realidad micro subyacente, debemos empezar por aceptar los hechos. Toda esta realidad macrofísica causal y local es un constructo, una apariencia, una falacia, algo, a lo sumo, virtual, y nuestras mentes deben abocarse a ver cómo está construido este constructo.

Para esta tarea disponemos de la misma herramienta de la que dispuso Von Neumann, la geometría de Hilbert de espacios vectoriales de número potencialmente infinito. Tras haber servido para axiomatizar la microfísica ahora debe servir para axiomatizar a ambas y unificarlas en una sola disciplina científica.

Esta geometría bendita, cuyos veinte axiomas constitutivos son de una simplicidad emocionante, está totalmente capacitada para abordar las necesidades que se nos plantean de construir (reconstruir) conceptualmente este constructo.

Debemos pasar de una realidad no local (es decir puntual y compuesta de pura contigüidad) a una realidad local con un tiempo espacio en pleno, aunque aparente, desplegamiento. Pues bien, esta geometría (sobre una base o conjunto concreto de vectores) "expande" tanto el espacio como el tiempo, y, teniendo en cuenta que el cálculo escalar de esta geometría es, asimismo, un cálculo tensorial, es perfectamente apta para recibir el tensor de curvatura, el tensor de Einstein y llevarnos directamente, de los espacios de la microfísica, a los de la macrofísica, la de ambas relatividades.

Tenemos que pasar, asimismo, de una física no causal e indeterminista a una compatible con la causalidad y el determinismo, que los finja a ambos y que haga como si fuera causal, algo, de nuevo, y a lo sumo, que es virtualmente causal, pues bien, en esta magnífica geometría de Hilbert, un conjunto de observables que no conmuten puede dar lugar a un conjunto de observables que sí conmuten aun cuando este segundo conjunto no conmute con el primero (recordemos la correspondencia encontrada, y usada, por Von Neumann entre conmutatividad y determinabilidad o certidumbre) e, incluso , a las dos representaciones de estos conjuntos, Hilbert, las llama complementarias, como Bohr llamó a los aspectos de la física cuántica que aparecían como resueltamente incompatibles.

Por añadidura, esta es una geometría donde cada objeto geométrico aparece en forma de funciones, es pues una geometría completamente matematizada, en la que cabe y se integra de manera natural, como fluyendo y resultando de ella misma, toda la matemática hasta hoy generada, de tal manera, que esta labor se nos presenta, no solamente como una axiomatización de ambas físicas, sino, asimismo, como una gran axiomatización físico-geométrico-matemática y esta gran y global axiomatización vendrá impuesta por las necesidades mismas de axiomatización de todo el conocimiento concreto acumulado en ambas físicas, además, en tanto que geometría de espacios vectoriales, está altamente capacitada para el desarrollo y generación, para la producción, no sólo de simetrías, sino asimismo de esas asimetrías que hacen posible nuestra particular y concreta existencia física y que no produce la teoría estándar (así como tampoco produce la gravedad), por más que multiplique las "constantes físicas fundamentales". En esta axiomatización, no solamente encontraremos la correspondencia entre los observables matemático-geométricos con los elementos-objetos físicos, ya determinados, sino que asimismo encontraremos la correspondencia entre estos elementos-objetos físicos (determinados ya, o no) con esos observables matemático-geométricos y esta correspondencia nos guiará para resolver problemas que se nos aparecen como casi insolubles, entre ellos los de la misma masa.

Es labor para matemáticos y físicos de buen talante, que sepan pasar de las comparaciones a las analogías fuertes y de ellas a las identidades. La cosecha potencial es tan inmensa como la misma infinitud potencial en el número de esos espacios, pero sólo tendremos la audacia de abordar esta labor si aceptamos, con todas sus consecuencias, la ya irreversible realización física del experimento propuesto en la llamada paradoja EPR.

Einstein la concibió para zanjar la cuestión y, en efecto, la ha zanjado, pero en el sentido opuesto al que él quiso prever. Debemos tomar en serio esta no localidad y no causalidad así como Einstein tomó en serio el Quanto de Plank y las conversiones de Lorenz, rechazando en ambos casos la idea peregrina y acomodaticia de que se trataba de una simple astucia matemática.

Cuando Hilbert desarrolló su geometría, fue acusado por Gordan de estar haciendo teología, pues bien, en efecto la hizo, y fue su pretensión de pristinidad axiomática la que determinó todo, y esta pretensión es una exigencia de naturaleza ética y profundamente religiosa. Hagamos nosotros esa teología de manera abierta y sin tapujos vergonzantes que ninguna razón de ser tienen.

Tomaremos a Einstein como el hilo conductor de esta parte de la reflexión, pues él, repetimos, fue responsable determinante de la aparición de las dos físicas que hoy debemos axiomatizar.

El terror de Einstein para aceptar la no causalidad y no localidad de la microfísica (y, por ende, de toda la física) se debía a un hecho simple, él creía en Dios, pero, finalmente, Dios, para él (después de varias vacilaciones), acabó siendo el Dios de Espinoza, uno que se confunde totalmente con el universo y, por lo tanto, si esta realidad física que es, según él, Dios mismo, no tiene causalidad, entonces, ésta no existe en modo alguno y si todo se reduce al azar, a la contingencia, ningún sentido tiene vida alguna, sentimiento de Einstein que compartimos por completo.

Debemos liberarnos de esta concepción verdaderamente opresiva. Dios existe, sí, y en Él todo es causalidad y finalidad, en Él, todo tiene un porqué y, además, un porqué infinitamente bondadoso y favorable a nuestras personas y a nuestra especie. Nada más, que el universo no es Dios, es un constructo, por Él construido, y de cuya construcción algo se nos puede alcanzar porque es un constructo mental, conceptual, con el que perfectamente puede embonar nuestra mente, asimismo, conceptual. No solamente nuestro conocimiento, sino que, también nuestra reflexión es conceptual, y la propia realidad física lo es. Los antiguos lo habían percibido y afirmado de modo radical cuando decían que el universo es mental. Esto si explica aquella inexplicabilidad que Einstein planteó al decir que lo más inexplicable del universo es que sea explicable. Es explicable porque es de la misma naturaleza que nuestra mente.

La propia no localidad y la puntualidad espacio-temporal fue postulada por la magia de los antiguos con la afirmación de que todo ocurre aquí y ahora. Esta afirmación sabia, radical y trascendente, nos dice que toda esta realidad, tan aparentemente contundente, es una mera falacia y un constructo mental. Por eso ese constructo mental de Euclides pudo anticiparse al conocimiento físico de las órbitas de los astros y esas geometrías de cuatro dimensiones anticiparse a la relatividad general y esta geometría de Hilbert anticiparse, primero a la axiomatización de la microfísica y, ahora, a la axiomatización de ambas físicas, es decir, a la de la física en su conjunto.

No porque esta realidad sea una falacia lo somos nosotros, porque así como Dios es Dios y esta falacia ha sido solamente creada por Él para nuestra evolución espiritual, asimismo, habiendo sido creados nosotros a imagen y semejanza de Él, somos (en Él y por Él, pero somos), y toda esta falacia espacio-temporal no nos reduce para nada a esa condición y, ni somos una falacia, ni estamos aquí por un mero azar, ni el bien se confunde con el mal.

Dios sí juega a los dados (rindamos aquí cumplido tributo póstumo a Boltzman), pero donde le conviene y decide y nuestras esencias personales para nada se ven afectadas ni sometidas a ese juego de azar, sino servidas por él. Juega a los dados a favor nuestro, no en contra, ni en nuestro detrimento.

Si pensamos que esta clase de reflexiones no tienen nada que hacer en una consideración sobre física, pensemos nada más en la cantidad de reflexiones que Einstein hubiera podido aportar en el resto de su vida si no hubiese adoptado el necio punto de vista panteísta, y por ende materialista, que fue el suyo y en la libertad y audacia con la que abordaremos la reconstrucción de este constructo si no estamos atenazados por la preocupación metafísica de que debemos encontrar en él causalidad y localidad para poder ser nosotros alguien. En una palabra, o reconocemos que este constructo es una falacia o la falacia acabaremos resultando nosotros mismos y esta amenaza nos paralizará, como, de hecho, paralizados estamos y paralizado quedó Einstein más de la mitad de su vida.

Los porqués y las verdaderas causas, Dios se las guardó para sí, no se las entregó a este constructo, y al entenderlo así, nos liberaremos completamente de toda exigencia metacientífica en nuestras reflexiones sobre él y podremos seguir caminando libremente sobre las bases propuestas por Galileo.

Indaguemos esta realidad con toda libertad, reconstruyámosla, dialoguemos con ella, hagámosla hablar sin preocuparnos de los porqués, porque, aun cuando éstos sí existen, no están en este objeto de nuestras reflexiones. Sólo esta consideración teológica nos dará la audacia que sabe que, puesto que de constructos hablamos, debemos construirlos (reconstruirlos) libremente y eso hará perfectamente comprensible la comprensibilidad del universo y, sin duda, lo que hacemos consciente y libremente lo hacemos mucho mejor que lo que no, pues lo que no, ni siquiera lo hacemos.

Dijo Gôdel, tras establecer sus alternativas excluyentes entre completitud y consistencia, que, de todos modos, eso para nada limita nuestro acceso a la verdad porque éste, no sólo consiste en computación, sino también en intuición, pues bien, Einstein fue alguien de una intuición regocijantemente profunda y ésta le permitió, entre tantas otras y maravillosas cosas, intuir, y decir, que toda esta realidad es una ilusión, pero, eso sí, una ilusión persistente. Persistamos nosotros en nuestra propia y emocionada ilusión de conocimiento y axiomaticemos ambas físicas en base a esa geometría que Hilbert (hombre, por cierto, lleno de bondad) nos heredó y, de paso, que eso sea un acercamiento a la compresión de que con cada una de nuestras reflexiones genuinas es un acto de fe lo que estamos haciendo, de tal manera, que nuestro conocimiento, incluido el científico, no solamente no está reñido con la fe, sino que es el resultado de una suma acumulativa de actos de fe. Es en la medida en la que Einstein tuvo fe en la que generó esos maravillosos pensamientos en los que todavía nos apoyamos y, esa fe de la que surgieron, se reflejó en esa absoluta confianza con la que los presentó y defendió ante toda la comunidad científica, y es en la medida en la que no tuvo fe, y no aceptó la existencia de un Dios personal, en la que los prejuicios lo cegaron, empezando por aquél que exigía un universo estático, para imponer el cual, incorporó la inelegante constante cosmológica, que le impidió respetar sus propias fórmulas matemáticas y anticiparse al descubrimiento de la expansión del universo.

Ese Dios personal y amoroso y que sí se ocupa de todos y cada uno de nosotros, es la "variable" decisiva que falta en nuestra reflexión, general y científica. Ésta es la "variable" que le permite a este constructo fingir que evoluciona, sobre bases propias, de lo inferior a lo superior. Esta ficción sólo es posible porque lo superior, lo totalmente superior, Dios, siempre estuvo ahí, concediéndonos nuestro esencial e indispensable libre albedrío, apoyándonos, y dándonos todo lo necesario a nuestra evolución en el más estricto respeto a esta libertad íntima y esencial y que constituye lo más preciado de nosotros mismos y ésta "variable" decisiva, Dios, no es una escondida sino una ignorada y no considerada. Reincorporémoslo con plena conciencia en nuestras reflexiones y eso nos permitirá constatar que no es una variable sino la única constante y, a partir de esa conciencia, avanzaremos en todos los ámbitos con las botas de siete leguas.

Dios, Von Neumann, San Agustín de Hipona y los mexicas.

16 de octubre 2011. Publicado en:
http://losbarbarosdelnorte.com/html/modules.php?name=Forums&file=viewtopic&t=1973

En estos días ha podido filmarse el registro de estados, de y hacia, la decoherencia, pasando por los estados de Fock y los estados del gato de Schrôdinger. En este registro se ha logrado incluir a los fotones que habían siempre resultado escurridizos.

Ahí tenemos "técnicamente" plasmada la unión entre los estados de superposición de la microfísica y la única realidad de estado de la física clásica, y ya nadie podrá negar la unidad profunda de estos estados.

Esta enorme tarea técnica de nuestros físicos e ingenieros le abre grande la puerta a la computadora cuántica.

Para los que quieren "masticar" la prueba práctica del asunto, esto inaugura la unidad profunda de ambas físicas y su mutua convertibilidad, pero, para quienes prefieren la vía reflexiva y pensante (de hecho, de mucho mayores alcances y mucho más productiva), la cuestión quedó zanjada cuando Von Neuman reflexionó (y demostró matemáticamente), con sencilla y completa lógica, que cualquier objeto macrofísico que esté midiendo un fotón, o un electrón, debe ser descrito con las ecuaciones de la mecánica cuántica y sometido, por lo tanto, a la fórmula de Schrödinger, puesto que cada estado posible está ahí descrito matemáticamente por un vector de base en un espacio vectorial, en el cual, ES EL OBSERVADOR el que determina el paso de las superposiciones cuánticas a esa única realización de estado del mundo clásico y macrofísico.

Por otro lado, si, de acuerdo a la teorización de las inecuaciones de Bell y a la realización-evidenciación práctica, Aspect-Gisin (realización, a la vez, del experimento mental contenido en la paradoja EPR y de las inecuaciones de Bell), resulta, que la realidad básica y esencial de ese espacio-tiempo desplegado, no es más que el espacio-tiempo puntual, aquél en el que "todo ocurre aquí y ahora", como bien decía la magia plurimilenaria, entonces, vemos fehacientemente, por cualquiera de los conductos, que esas dos realidades, paradójicamente vinculadas, son, definitivamente, una sola unidad, que da cuenta de nuestra, a la vez, paradójica, inasible y contundente, realidad cotidiana, y del desplegarse mismo de nuestras existencias, en ese avanzar obstinadamente hacia el ser nosotros mismos, sólo que una es el texto y la otra es el pre-texto, de y para, esa, en realidad única, manifestación del Ser.

Tenemos que volver, una y otra vez, a ese inicio luminoso de la física cuántica en el que tantas y tan productivas cosas fueron formuladas y eso nos permitirá plantearnos otra pregunta. Quedando clara la unidad profunda de ambas físicas, y pudiéndose ver, tanto de estados en función de esa, a la vez aparente y concreta, única realidad, esto tendrá por consecuencia, que el universo entero pueda, y deba, ser descrito, también, como un sistema cuántico, pero, entonces, ¿dónde estará el observador exterior que va a provocar la reducción del vector de estado?, ¿quién será? Es Dios, evidente y luminosamente, es Dios.

Vayamos a San Agustín para entender, a partir de la presencia de Dios, tanto la unidad entre el principio de estricta objetividad de la macrofísica y el principio de estricta subjetividad de la microfísica, como la compatibilidad entre una universal descripción por la superposición de estados y una universal descripción por la única realidad, y realización, de estado, del mundo clásico y presentaremos aquí, a este efecto, la afirmación de San Agustín que reza: "En cuanto a las cosas que tú has hecho Señor, nosotros las vemos porque existen, y existen, porque tú las ves". Pero entonces, ¿es esa única percepción de Dios la, también única, que crea realidad? Sí, pero. Nuestra percepción también crea realidad en la medida en la que Él percibe en y con nosotros y nosotros en, con, y por Él.

Esta relación está perfectamente descrita por San Agustín, precisamente, en este capítulo XXXVIII de su libro XIII de las Confesiones que se titula (el capítulo), muy pertinentemente, "El reposo en el Señor" y de cuyo segundo párrafo hemos extraído la anterior cita. Es reposando en ÉL, y por Él, que nos es dado a nosotros percibir, y, por ende, crear también, realidad, al determinar ese paso de las superposiciones cuánticas a esa única realidad de estado del mundo clásico. Ese capítulo de San Agustín, no solamente nos describe esa relación íntima y creativa de ambas percepciones en una, sino que nos las describe, como lo que son, surgidas, resultantes, y hechas posibles, por el amor que Él nos tiene y al que apasionadamente nos invita. La descripción de San Agustín en este capítulo, contiene tantas y tales sutilezas, que constituye un compendio explicativo de esa sencillez sutil de Dios en la que, sin ser en modo alguno complicado, de todos modos, una pequeña diferencia, hace toda la diferencia.

Esa realidad de seres que formamos parte de Dios (aunque sólo para Dios, como veremos después), que es la nuestra, es una que vive en ambas realidades, la macro y la micro física, y que hace que podamos ser, tanto seres de fe y pensantes, como seres mágicos, en lo que constituye una auténtica superposición de estados (superposición ésta, que incluye, a su vez, tanto la superposición de estados microfísica, como la superposición de ésta con el único y concreto estado de la macrofísica, rizando el rizo de esa paradoja completa que es nuestra existencia), superposición de estados ésta, repetimos, que sólo podremos analogizar físicamente con esa que conocemos desde antiguo por la física clásica y con esa que la física cuántica nos ha descrito de tan maravillosa y matemática manera y, a partir de aquí, habiendo sido descrito el cómo satisfactoriamente, o, al menos, aceptablemente, no son los cómos los que deben inquietarnos y sobre los que debemos interrogarnos, sino los porqués.

No debemos interrogarnos, en el manejo eventual de esa magia, sobre dónde está el límite de lo posible, sino sobre dónde está el límite de lo deseable y útil para el progreso espiritual y mental de nuestros semejantes y de nosotros mismos, de hecho, sobre qué es lo que Dios desea y espera de nosotros, en nuestro propio beneficio. Debemos saber, en este nuevo conocimiento, que hay magia blanca (buena y constructiva) y magia negra (mala y destructiva), que no es más, que la existencia del bien y del mal, que no es tampoco más, a su vez, que el ser, conscientemente, en Dios, con Dios, y por Dios, y el "intentar ser" fuera de Dios y contra Dios. Así como también debemos saber, que la magia le pertenece a Dios y la fe nos pertenece a nosotros, de tal manera, que, si queremos gozar de la magia blanca, nos limitaremos a la que Él nos proporciona a partir de nuestra fe, puesto que es la única garantizadamente blanca. Toda magia que nosotros busquemos, para nuestros propios y egoístas fines, en el intento de ahorrarnos los esfuerzos propios al desenvolvimiento dentro de esta realidad, a la vez, macro y microfísica (en la que constantemente tenemos, repetimos, tanto la posibilidad del bien como la del mal), y fuera de la que Dios nos procura a partir de nuestra fe, esa magia, será posible, sí, pero será indefectiblemente negra. Debemos saber, asimismo, que Dios nos procura toda la magia necesaria, aún dentro de esta realidad clásica. Sólo estemos atentos y la percibiremos y nos regocijaremos y congratularemos con ella. Y, en ella, no lograremos objetivos burdamente materiales, sino que seremos tocados por lo inefable.

Es en Dios y por Dios que toda creación nos es permitida y es en Él que nuestro ser debe reposar y Él debe ser nuestro criterio. El mejor uso que podemos darle al libre albedrío que Él nos dio, es el de referirnos a Él, pedirle a Él, y someternos a Él, en cada uno de nuestros actos, no solamente porque es lo debido, puesto que de Él y en Él nos viene todo, sino porque es, definitivamente también, lo mejor para nosotros, lo infinita y decididamente mejor.

La teología cristiana refleja en profundidad esta, a la vez, superposición de estados y estado único entre Él y nosotros, superposición de estados, decantada, decantable y redecantable hasta el infinito, según la voluntad de nuestro libre albedrío, en el sentido del bien y del mal, repetimos de nuevo. Es notable, absolutamente notable, sorprendente, y digno de la mayor reflexión, que San Agustín, en las postrimerías del siglo cuarto de la era cristiana, haya sido capaz de entender y describir lo que hoy, gran parte de nuestros científicos, se niegan a formular y pensar (y lo que, aún formulado por la propia ciencia, pretenden alejar, y logran olvidar), es un milagro, éste de San Agustín, que sólo la fe, consciente de su única y sublime querencia en Dios, explica.

Es la fe la que guió a San Agustín, y no sólo la fe plana en Dios que cualquier realidad física decantada nos puede proporcionar, sino, asimismo, la fe profunda, amorosa, paradójica, que nos dice que formamos parte de Él, sí, para Él, pero no para nosotros. Para nosotros, Él, simplemente, lo es todo. Esa fe cuya relación con Dios, para ser descrita y formulada, hoy, tendrá forzosamente que recurrir a la imagen y analogía de la relación y unidad entre esa superposición de estados y esa única realidad clásica que la física tan bien nos describe.

No habría podido la física llegar a estas conclusiones si no fuera, en sí misma, ella misma, una suma de actos de fe, una suma de actos amorosos, de filias, hacia el conocimiento, uno que, objetivamente, no se mueve hacia los aparentemente múltiples objetos de su reflexión, sino hacia uno sólo, Dios, aquél al que, de hecho, no podemos conocer, pero al que perfectamente podemos amar y cuyo amor nos dará la posibilidad de lo imposible, el conocimiento de Él, en Él, y por el acto mismo del amor que nos une, un conocimiento, nuestro, que sólo alcanza y alcanzará a percibir la chispa de su Ser (esa misma que está en nosotros y que constituye nuestro verdadero ser), pero en cuya comunión y cuyo conocimiento, resulta para nosotros ampliamente suficiente, tanto para el regocijo y cumplimiento cabal de nuestro espíritu, como para el surgimiento de nuestra alma.

Saben los científicos, los creadores de ciencia, del estado místico en que esa creación los coloca y ocurre, de esa unión de estados, de esa comunión mística con Dios, estado de nuestro espíritu, del que surge toda creación y todo conocimiento. Ignórenlo, aquellos cuyo único vínculo con la ciencia es su sola manipulación especulativo-permutativa, calculativa.

No podremos ser nosotros mismos si no alcanzamos a serlo, a la vez, en una realidad clásica y superpuesta. No alcanzaremos a serlo sino dentro de esa superposición de estados que es la realidad de nuestra relación con Él y dentro de esa única realidad que Él es. Unidad de realidades y proyecto de ellas, que nos permite reposar en Él, para que Él perciba en nosotros y nosotros en Él, por Él y para Él, y que nos permitirá, a su vez, crear, también nosotros, realidad, hasta el extremo de poder devenir nosotros mismos. Hasta tal e irreversible punto nosotros mismos, hasta tal punto en Él, por Él y para Él, que nos hagamos merecedores y naturales usufructuarios, capaces del goce, de ese cielo que nos tiene reservado, ese al que desea fervientemente que lleguemos, sin extraviar nuestro camino hacia el ser, distraídos y tentados por el destructivo "intentar ser", fuera de Él y contra ÉL. Ese cielo donde toda paradoja termina, pero donde toda verdadera magia amorosa empieza.

Esta es la amorosa y maravillosa manera que él tiene de inventarse a sí mismo, tal y como decían nuestros ancestros los Mexicas, al llamarlo Moyocoyatzin, "el que se inventa a sí mismo".

San Agustín pudo decir lo que dijo porque lo conoció y amó, fiel, consciente y apasionadamente, al igual que los Mexicas, y la ciencia ha podido acceder al conocimiento, ese mismo que nos ha permitido plantear analogías fuertes entre ella y ellos, porque también lo conoció y amó, así sea sólo objetiva e inconscientemente.

Finalmente, todos aquellos que vivimos tenemos fe, puesto que ésta es la fuerza que nos hace vivir. El cambio de conciencia de nuestra época, no será, el de pasar de la no fe a la fe, sino de la no conciencia de la fe, que ya tenemos, a la plena conciencia de esa fe y del único objeto y origen de ella, Dios.

¿Se puede diferenciar ciencia de pseudo ciencia?

25 de noviembre 2011. Publicado en:
http://losbarbarosdelnorte.com/html/modules.php?name=Forums&file=viewtopic&t=2138

¿Se puede diferenciar ciencia de pseudociencia? Por descontado que sí.

Toda ciencia que merezca este nombre tiene capacidad de autocorrección, es decir, que, no importando que tan equivocada esté la hipótesis de partida, llegará a la conclusión correcta. Así, por ejemplo, aún cuando Galileo parte de la hipótesis aristotélica de que los cuerpos, en cualquier medio, caen a diferentes velocidades según su masa, llega a la conclusión correcta de que los cuerpos, en el vacío, caen a la misma velocidad independientemente de su masa.

Toda ciencia empieza y concluye sus reflexiones con experimentos mentales, aquellos que no están sometidos a error de medición, porque no requieren de medición alguna, ni a error alguno de extrapolación matemática, porque recorren la totalidad del ámbito experimentable.

Toda ciencia produce ámbitos de reflexión axiomatizados en los que, frente a la alternativa de Gôdel entre completitud y consistencia, al optar por la consistencia, se topa con la incompletitud, pero esta incompletitud no la anula o relativiza sino que, al contrario, es la que le da paso a un nuevo ámbito de pensamiento, dentro del cual, la anterior axiomatización no desaparece (como calcetín usado) sino que pasa a ser un caso particular de la nueva universalización. Así, la incompletitud que mostró la geometría de Euclides al toparse con la imposibilidad de demostrar su quinto postulado, dentro de su propio cuerpo axiomático, acabó dando lugar a las geometrías de N dimensiones de las que, la de Euclides, pasó a ser un caso particular.

En ciencia, la posibilidad cuantificadora no depende de la naturaleza "material" del objeto de la reflexión, sino de su conceptualización correcta, aquella en la que el concepto es un conjunto cualitativamente diferenciable.

Toda verdadera ciencia es falseable, lo cual no debe ser entendido como que en cualquier circunstancia deberá poder demostrarse su falsedad (en una actividad peyorativamente sofista) sino que en cualquier circunstancia podrá demostrarse su acierto o su error.

Toda verdadera ciencia puede y debe establecer analogías fuertes, lógica y conceptualmente productivas, con cualquier otra ciencia.

Pseudociencia es todo aquel ámbito de pensamiento que no cumple estas condiciones (ni mucho menos exhaustivas) y que solamente produce galimatías donde la pobreza de la reflexión es enmascarada con la oscuridad y el "esoterismo" de sus palabras y pseudoconceptos. Nuestras universidades, en las materias denominadas "humanistas", están plagadas de estas pseudociencias, en un diluvio de sandeces en el que cada excepción confirma la regla y con la consecuencia triste del envenenamiento de la mente de nuestros jóvenes, alejándolos, simultáneamente, de la fe y de la reflexión.

500 años de un discurso luminoso.

21 de diciembre 2011. Publicado en:
http://losbarbarosdelnorte.com/html/modules.php?name=Forums&file=viewtopic&t=2144

En Diciembre del 1511, Fray Antón Montesino, en representación de toda la comunidad de los dominicos de Santo Domingo, en el oficio de la Santa Misa, leyó, ante Diego Colón y los demás encomenderos, un discurso duro, veraz y severo, en el que calificaba a la encomienda como directamente opuesta a todo mandato divino y a toda humanidad.

Asistía a esta misa, también en calidad de encomendero, el que sería el primer sacerdote consagrado en estas tierras y gran defensor de indios, Fray Bartolomé de las Casas y esa homilía fue para él determinante en su toma de conciencia.

Relataba Fray Antón los crímenes extremos, masivos, repugnantes, abominables, de los que los naturales de estas tierras eran víctimas.

Se ha dicho, con aviesa intención y faltando gravemente a la verdad, que los textos posteriores de Fray Bartolomé de las Casas eran exagerados e, incluso, que formaban parte de una campaña contra la corona española. Eso es indignantemente falso. La conquista constituye un genocidio masivo, horroroso, imperdonable, una verdadera hecatombe, una debacle cultural, demográfica, y las epidemias no pueden disimular ese acto maligno que sólo puede ser analizado y catalogado como el acto indigno y subhumano de disponer ilimitadamente de la vida ajena.

Aquellos frailes, con su denuncia decidida y sin tapujos, crearon las bases para un humanismo cristiano (y no cristiano) capaz de reconocer la alteridad, la otredad y capaz de tolerancia y respeto. Benditos sean por ello.

Ese reconocimiento del otro, de la diferencia, esa cultura del respeto, toma cuerpo en la libre circulación de personas, ideas y cosas. Que nadie, en nombre de justicia social alguna, quiera limitar esa libre circulación, porque entonces no nos caeremos del lado de aquellos indignados frailes justicieros sino del de aquellos encomenderos verdugos.

Von Mises, mentor de liberales en todo el mundo.

1 de enero 2012. Publicado en:
http://losbarbarosdelnorte.com/html/modules.php?name=Forums&file=viewtopic&t=2151

Von Mises, economista nacido en el antiguo imperio austriaco, desarrolló durante el siglo XX un pensamiento liberal, muy filosofado, en el que asentaba la necesidad absoluta de que los países y las economías se fundaran en el imperio de la ley, los gobiernos democráticos y representativos, la división del trabajo, el respeto al derecho de propiedad y las instituciones libres.

Reflexionó ampliamente y desde todos los ángulos en los diferentes aspectos que este ideario implica y creó escuela. Erhard, Ministro de Economía y Canciller alemán formaba parte de sus alumnos así como Jacques Rueff el mentor y asesor del General De Gaulle en materia económica e ideológica.

Es, asimismo, el mentor o la referencia ideológica de los panistas y también del actual precandidato republicano en los EEUU Ron Paul.

Propugnan, los liberales de Von Mises, el liberalismo económico y un estado lo menos intervencionista posible.

Estamos completamente de acuerdo con su filosofía, que es la nuestra.

Este pensamiento, no solamente dio los elementos para enfrentarse a los estados comunistas, sino también a los estados democráticos burocratizados e intervencionistas (que vienen siendo todos).

Nuestra percepción es, repetimos, que, en cada uno de esos debates y enfrentamientos ideológicos, los liberales de Von Mises tuvieron y tienen razón, pero donde la puerca tuerce el rabo es, de nuevo y precisamente, en el dinero.

Von mises no vio que la condición para que la economía sea libre y los estados lo menos intervencionistas posible es la existencia de una moneda universal que garantice, desde su emisión, el crecimiento ilimitado de este mercado con la creación de toda la demanda solvente necesaria.

Si no tenemos esa moneda mundial, esa forma universal del valor, la garantía de esa demanda solvente permanentemente a la medida del crecimiento de la oferta en el mercado, entonces, los problemas se agudizan y se incrementan e impulsan un intervencionismo burocrático de los estados.

La condición de un crecimiento poderoso y libre del mercado es la planificación permanente de la creación de demanda solvente de parte de un emisor central propiedad del mundo, respaldado por la mercancía de todo él y disponible para todas las funciones de circulación y acumulación que permanentemente este mercado requiere.

LA CONDICIÓN PARA QUE EL MERCADO LIBRE REALICE SUS FUNCIONES ES QUE EL ESTADO REALICE LAS SUYAS.

EL MERCADO DISPONE DE LA PROPIEDAD DE LA PLUSVALÍA GENERADA EN LA PRODUCCIÓN Y VENTA DE LAS MERCANCÍAS CONCRETAS (TANGIBLES O NO), EL ESTADO DISPONE DE LA PROPIEDAD DE LA PLUSVALÍA GENERADA EN LA EMISIÓN DE LA DEMANDA SOLVENTE QUE ESTE CRECIMIENTO MERCANTIL DEMANDA.

CUANTO MÁS GRANDE SEA LA PLUSVALÍA EN MANOS DEL MERCADO PRODUCTOR DE MERCANCÍAS CONCRETAS, MÁS GRANDE SERÁ LA PLUSVALÍA EN MANOS DEL ESTADO EMISOR DE LA DEMANDA SOLVENTE CORRESPONDIENTE.

ESTE ES UN CÍRCULO PERFECTAMENTE VIRTUOSOS DONDE, A MÁS CRECIMENTO DEL MERCADO, MÁS NECESIDAD, PERO TAMBIÉN MÁS POSIBILIDAD, DE PLANIFICAR LA DEMANDA SOLVENTE.

EL MERCADO SERÁ, TANTO MÁS LIBRE, CUANTO MÁS PLANIFICADA SEA LA CREACIÓN DE ESTA DEMANDA SOLVENTE.

Si no salimos de este enredo conceptual nada tendrá solución, los defensores del mercado libre nos seguirán diciendo, con mucha razón, que esas intervenciones del Estado son contraproducentes y los estatistas nos seguirán diciendo, con igual razón, que los desaguisados de la economía mundial imponen esas intervenciones.

Este 2012 se elige presidente en México y en EEUU. Von mises pudiera ser el mentor de alguno de los dos presidentes resultantes si no es que de ambos. Conviene saber que Von Mises sabía muy bien su parte de la misa, pero que solo era la mitad de ella.

EN UNA ÉPOCA DE MERCADO MUNDIAL COMO YA ES LA NUESTRA, ASÍ COMO TODA MONEDA NACIONAL ES SÓLO UN SUCEDÁNEO DE MONEDA, ASÍ TAMBIÉN TODO ESTADO NACIONAL ES SÓLO UN SUCEDÁNEO DE ESTADO. NO PODEMOS CREAR HOY UN ESTADO MUNDIAL, PERO SI CREAMOS UN EMISOR MUNDIAL, EN LOS HECHOS, ESO YA SERÁ EL ESTADO MUNDIAL Y EL MERCADO, EXIGIENDO LAS EMISIONES PROGRESIVAS SE ENCARGARÁ DE IRNOS COLOCANDO EN EL TERRENO DE ESTE ESTADO MUNDIAL POR LA VÍA SIMPLE DE QUE EL QUE PAGA MANDA.

Creado el círculo virtuoso, abandonado el círculo perverso en el que estamos, todas las reflexiones hoy postergadas se impondrán y serán posibles, empezando por la de los impuestos que, en todo el mundo, constituyen un galimatías infame que castiga y distorsiona la producción en miles de diferentes formas.

México pasmado.

21 de enero 2012. Publicado en:
http://losbarbarosdelnorte.com/html/modules.php?name=Forums&file=viewtopic&t=1676

México está pasmado y dentro de este pasmo, que ya se ha hecho crónico, lo peor está empezando a ocurrir. Situación tan grave exige ver rasgos esenciales de nuestro pasado que nos están condicionando hasta la parálisis.

Debemos en primer lugar tomar nota del hecho de que la sociedad mexica, contrariamente a lo que nos han dicho, era profunda y esencialmente monoteísta, y en esas poesías cantadas, que para ellos eran el equivalente a nuestra filosofía, hablan constantemente, no de su abundante panteón celeste, sino del dador de la vida, del que se inventa a sí mismo, del único Dios, etc. Y, para quienes aleguen que estos textos poéticos eran solamente de autores y lectores aristocráticos (cosa que no es verdad) les alegaremos nosotros la totalidad de los textos que eran leídos por todo el pueblo en las ocasiones cruciales de la vida, nacimiento, pubertad, casamiento, enfermedad, fallecimiento, etc., textos donde, igualmente, sólo el único Dios aparece y sólo a Él se le pide y se le rinde culto, y esta fe, estrictamente monoteísta, era una de la que se derivaba su ética de vida, una que les permitió establecer, ¡en el siglo XIV!, una educación universal, para niños y niñas, una ética mercantil severa y expeditiva, una justicia de moralidad firmemente controlada donde los tribunales de primera instancia se obligaban a estar libres de todo caso en un límite de tres meses y los de segunda y última instancia en otros tres, etc.

El tipo de sociedad que ellos tenían ha sido comparada a los sistemas hidráulicos o modo de producción asiático, pero esa comparación nos permite ver notables diferencias. En aquellas sociedades, aún cuando hubiera gran actividad mercantil, la burocracia omnipresente no permitía el desarrollo de ninguna clase de mercaderes y sin embargo los pochtecas o clase de los comerciantes mexica era muy poderosa en México y estaba en pleno ascenso. Cabe decir, para quien quiera hacer comparaciones con algunos aspectos odiosos de nuestro presente, que la tierra comunal mexica sí podía comprarse y venderse y aún rentarse a personas de fuera de la comunidad.

Podríamos abundar ampliamente en aspectos que nos demostrarían el vínculo estricto entre esa fe y esa ética que imperaba vital y determinante entre ellos, pero, para los fines de esta reflexión, diremos solamente que esa sociedad era PREMERCANTIL PERO EN MODO ALGUNO ANTIMERCANTIL.

Cuando Cortés llegó a México, España estaba en pleno imperio de Carlos V de Alemania o Carlos I de España, pues bien, ese era un imperio perfectamente reaccionario. Ese imperio era el líder y el factótum general de la ofensiva refeudalizadora de Europa frente a los poderosos desarrollos mercantiles de Inglaterra, Holanda, etc. y ese emperador empezó por liquidar, físicamente, a las comunidades y germanías que eran los organismos burgueses con los que se estaba estructurando la clase mercantil española. Una losa pesadísima cayó sobre todas las Américas de la mano de una reacción feroz y descarnada, y el imperio que España creó era la reedición del imperio romano, un imperio latifundista, exportador de metales preciosos e importador de bienes suntuarios y ese imperio, cerrilmente antimercantil, imponía la no circulación de ideas, personas o cosas. Toda la actividad mercantil fue sometida a estricto monopolio y España fundó su poder aparcando a los habitantes originales de México en los famosos pueblos indios, más campos de concentración que reservaciones, y sometiendo a toda la sociedad a una esclerosis de castas esterilizante.

No importan las grandezas de la colonia que podamos poner sobre la mesa, Los virreinatos, gubernaturas y capitanías generales que España estableció en América fueron las sociedades de castas más necias y estúpidas de la historia de la humanidad después de las sociedad de castas de la India. En una palabra, El imperio reaccionario español era un ANTIMERCANTILISMO IDEOLOGIZADO Y PERVERSO. Cuando abordemos nuestras crudas dificultades históricas debemos recordar que no nos pesa el pre mercantilismo indígena sino el anti mercantilismo español.

Tres siglos de anti mercantilismo cerril, más los dos siglos que le siguieron, en un mundo en plena evolución mercantil, pesan en nuestro ser hasta el agobio.

Nuestra independencia muestra que los criollos en modo alguno rompieron con ese anti mercantilismo, sólo deseaban incorporarse a la élite de su sociedad, de ahí que nunca lograron concebirse abiertamente como independentistas sino poco mal y tarde y cuando la independencia llegó fue, también ella, un hecho reaccionario, puesto que fue la reacción de los peninsulares (españoles), comerciantes ejército e iglesia contra la revolución liberal de Riego en la España del infame Fernando VII.

Tras toda la anarquía, de sobra conocida, tenemos, ¡por fin!, la ideología liberal de la Reforma, pero la distancia entre ese México ideal y el México real era tan grande que sólo pudo aterrizar en la dictadura del porfiriato y toda esa productividad de los tiempos de Don Porfirio que tan a menudo ensalzamos, se hizo en base a tiendas de raya y valles nacionales que tenían forzosamente que generar una explosión social.

Madero es una bocanada de oxígeno en esa realidad opresiva, en esos cuatro siglos de anti mercantilismo, antilibertario, cerril, que imperó en este país tras haber caído bajo la férula del núcleo de la reacción europea de Carlos V.

La grandeza de Madero se mide en el hecho de que no aceptó tomar el poder por la vía de las armas sino como resultado de la expresión de la voluntad popular, pero para esas gracias, y para cualquier otra, mejor habría sido que nunca hubiera hecho un llamado a las armas. La revolución murió con Madero y acto seguido se entronizó de nuevo esa ideología antimercantil del imperio. Pero Madero había soltado la caballada de la energía social, y cuatro siglos de desfase con el mundo eran demasiados siglos. Esa energía social siguió acumulándose y los temas pendientes, reforma agraria, libertad sindical, de voto, de organización política etc. se impusieron irrevocablemente como temas a abordar con imperiosa inmediatez. Los escarceos fueron muchos pero todo el paquete pendiente se concretó con Lázaro Cárdenas y lo hizo trágica e irremisiblemente mal. En ese momento el anti mercantilismo sistemáticamente ideologizado y ateo campaba por sus anchas en la URRSS y le convino perfectamente a los nuevos reaccionarios mexicanos de tal manera que EL ANTIMERCANTILISMO DEL IMPERIO ESPAÑOL Y DE LA COLONIA SE FUNDIÓ CON EL ANIMERCANTILISMO ATEO DE LA URSS PARA DETERMINAR EL ANTIMERCANTILISMO CARDENISTA Y DESPUES PRIÍSTA. Bien sabía el embajador americano lo que decía cuando manifestaba que toda esa caterva de líderes y lidercillos eran bolcheviques que se ignoraban, es decir que eran bolcheviques aún cuando no lo supieran ni lo asumieran.

Esa reacción, en materia agraria, resolvió el predicamento re amortizando la tierra en forma de ejido (término español, para mostrar su verdadero origen) de una manera más opuesta a la circulación mercantil que la tierra comunal prehispánica, en cuanto a la libertad sindical pendiente la canalizó con sindicatos concebidos como instrumentos de estado (correas de transmisión los llamaban los bolcheviques) que tenían por misión someter al obrero y, a través de él a toda la sociedad, asimismo, la libertad política se convirtió en el monopartidismo soviético de peor ley ("en México jamás permitiremos el pluripartidismo porque es la base del capitalismo", decía el Tata) y toda la vida económica, social y política del país quedó encorsetada y sometida a las decisiones de una burocracia que gobernaba según el peor y más perverso de los despotismos asiáticos.

Manuel Gómez Morín y su partido, al decirle no al ejido, al bandidal, al monopartidismo, a los sindicatos y organizaciones populares de estado, al ateísmo, a la negación del voto como instrumento de alternancia y a toda esa basura, no sólo dieron esperanza al país sino que SALVARON SU HONRA, pues abría sido profundamente deshonroso que todo eso hubiera ocurrido sin que nadie fuera capaz de oponerse.

Estamos transitando hacia una sociedad de libre circulación de ideas, hombres y cosas, y algo en facto se ha logrado: un aceptable respeto al voto, alternancia, pluripartidismo, pero nuestra ideología sigue atorada y no logramos realmente concebir la libertad, pues fuimos esclavos durante demasiados siglos. Por ejemplo, en materia de libertad sindical, y de huelga, no logramos ir a la raíz del problema: la sindicalización debe ser libre, la huelga debe ser libre, la empresa debe ser libre. Todo lo cual implica que nadie puede condicionarle al huelguista, ni la duración de la huelga, ni sus objetivos, pero implica también que la huelga, aún siendo legal, ni puede imponerse al trabajador que no quiera hacerla, ni puede disponer en modo alguno de una empresa que no le pertenece (ni siquiera en el sentido de impedir que el empresario contrate a quien quiera durante la duración de la huelga).

Un sindicalismo libre es además responsable. El Ig Metall alemán, en estrecha colaboración con los empresarios y el estado de su país está sorteando muy bien la actual crisis con una moderación salarial que les está dando gran competitividad y que, además, ha permitido mantener el empleo.

Sirva la escueta referencia a la cuestión sindical como muestra para el modo universal de abordar cualquier reflexión política desde la perspectiva de una soberanía personal, referente clave para redactar cualquier constitución o legislación. Debemos sin duda, en lo táctico, atenernos a lo posible, al ser inmediato de las cosas, pero en lo estratégico debemos abordar con toda la libertad y la fuerza de nuestro espíritu, el deber ser de las cosas.
MEÉXICO DEBE ABRAZAR APASIONADAMENTE LA ECONOMÍA DE MERCADO, LA LIBRE CIRCULACIÓN DE HOMBRES, PERSONAS Y COSAS, ROMPIENDO EL MALEFICIO DEL ANTIMERCANTILISMO QUE EL IMPERIO DE CARLOS QUINTO LE IMPUSO Y QUE LA REACCIÓN HUERTISTA-CARDENISTA- SOVIÉTICA RENOVÓ Y ELEVÓ A CATEGORÍA DE CREDO ATEO, ANTISOCIAL, INHUMANO Y ANTILIBERAL.

Volviendo, una y otra vez, a Galileo

22 de enero 2012. Publicado en:
http://losbarbarosdelnorte.com/html/modules.php?name=Forums&file=viewtopic&t=2160

Se considera a Galileo, con justa razón, el fundador del método científico en general y de la física en particular.

Galileo aportó seis reflexiones fundamentales para el establecimiento de la ciencia física, mismas que, no solamente sentaron las bases para un arranque firme, cuantificable, pensable y experimentable de esta disciplina, sino que contenían elementos claves para poder seguir pensándola y a los que ha habido que regresar, y habrá que seguir haciéndolo, una y otra vez, tanto en cuanto al método científico en general, como en cuanto al de la física en particular.

Estableció Galileo:

Una relación causal, cuantificable y geometrizable, entre el esfuerzo aplicado a mover un cuerpo y el movimiento obtenido.

Una ley de inercia que establece que si un cuerpo en movimiento no sufre resistencia alguna persistirá indefinidamente en el estado de movimiento original. Una ley de la relatividad que establece que todo punto del espacio puede ser considerado fijo y los demás en movimiento en relación a él.

Una ley de invariancia de las leyes físicas sin importar si el sistema de referencia está quieto o en movimiento (siempre y cuando se trate de un movimiento inercial rectilíneo).

Una ley de caída libre de los cuerpos en el vacío que establece la equivalencia en su velocidad de caída independientemente de la masa de cada uno de ellos, con lo cual pudo establecer:

Una ley de aceleración constante de los cuerpos en caída libre en el vacío y eso, a su vez, le permitió calcular la constante de aceleración determinada por la gravedad.

Su fórmula para la constante gravitacional fue la primera fórmula físico-matemática de la historia de la ciencia.

Cuando Newton llega al panorama científico y desea establecer las leyes del movimiento de los astros en el espacio se encuentra con la descripción matemática de este movimiento generada por Kepler y con la comprensión de que la causa (a descubrir) de ese movimiento debía determinar un equilibrio dinámico entre una fuerza, tangencial y centrífuga, que tiende constantemente a alejar al astro de su órbita y una fuerza, centrípeta y radial, que tiende constantemente a llevar al astro al centro de esa misma órbita.

En el momento en que el espíritu de Newton entra en ese estado de gracia que le permite la comprensión de que esa fuerza centrípeta no es más que la misma fuerza de gravedad que hace caer los objetos en la tierra, y, disponiendo de las leyes de Galileo sobre la constante de aceleración de la gravedad y de la descripción matemática de Kepler de ese movimiento, no tiene más que integrarlas a ambas en una relación de causa a efecto para obtener su grandiosa obra de descripción de las leyes de esos movimientos celestes.

Esta sencillez de lo esencial del asunto no quita nada a su grandeza, y añade todo, porque, colocado en el predicamento de carecer de una matemática que le permitiera integrar ambas descripciones y leyes, la creó, y resultó la primera formulación de lo que hoy conocemos como el cálculo diferencial e integral.

Hasta aquí estamos en la mera descripción de un proceso de sobra conocido que ilustra los enormes alcances de la obra de Galileo, pero aparecen otros aspectos del asunto menos comprendidos y aún otros plenamente ignorados.

Cuando Einstein se topa con el relativismo electromagnético de Maxwell, dentro de la física ondulatoria, frente a una física clásica no relativista, surge la relatividad einsteniana y, con ella, las transformaciones relativistas de Einstein, primero para el mismo tipo de movimiento rectilíneo e inercial en el que ya Galileo había establecido sus invariancias y transformaciones y después para el movimiento acelerado, curvo y gravitatorio que le llevó a su relatividad general.

En esta reflexión, Einstein se enfrentó a obstáculos que parecían insuperables hasta que comprendió que, para resolverlos, tenía que volver a las invariancias y transformaciones de Galileo.

Podríamos pensar que Galileo lo acompañó y normó su criterio solamente en la primera relatividad, pero no es así, porque el núcleo reflexivo de la segunda relatividad consiste en la identidad entre masa inercial y masa gravitacional, algo que estaba ya plenamente expresado en la igualdad de la caída libre de los cuerpos en el vacío y en la ley de la constante de aceleración gravitacional.

Einstein, pues, no solamente se apoyó en las consecuencias, directas e indirectas, del pensamiento de Galileo, sino que tuvo que volver a él, en primer grado, y terminó hallando como clave de sus elaboraciones mentales lo que no era más que las leyes de la caída libre de los cuerpos que ya Galileo había conceptuado y formulado y cuyos verdaderos alcances no habían sido entendidos a lo largo de los tres siglos que mediaron entre ambos.

Los estudiosos de las leyes generales de la ciencia formuladas y empleadas por Galileo, piensan y dicen, que su método es el triunfo definitivo de la inducción sobre la deducción, pero no es así. Ciertamente él recurre, una y otra vez, a la experimentación y no permite que ninguna idea preconcebida (y supuestamente deductiva) altere o cancele la imperiosa necesidad de una experimentación abordada sin limitación alguna y abrazadora de todas las posibilidades de ser experimentada y conocida que nos ofrece la naturaleza, pero él es particularmente afecto al experimento mental (que también introduce en el método científico y al que con tanta pasión y éxito recurre Einstein) y este experimento mental no puede, para nada, ser confundido con una idealización o modelización platónica sino que consiste en la analogía perfecta del experimento físico.

De hecho, es el experimento físico el que es la analogía perfecta del mental y todo experimento físico lo es, solamente en la medida en la que es la realización física de un experimento mental.

Este experimento mental es mucho más que un modelo, es uno en el que, al ser realizado sin necesidad de medir ni de extrapolar matemáticamente, obtenemos la totalidad del conocimiento potencial contenido en los conceptos de los que partimos y nos permite hacer, dentro de ellos y en su propios límites, afirmaciones rotundas.

Cuando Galileo realiza el experimento mental referente a la caída libre de los cuerpos en el vacío, está en condiciones de afirmar rotundamente que los cuerpos, en caída libre, y en el vacío, caen indefectiblemente a la misma velocidad, más allá de las limitaciones de medición y de creación de las condiciones concretas necesarias a esos experimentos físicos (como el vacío, por ejemplo).

El experimento mental no nos proporciona un conocimiento absoluto (eso no está en nosotros), pero sí llena completamente el ámbito del conocimiento posible determinado por los conceptos utilizados y no tiene más límites que los que tengan esos mismos conceptos, eliminando por completo los límites de la medición (límites, no sólo cuantitativos, como nos decía ya la macrofísica, sino también cualitativos, como nos enseñó después la microfísica) y los de la extrapolación matemática, puesto que experimenta la totalidad de lo experimentable en ese ámbito.

No, el método científico de Galileo es el gran triunfo de un método deductivo que integra plena, libre, y necesariamente, el desarrollo sistemático del método experimental e inductivo. No obstante, aún tratándose de un método decididamente deductivo, sí tiene una diferencia esencial, y aún radical, con el método deductivo anterior, más allá de la participación sistemática, o no, de la experimentación física e inductiva.

Para todo el pensamiento deductivo de esos más de dos milenios de pensamiento occidental, Platón es un referente clave y el método de Platón es un método ontológico, del ser, que contiene una epistemología, de la percepción y del conocimiento, sólo en tanto que derivada de esa ideología ontológica. Debemos decir que nosotros nos pronunciamos exactamente por este mismo esquema platónico y que Galileo hacía lo propio, pero hay un detalle, un detalle capital.

Para Platón, esa ontología, ese ser, debe radicar y radica, hasta sus últimas e imaginables consecuencias, en ese mismo objeto de su análisis y estudio y, por lo tanto, ese objeto debe decirnos absolutamente todo de su propio ser, hasta agotar y satisfacer nuestra insaciable necesidad ontológica de seres pensantes.

Pero, después de Platón vino el Cristianismo y ahí supimos, pues nos fue revelado, que el Ser, el verdadero Ser, aquél que es el único que está en condiciones de satisfacer nuestra inagotable e inefable sed de ser, sentir y pensar, es Dios y su Único Hijo pudo decirnos: "Yo soy la verdad y la vida", y "el que crea en mí no morirá jamás". Para nuestros científicos actuales, estas verdades reveladas no son de recibo porque estiman que cancelan la reflexión científica y le quitan su estímulo y su aliciente siendo, al contrario, que, libres de esa suprema responsabilidad ontológica, podemos adoptar la misma actitud de Galileo y "explicar los hechos observados sin entrar en el porqué se producen así".

Entendámonos, el método epistemológico y fenomenológico propio de Galileo y de la ciencia en general, sí tiene su propia ontología pero es sólo, justa y precisamente, aquella que nos permite, repetimos, "explicar los hechos observados sin entrar en el porqué se producen así". Ésta no es una mutilación insatisfactoria de nuestro pensamiento, sino una inmensa liberación, que nos permite desembarazarnos del pesado fardo de la carga que Platón se impuso y nos impuso al tener una comprensible y lógica sed de ontología pero que busca saciarse en un contexto en el que sólo el objeto analizado (y analizado, precisamente, en tanto que objeto, pues, de lo contrario, no es materia de ciencia) puede satisfacer.

Podemos, a la vez, desembarazarnos de ese fardo ontológico y satisfacer plenamente nuestra insaciable sed de ontología porque sabemos, gracias a Jesucristo, que somos los usufructuarios privilegiados y apapachados de una obra cuya esencia reside en Dios mismo. No tenemos que soportar el peso inmenso de esa creación y somos, los beneficiarios libres, gozosos, recorredores de un camino plenamente satisfactorio y ligero, dentro de una obra que Él creó, crea, y soporta permanentemente, para nosotros, en nuestro único y exclusivo beneficio. Nuestro camino de conocimiento es, como quería San Agustín, "el reposo en el Señor", dentro de la "naturaleza espiritual de la creación", una que "nosotros vemos porque existe y existe porque Él la ve".

Decía Einstein que el conocimiento científico, la creación artística, y el acto místico, son de la misma naturaleza. Muy cierto, pero estos tres actos tienen diversos destinatarios. La sed ontológica pura sólo es satisfecha en el acto místico puro, es decir aquél en que nuestro interlocutor y destinatario es, consciente y explícitamente, Dios, aquél en el que nuestro acto de comunión es con Él en su esencia más íntima y común con nosotros, la personal. Es en el acto de comunión personal y consciente con Él en el que nuestras pasiones ontológicas sacian su sed y no en el del descubrimiento científico ni en el de la creación artística, aún cuando los tres son actos místicos porque sólo en Él y por él nos es dado crear y así como la obra artística es una creación, el descubrimiento científico también lo es y, así como creamos artísticamente desembarazados de la responsabilidad ontológica, también en el ámbito científico debemos crear con esa misma libertad y ligereza.

Cuando Galileo presentó sus leyes de la gravitación, Descartes se enojó de sobremanera, precisamente porque Galileo no abordaba las causas últimas de esta gravedad (mismas que todavía hoy no conocemos en términos de objetividad científica) e intentó subsanar este, según él, error inventando e ideando unos torbellinos de aire que rodearían a cada objeto y serían los responsables de la fuerza de la gravedad. Esta es una ilustración de cómo una mente preclara como la de Descartes podía desbarrar de la peor de las maneras cuando aceptaba responsabilidades ontológicas, verdaderas y últimas, que, ni estaban en él, ni le correspondían y, por otro lado, ese abordaje conscientemente fenomenológico de Galileo no le impidió arrancar una carrera en la que hemos llegado bastante lejos.

Los pensadores posteriores de Occidente, desde Platón y Aristóteles hasta Galileo (y, de hecho, hasta hoy), eran platónicos en el sentido total, es decir no incorporaban la revelación de Dios en Jesús. En sentido estricto no eran (ni son) cristianos, y eso incluye a todos los contrincantes eclesiásticos de Galileo en su conocida disputa cosmológica.

El pensamiento geocéntrico ptolemaico en manos de la iglesia católica, no solamente postulaba a la Tierra como centro de la totalidad del sistema celeste, sino que postulaba también, para el espacio más allá de lo sublunar, las esferas perfectas, lo no corruptible, lo no experimentable. Estas postulaciones no eran gratuitas, sino que respondían a un platonismo puro en el que toda ontología, incluso la más esencial y radical, debía formar parte del objeto estudiado y, por lo tanto, toda perfección debía residir en él.

El Vaticano, y la iglesia en general, seguían siendo platónicos puros y, por lo tanto (al menos en el ámbito del pensamiento científico), no creyentes y no cristianos y el universo debía tener, en todo su ámbito no sublunar, todas aquellas infinitas y absolutas características que sólo a Dios pertenecen y debía constituir aquella ontología esencial que sólo en Dios radica.

Esa obligación ontológica absoluta del platonismo, que todos ellos practicaban, aplastaba la reflexión científica e impedía el libre pensar y el libre experimentar. Galileo nos liberó de ese peso aplastante y, al hacerlo, no solamente creó la ciencia, sino que creó la única ciencia verdaderamente productiva y libre, la ciencia cristiana, esa con la que se enfrentó a sus contrincantes, mismos que, a pesar de su carácter clerical, seguían negando (al menos, en el terreno científico) al cristianismo, así como lo siguen negando nuestros científicos actuales.

Cuando Galileo se enfrentaba al sistema geocéntrico, no era solamente qué giraba en torno a qué lo que estaba en juego, sino también las esferas perfectas, las perfecciones de toda naturaleza en el ámbito no sublunar.

Cuando Kepler describe los movimientos de los astros en el cielo, su formulación es apabullantemente simple respecto a un geocentrismo en el que los movimientos deben ser de avance y retroceso y de una complicación abusiva.

Desde Aristarco de Samos y su medición, cualitativamente correcta, de los tamaños de Sol, Tierra y Luna, había un indicio muy firme sobre qué giraba en torno a qué.

Cuando Galileo observa las montañas en la luna y las manchas solares queda claro que las perfecciones no sublunares eran una falacia total.

Cuando Galileo observa los satélites de Júpiter aparece la prueba física contundente de que no todo gira en torno a la tierra.

Cuando Galileo descubre las fases de Venus y sus variaciones de tamaño asociadas tiene la prueba física contundente de que Venus gira en torno al Sol.

Galileo, no solamente corrigió de cuajo el geocentrismo, sino que también corrigió el heliocentrismo demostrando que tampoco todo gira en torno al Sol.

Aquella disputa no podía resolverse aplicándole a Galileo una sopa de su propio chocolate y aclarándole que, el mismo principio de relatividad por él postulado, tenía como consecuencia que, tan cierto era el geocentrismo como el heliocentrismo, y no podían recurrir a ese expediente porque esa relativización general del asunto, también los relativizaba a ellos y, en ese caso, no podían imponer su geocentrismo como único verdadero con una imposición que conllevaba la pena de muerte, porque, no debemos olvidar, que el mismo Papa bajo el cual era juzgado Galileo era el que, como Cardenal Belarmino, había condenado a la hoguera a Giordano Bruno.

Ciertamente se equivocó Galileo en el asunto de las mareas (si bien el efecto de rotación que él teorizó sí existe, aún cuando no tiene la capacidad de determinarlas), pero el hecho mismo de que los jesuitas (así como Kepler) dieran con la respuesta correcta demuestra su capacidad matemática y científica y, en ese caso, su pecado fue mayor porque, estando en condiciones de comprensión matemática y conocedores del las formulaciones de Kepler y teniendo a su alcance la observación de las pruebas físicas aportadas por Galileo, mantener su punto de vista era necedad y, querer condenar a alguien a la hoguera o a cadena perpetua (como de hecho fue condenado Galileo aunque después la condena le fuera conmutada por arresto domiciliario) era, no solamente necedad, sino maldad, una maldad que no podía ser justificada desde la fe porque se oponía a lo más sagrado que Dios nos ofrece, nuestro libre albedrío, y, ante tamaños despropósitos y errores, la posibilidad de un enojo o un exabrupto de parte de Galileo era pecata minuta y este episodio me recuerda uno del Quijote en el que, al entrar él en diálogo con los presos de una cuerda de penal y, al aprovechar éstos la circunstancia para insultar a sus carceleros, alega Don Quijote ante estos últimos que "no es mucho que tenga tan suelta la lengua quien tan atadas tiene las manos".

La negación radical de todos los contrincantes eclesiásticos de Galileo a mirar por su telescopio no obedecía a ninguna dificultad técnica, sino a la negativa, igualmente radical, de aceptar la posibilidad de que sus perfecciones cósmicas no fueran tales y de que el resto del cosmos fuera tan experimentable y pensable como la tierra misma. Todo, a causa de un platonismo pre-cristiano y no-cristiano.

Cuando la ciencia nacía, nacía en manos de Galileo como ciencia cristiana, como ciencia libre, pensable y experimentable, descargada de todo ontologismo radical y aplastante, gozando de nuestra calidad de usufructurarios de la obra divina, libres, sin necesidad de cargar a nuestras espaldas la aplastante responsabilidad de soportar ontológicamente al universo entero, que para eso está Dios. La iglesia contemporánea de Galileo no lo comprendió, la actual tampoco, y los científicos que crecen y prosperan en el ámbito creado por él, tampoco.

La macrofísica dio lugar a la microfísica y ésta se va acercando, cada vez más, al intríngulis ontológico-epistemológico de su naturaleza íntima. No resolveremos este intríngulis más que volviendo a Galileo y a la ciencia cristiana que él creó y que, repetimos, la iglesia de su época rechazó y combatió y que todo el mundo actual rechaza e ignora.

Ciencia cristiana, sí, porque, al incorporar en nuestras conciencias que somos los usufructuarios gozosos de la obra de Dios, tal como nos reveló e hizo comprender Jesucristo, podemos entrar de lleno a una ciencia genuina y libremente pensable y experimentable, sin cargas ontológicas esterilizantes, castrantes, destructoras, y que no nos corresponden.

Entre euro y moneda mundial sólo falsas analogías.

30 enero 2012. Publicado en:
http://losbarbarosdelnorte.com/html/modules.php?name=Forums&file=viewtopic&t=2167

Los países menos desarrollados del área euro cayeron en una trampa grave al adoptar la moneda común.

Sus economías originales tenían una disponibilidad limitada de dinero y un costo alto del crédito, como correspondía a su baja productividad y solvencia, pero, al entrar al área euro se hallaron con la agradable sorpresa de gozar, por ejemplo, de una tasa del 2.5% anual para sus créditos hipotecarios y de una disponibilidad de dinero muy superior a aquella a la que estaban acostumbrados y eso los llevó a un endeudamiento (público y privado) exagerado, sin control, y que no incidió en el aumento de su productividad de una manera proporcional a ese apalancamiento.

La responsabilidad de este endeudamiento excesivo fue sin duda de los que tomaron alegremente los créditos, pero también de los que los concedieron irresponsablemente , pero esta doble irresponsabilidad fue inducida por el hecho de que, no existiendo un proveedor mundial de demanda solvente para resolver mercantilmente las inmensas necesidades acumuladas en el mundo y dar, a la vez, salida a los excedentes de producción, los excedentes financieros buscan una colocación solvente y creen encontrarla en los países que, como los del euro, están respaldados por una moneda fuerte y que responderá (supusieron los financieros) por los créditos comprometidos.

Las necesidades por un lado, la producción por el otro, y el financiamiento buscando dónde colocarse convenientemente sin que esas oportunidades eventuales correspondan a las necesidades reales a cubrir. Todo este cuadro, evidentemente, no puede ser resuelto en el marco de Europa, ni en el de ningún otro país o continente, sino en el del mundo.

Por otro lado, esos países europeos sobre endeudados, una vez que la crisis estalló, no tuvieron a su alcance la posibilidad de devaluar y recuperar competitividad por esa vía, aún cuando eso significara una drástica reducción de su PIB, pero relanzando de nuevo su actividad económica.

En ese momento aparecieron todas las debilidades congénitas del proyecto europeo, como son las transiciones políticas incompletas (del fascismo y del comunismo), los malos hábitos democráticos escondidos en la bonanza, las legislaciones, sindicales y otras, inadaptadas a la economía de mercado y generadoras de desempleo (como las de España), así como las actuaciones fascistoides, como las que aparecen en ese actual régimen político húngaro que está intentando implantar una Constitución, ya aprobada, de corte autocrático, o las nostalgias, comunistas en Rumania o nazis en Austria, más las disparidades del conjunto de Europa con una Inglaterra que juega un papel en las finanzas, importante para el mundo, pero que embona muy mal con las veleidades de una Europa que quiere resolver desde el estado parte de lo que sólo puede serlo desde el mercado, desde esta parte de lo que sólo puede serlo desde aquél y a escala continental lo que sólo puede serlo a escala mundial.

Eliminar las monedas nacionales por decreto e imponer una moneda continental en un conjunto de países, con enormes diferencias de productividad y sin una integración de sus partes equivalente a la que tiene cualquier estado, fue una decisión francamente precipitada. De hecho, aún hoy, no hay condiciones para la existencia del euro y solamente están en la obligación de defenderlo porque ya existe y porque no hacerlo les llevaría a todos ellos, y al mundo, a gravísimos perjuicios.

Una moneda común y única para países sin una fiscalidad común ni esa solidaridad propia de las verdaderas naciones y que implica el permanente trasvase presupuestal de riqueza de unas zonas a otras, es un franco despropósito. Ahora sólo les queda hacer de necesidad virtud y forzar, hasta donde se pueda, los bonos europeos, o la fiscalidad común, o, como mínimo, una disciplina fiscal común, misma que, por cierto, ya estaba establecida en los diferentes tratados y que Francia y Alemania fueron los primeros en romper.

Nada que ver con el establecimiento de una moneda mundial que no implique la disolución previa de ninguna moneda nacional o continental y que le deje a cada país o grupo de países la plena responsabilidad y manejo de su fiscalidad.

Una moneda mundial de este tipo ofrece todas las ventajas que no ofrece el euro, como la de crear la demanda solvente mundial, la existencia de un instrumento común de reserva, acumulación e intercambio y ninguno de sus inconvenientes porque no se establece, por definición y concepción, como único determinante de todos los baremos económicos nacionales e internacionales. De cada uno de esos elementos se encargará, precisamente, el mercado, pero, en la misma medida en que éste esté determinando, desde la moneda mundial, cada uno de los referentes claves de la economía será, precisamente también, en la misma medida en la que habrá determinado la productividad de cada una de las economías involucradas y, en esa misma medida, estará también determinando la disolución progresiva de cada una de esas monedas.

En este supuesto y contexto, el poderoso incremento de la producción determinado por el establecimiento de esta moneda, más el freno a la velocidad de circulación de la moneda (o forma universal del valor) y la aceleración de la velocidad de circulación de la mercancía concreta (o forma particular del valor) (el freno constante a la especulación como fuente de ganancias y el impulso permanente a la producción como garante de ellas), así como la progresiva disolución de las monedas no-mundiales serán tres poderosos factores que generarán una necesidad y una posibilidad creciente de emisión central, misma que pondrá en manos de este emisor una inmensa cantidad de riqueza con la que impulsar el crecimiento del mercado y la creación de las condiciones concretas y aún físicas de este crecimiento, poderoso, firme y sostenible.

En la concepción de una moneda mundial de este tipo le damos al mercado todo lo que le corresponde y al estado lo propio, sin interferir indebidamente en ninguno de los dos ámbitos.

Una moneda de esta especie permite una poderosa planificación mercantil mundial en la que lo que estamos planificando es el crecimiento del mercado y en la que este mercado es, tanto más poderoso y libre, cuanta más capacidad de planificación tenga este emisor mundial y éste, a su vez, tendrá, tanta más capacidad y medios de planificación, cuanto más poderoso y libre sea ese mercado mundial, en un círculo perfectamente virtuoso que debe ya sustituir al círculo perverso en el que estamos sumidos y consumidos. De hecho, un instrumento monetario de esta especie y su manejo planificador correspondiente, da al capitalismo su verdadera naturaleza que no es más que la de un SOCIAL CAPITALISMO DE PLANIFICACIÓN MERCANTIL MUNDIAL.

Así como la moneda europea nació mucho antes de tiempo, el nacimiento de la moneda mundial está muy atrasada respecto a sus propios y necesarios tiempos pues, de hecho, debió haber nacido desde los acuerdos de Bretton Woods, tal y como lo propuso el Presidente Roosevelt, con la UNITA, a razón de una por diez dólares.

Contrariamente a lo que se ha retenido en la deficiente memoria histórica, la existencia del aberrante y poderoso campo comunista, más la del enorme campo colonial, representado esencialmente en Bretton Woods por la Inglaterra de Keynes, echaron a perder esta adecuada propuesta de Roosevelt, pues Keynes defendió a capa y espada los intereses de un imperio que pretendía mantener los acuerdos de Otawa de 1938 de intercambios mercantiles preferenciales entre las colonias e Inglaterra y un proyecto económico mundial donde, al haber solamente una unidad de cuenta, no se habría tenido un mercado libre sino uno en el que los equilibrios mercantiles solamente se habrían alcanzado premiando a los países con déficit y castigando a los que tuvieran superávit.

La implementación de una moneda mundial de esta índole embona de manera natural todas las legítimas, y hasta hoy contradictorias, aspiraciones y tendencias económicas del mundo y da cabida coherente y natural a todas ellas: las de los necesitados de grandes mercados donde colocar sus excedentes, las de los necesitados de fuertes inversiones para detonar su crecimiento y aumentar su productividad, las de los que necesitan un cemento mundial para cohesionarse, como Europa, las de los superavitarios, las de los deficitarios (tanto en materia comercial como financiera), e, incluso, la contradicción del conjunto de Europa con Inglaterra, encontrará en ella su natural solución, porque tanto embonará el conjunto de Europa con éste su natural contexto como encontrará Inglaterra el natural campo de acción de su experiencia financiera y penetración en los diferentes mercados mundiales.

El mundo emergido desde vieja fecha necesita de esta moneda mundial para no encontrar un techo al incremento de su productividad y seguir produciendo tecnología y mercancías, los países emergentes necesitan de esta moneda para que su actual boom de crecimiento no sea llamarada de petate y los no emergidos necesitan cruelmente de esos fondos mundiales a generar, así como de los mercados correspondientes, para emerger ellos también, así como el conjunto de todos ellos necesita de este social-capitalismo de planificación mercantil mundial para avanzar en un desarrollo sustentable, en materia ecológica y en todas las demás y, todos ellos, necesitan disciplinarse a los intereses comunes (que son también los de cada uno de ellos, lo comprendan o no) por la vía simple de que el que paga manda.

Entre el euro y una eventual y necesaria (y ya imprescindible y urgente) moneda mundial, sólo las falsas analogías caben.

Dignidad.

1 de febrero 2012. Publicado en:
http://losbarbarosdelnorte.com/html/modules.php?name=Forums&file=viewtopic&t=2168

El joven cubano Wilmar Villar ha muerto como consecuencia de una huelga del hambre de más de cincuenta días. Deja dos hijas de 5 y 7 años.

Fue condenado a cuatro años de cárcel por ser opositor al régimen de los hermanos Castro y haber asistido a una manifestación, pacífica, de la Unión Patriótica de Cuba.

Tal y como nos hace saber la bloguera cubana Yoani Sánchez, la dictadura castrista no acepta que existan personas honestas que puedan pensar diferente de ellos y, por lo tanto, cuando condena a un opositor, lo hace por supuestos e inventados delitos de orden comùn, es decir, que, no solamente los condena, sino que además los calumnia.

Todas las dictaduras tienen la misma cataadura, la de Franco aplicaba con frecuencia a los presos políticos la ley de "vagos y maleantes".

Hay que resaltar en este asunto que para el opositor enfrentado a un trato, no solamente represivo sino vejatorio, reaccionar es una cuestión de DIGNIDAD y todas las rebeliones del mundo lo han sido. Pues bien, Wilmar Villar, desde que empezó su huelga del hambre, se aferró desesperadamente a un sólo grito LIBERTAD O MUERTE.

Cuando el vendedor de verduras tunecino, el que inició toda la rebelión árabe, se inmoló por el fuego al ver cómo, una vez más, no solamente le impedían vender sus frutas, sino que se las confiscaban, no fue movido más que por el único y desesperado acto que le permitía recuperar su DIGNIDAD y fue porque su pueblo lo sintió así que la chispa prendió. Un sólo acto de DIGNIDAD incendió todo el mundo árabe y toca hoy las puertas de China y Rusia.

Son muchos ya, en Cuba, los actos de auténtica y genuina DIGNIDAD que se han producido. ¿Por qué no ha ocurrido hasta hoy un incendio como el de los países árabes?

Podrán decirnos que la represión de ese régimen es precisa, puntual, y particularmente insidiosa, pero no creemos que esa sea la única causa. Si el régimen putrefacto de esos carnales sobrevive sin sobresalto mayor es también porque una parte demasiado grande de ese pueblo es todavía cómplice de sus verdugos. Por extravío "ideológico" y por el síndrome de Estocolmo.

La solidaridad del mundo es importante para los pueblos que se rebelan, pero el mundo no puede hacer por un pueblo lo que éste no haga por sí mismo.

Esperamos que esta ola de DIGNIDAD que recorre los países árabes, toque también las puertas de Cuba. No hay nada más indigno para un pueblo que ser cómplice recalcitrante de su verdugo y esa dictadura asquerosa rebasó ya, por mucho, el medio siglo de existencia.

El pueblo sirio está dando una muestra de dignidad profunda pues sale a las calles, día tras día, a enfrentar masacre tras masacre y eso a pesar de que ese pueblo tiene enemigos poderosos, no solamente su propio gobierno, sino, entre otros, el de Rusia, donde otro cretino con el alma putrefacta, Putin, defiende a muerte esa satrapía, no solamente en defensa de sus bases militares, sino también por solidaridad de "clase" y donde el vecino Irán manda armas, hombres y cuánto sea necesario, para defender a su único aliado en la región. Todos estos monstruos se reconocen entre sí y son solidarios.

Una nueva ola de DIGNIDAD recorre el mundo. Deseamos de corazón que toque, y derribe, la puerta de todos los dictadores repugnantes, parapetados detrás de sus banderas "nacionales" y de sus supuestas y mentirosas banderas "sociales".

Un Presidente mexicano, Ernesto Zedillo, tuvo en una ocasión la presencia de espíritu de decirle en sus barbas a Fidel Castro y en Cuba, que: "No hay soberanía nacional que defender donde no hay libertad", es igualmente cierto que tampoco hay ninguna causa social que defender donde no hay libertad y donde no hay libertad la DIGNIDAD es ofendida en grado insoportable.

Defendamos con DIGNIDAD nuestra libertad, el derecho inalienable de que cada quien disponga libremente de sí mismo.

Saludamos aquí, dolida, cariñosa, y efusivamente, el DIGNO sacrificio de Wilmar Villar y la encomiable DIGNIDAD con la que la bloguera Yoani Sánchez se enfrenta día con día, y en su propio país, a ese poder siniestro y asfixiante y gracias a la cual tenemos conocimiento, también al día, de las condiciones y circunstancias concretas en las que ese poder maligno se ejerce.

Mucha razón ha tenido Yoani Sánchez al decirle a Dilma, la Presidenta de Brasil, que todos los represaliados de todas las dictaduras deben reconocerse y ser solidarios. Poco parece ser en Dilma el eco de las palabras de Yoani, pero vaya aquí el sentido reconocimiento y solidaridad de un represaliado del franquismo a los represaliados del castrismo.

Social-capitalismo de planificación mercantil.

11 de febrero 2012. Publicado en:
http://losbarbarosdelnorte.com/html/modules.php?name=Forums&file=viewtopic&t=1646

Estimado compatriota:

Todas las formulaciones anti mercantiles y antiliberales (y supuestamente sociales) tienen como marco de referencia, consciente o no, explícito o no, a las diversas afirmaciones de la teoría del valor marxista.

La primera de estas afirmaciones dice que el incremento de la producción mercantil (con la consiguiente aparición de incrementos de valor o plusvalías) surge en forma de sobreproducción, o producción no realizable dentro del mercado, con lo cual, estas nuevas riquezas, que deberían servir para remediar la pobreza, causan, al contrario, nuevas miserias. De esta afirmación derivan su postulado sobre la necesidad de eliminar radicalmente la propiedad privada de los medios de producción y su lema de socialismo o barbarie.

Otra afirmación de esta postura ideológica asevera que las relaciones mercantiles entre países de diferente grado de desarrollo, a precios del mercado mundial, solamente pueden causar trasvases de valor del país pobre hacia el rico que fatalmente empobrecen cada vez más al pobre, en términos relativos y aún absolutos, y enriquecen cada vez más al rico, también en ambos términos. De toda esta aseveración derivan su postura anti mercantil y antiglobalizadora.

Aseguran también que, puesto que la participación de la masa de dinero dedicada a los salarios es cada vez menor en relación al conjunto del capital invertido en el ciclo (como resultado del desarrollo tecnológico), entonces, fatalmente, el interés de los propietarios de los medios de producción en la acumulación resulta antagónico con el interés de los asalariados en el conjunto de sus salarios y este antagonismo sólo puede resolverse con la destrucción de una de las partes. Así pues, el antagonismo de la lucha de clases está garantizado y es inevitable.

La última de sus afirmaciones esenciales está vinculada a la aparición de la conciencia ecológica y dice que el sistema mercantil, per se, hace imposible cualquier forma de desarrollo sustentable.

Tenemos pues un sistema, según ellos, que al incrementar la producción sólo puede producir más miseria, que al relacionar mercantilmente a países de desarrollo desigual sólo puede producir más desigualdad, que no es capaz de promover ningún desarrollo sustentable y que está condenado a una lucha de clases antagónica, todo lo cual, implica guerras permanentes entre países y violencia social al por mayor.

Esta postura resultaba en una propuesta de eliminación de la propiedad privada de los medios de producción, era el comunismo, horizonte y telón de fondo de todas las posturas socialistas y tercermundistas. El fracaso estrepitoso e irremisible de esta postura radicalmente anti mercantil, antiliberal e inhumana los dejó, de hecho, huérfanos de proyecto, horizonte y referentes, pero, no obstante, la falta de reflexión y análisis en el campo mercantil, la falta de una reflexión sobre la propia naturaleza de la soberanía personal, del dinero, así como la no compresión del conjunto de esta sociedad mercantil en un solo mundo donde la globalización pública vaya de par, y aun preceda, a la globalización privada, les ha permitido replegarse en una inopia programática en la que, para pasar por defensor de los pobres sin desenmascararse como comunista o antiliberal, basta definirse como anti-neo-liberal, empleando un eufemismo en el que el neo es sólo un taparrabos de su antiliberalismo y anti mercantilismo puro y simple.

Todas las aseveraciones de esta ideología aparecen reflejadas en sus actitudes y así observamos su antagonismo con la propiedad privada, su fobia antiglobalizadora y contraria a los intercambios mercantiles internacionales y asimismo su propensión a la violencia derivada del carácter antagónico (según ellos) de las partes que intervienen en la producción mercantil.

Una reflexión de la naturaleza y posibilidades de la economía mercantil es indispensable y escapa a lo escueto de esta reflexión, pero, sí podemos enunciar ya algunas ideas generales.

El dinero es la forma universal del valor y desde este sencillo punto de vista podemos ya afirmar que no tendremos una sociedad mercantil propiamente dicha y, por ende, un valor establecido y la posibilidad de un intercambio generalizado de equivalentes, sino en la medida en que tengamos una auténtica moneda mundial, es decir, una moneda emitida por un emisor mundial, respaldada por el conjunto de la mercancía mundial y emitida como propiedad del mundo entero. Sólo en estos términos podremos pensar la verdadera naturaleza y las posibilidades intrínsecas de este tipo de producción.

En primer lugar debemos hacer constar que, siendo la soberanía de carácter personal, individual, sólo un intercambio generalizado de equivalentes, apoyado en una única forma universal del valor, puede crear el marco de las libertades personales en las que el individuo pueda perseguir su felicidad a su propia manera, realizando toda su actividad dentro de un sistema mercantil libre y con un sólo referente en materia de valor.

En términos estrictamente económicos esto tiene también implicancias poderosas, así, en la medida en la que dispongamos de una forma universal del valor, amparada por el conjunto de la mercancía mundial, tendremos una moneda que tenderá a mantener su valor en trabajo promedio, o trabajo socialmente necesario, es decir, tendremos una moneda que no sólo tenderá a seguir comprando cantidades equivalentes de bienes físicos, sino que también tenderá a comprar cantidades crecientes de estos mismos bienes al reflejar la evolución tecnológica y el incremento consecuente de la productividad.

Por otro lado, una moneda que mantiene su valor en trabajo promedio cambia el comportamiento de los propietarios del dinero, los va haciendo más conservadores (entre otras cosas las amortizaciones tienden a hacerse con tesorerías) y hace más audaces a los propietarios de la mercancía particular o concreta. En otras palabras, una tal moneda, frena poderosamente la velocidad de circulación del dinero (eliminando, entre otras cosas, la base fundamental de la especulación financiera que es, precisamente, la existencia de múltiples monedas) y acelera, también poderosamente, la velocidad de circulación de la mercancía concreta (canalizando de manera natural la búsqueda de la ganancia hacia la producción y no hacia la especulación) aproximando paulatinamente el monto global de ambas masas circulantes, la de la forma universal del valor y la de la forma particular del valor.

Esta situación descrita configura un contexto en el que el emisor mundial emite cantidades inmensas de dinero, ciclo con ciclo, cantidades cuyo monto global va acercándose paulatinamente al monto global de los beneficios percibidos por el conjunto de los propietarios de los medios de producción.

Aquí, inesperadamente, aparece en su inmensa magnitud un nuevo concepto de planificación. Planificamos sí, la creación, y puesta en circulación, de las nuevas cantidades de forma universal del valor, de dinero mundial, para permitir el pleno desarrollo del valor particular y concreto, de la mercancía, en la totalidad de este único mercado mundial en el que este emisor nos coloca. Este nuevo concepto planificador elimina la objeción marxista de las nuevas mercancías como sobreproducción irrealizable en el mercado y causa, por lo tanto, de miseria y elimina, por ende, toda necesidad de expropiar a los propietarios de los medios de producción y establece, asimismo, una regla de tres planificadora completamente diferente de la marxista, aquella decía que a más planificación menos mercado, puesto que lo que estábamos planificando era, precisamente, la eliminación de la libre circulación mercantil, y ésta dice que a más planificación más mercado, precisamente también, porque lo que estamos planificando es el desarrollo y crecimiento de un mercado libre, totalmente basado en la propiedad privada de los medios de producción y en la propiedad pública de la emisión de la forma universal del valor o dinero mundial y, además, ahora estamos en condiciones de comprender el ámbito de acción del estado y el del mercado. Si el estado interviene en la producción de mercancías o forma particular del valor, distorsiona y corrompe toda la circulación mercantil, pero, si la iniciativa privada interviene en la producción del dinero o de la forma universal del valor, ocurre exactamente lo mismo.

No estamos ante un solo ámbito que ambos se repartan, en el que compitan por un solo 100% del terreno común y único y en el que seríamos más o menos estatistas o privatizadores en la medida en que jalemos hacia cada uno de los extremos opuestos el marcador, no, cada quién dispone del 100% de su propio ámbito y ambos deben ser respetados escrupulosamente para poder establecer y desarrollar el mercado libre en cuestión. Al establecer esta emisión mundial podremos ser, a la vez, mucho más laissez faire que los liberales del siglo XIX en el ámbito de la producción de las mercancías o forma particular del valor y mucho más estatistas que el comunista más radical en el ámbito de la producción de la forma universal del valor o dinero mundial, puesto que, al fin y al cabo, cualquier estado nacional es un simple particular en relación al mundo y, en consecuencia, cualquier comunista entronizado en el poder de un estado nacional, al estatizar y emitir moneda nacional, es un simple privatizador de ambas formas del valor y, asimismo un privatizador corruptor y distorsionador, puesto que sólo la emisión de una auténtica moneda mundial o forma universal del valor, puede establecer la libre sociedad mercantil y, asimismo, el intercambio de equivalentes, sin el cual, ninguna justicia social puede alcanzarse y ninguna libertad sostenerse.

Estas inmensas masas de dinero en manos del emisor mundial a establecer representan toda la capacidad redistribuidora y social que el mundo necesita, puesto que son masas de dinero disponibles para impulsar la producción mercantil exactamente en los terrenos donde se requiera atacar la desigualdad social o territorial y, por otro lado, este emisor central podrá permitirse el lujo de prestar el dinero a cero tasa de intereses y, no obstante, devengarlos, puesto que las masas de dinero por él prestadas generarán la aparición de nuevos incrementos de valor o plusvalías que requerirán de nuevas emisiones para poder circular y realizarse en el mercado, con lo cual, en el acto de estas nuevas emisiones, repetimos, este emisor devengará intereses de las sumas anteriormente prestadas aun habiéndolas contratado a tasa cero.

Todo lo anterior perfila al crédito como el instrumento rey de la planificación mercantil y a la bolsa (desaparecidas las inmensas presiones especulativas que surgen en la actualidad precisamente de la aberrante existencia de múltiples monedas) como el instrumento rey de la acumulación y recomposición permanente del capital.

Este insólito y luminoso panorama hace aparecer aspectos en los que ni siquiera hemos reflexionado. Actualmente vemos al dinero como un simple determinado por todos los aspectos de la producción mercantil y de la propia circulación monetaria, pero, un acercamiento al dinero mundial como único dinero real, como única forma universal del valor, nos irá marcando la pauta de que esta forma universal del valor es el gran determinante de la producción mercantil en general. Son las formas universales las que determinan a las concretas y no al revés. No nos ha sido posible vislumbrarlo por el simple hecho de que consideramos a la teoría como una especie de reflejo de la práctica, siendo sin embargo que, como decía Kant, no hay nada tan práctico como una buena teoría y, asimismo, es igualmente cierto, como decía Einstein, que aun cuando siempre hay un camino que vaya de la teoría a la práctica, no hay, sin embargo, ninguno que vaya de la práctica a la teoría. No es del estudio concreto de nuestra realidad económica actual del que surge una solución global o nuevo orden económico mundial, sino que es de la concepción simple de la naturaleza del valor de la que surgen todos los ordenamientos prácticos necesarios.

Por otro lado, un valor plenamente establecido, a través del establecimiento de su forma universal, implica el establecimiento de la relación mercantil como un intercambio de equivalentes y, en consecuencia, implica asimismo el establecimiento de la base universal de la justicia social, incluida desde ese preciso momento en el acto mismo de la compra-venta, inherente a la sociedad de libre circulación de hombres, ideas y cosas. En una palabra, que esta sociedad mercantil conlleva en ella misma la justicia social y la equidad que está inscrita en todos los programas de socialistas, comunistas y similares.

La propia afirmación de que un intercambio mercantil, a precios del mercado mundial, entre países de diferente nivel de desarrollo, sólo causa una mayor desigualdad, es absolutamente falaz. Cuando cada país calcula en su propio trabajo promedio o trabajo socialmente necesario, observamos que, cuánto más grande es la diferencia tecnológica, mayor es la ventaja del subdesarrollado, marcando una tendencia perfectamente virtuosa y permitiendo un acercamiento de ambos niveles de desarrollo tanto más rápido, precisamente cuanto más grande es la diferencia a salvar. Siempre y cuando, la ventaja adquirida en el intercambio de las mercancías concretas, no lo perdamos en el desbarajuste de una multiplicidad de monedas aberrante y contra natura (contra natura precisamente en relación a la naturaleza del dinero, o forma universal del valor, en el que se sustenta toda sociedad mercantil).

Definitivamente ha llegado el momento de que, así como logramos constituirnos en naciones y crear nuestros propios emisores nacionales, sepamos constituirnos en un mundo y crear nuestro propio emisor mundial, única base posible de un intercambio mundial justo y de la equidad social necesaria para garantizar un desarrollo sustentable y no antagónico.

Este no es un proyecto alejado de nuestras realidades nacionales o de integración regional, al contrario, ambas deben ser contempladas a la luz de esa esencia que constituye ya nuestro horizonte generacional y humano.

En otro documento, que nuestro común amigo le hará llegar (redactado en nuestra relación con los amigos hispanos de EEUU), vemos cómo podríamos concebir los primeros pasos de esta moneda mundial, emitiendo en un primer momento un embrión que empezaría insertándose en la parte más activa de la circulación mercantil mundial, el comercio internacional, y en el que posteriormente sería el propio mercado el que decidiría del desarrollo posterior de esas emisiones, en un proceso exactamente distinto de aquél con el que Europa ha concebido su moneda regional, es decir, la homologación previa de todos los baremos económicos para, finalmente, colocar esa moneda única como la cereza en ese pastel regional. En el caso mundial, la magnitud misma del asunto nos obliga a dejarle al mercado todo el desarrollo de esa moneda, es más práctico y también mucho más adecuado mercantilmente hablando.

México está en una situación totalmente particular en la que la desaparición del dólar estadounidense para crear una nueva moneda regional es absolutamente impracticable y en la que, por lo tanto, cualquier decisión monetaria implica pensarla en el marco de esta indispensable moneda mundial recuperadora de todas las soberanías nacionales pérdidas y establecedora del verdadero imperio del derecho universal.

La comprensión cabal de los puntos indicados (solamente esbozados y enunciados, pero que podríamos ampliar en la medida en que se estimara necesario) nos conduce a la definición ideológica explícita y literal del liberalismo puro y simple como expresión del único humanismo posible, de la única posibilidad a nuestro alcance de crear una sociedad marco del ejercicio del libre albedrío de cada miembro y ámbito de justicia social y equidad económica, marco real y no utópico de libertad creadora.

Además, en el caso del PAN, todo esto implica el reanudar con su filosofía liberal consubstancial y fundadora, la de Gómez Morín, dándole a esta filosofía los alcances indispensables al nuevo orden mundial que imperiosamente exige el actual y poderoso desarrollo del mercado mundial.

Aprovecho la presente para saludarlo calurosamente y para ponerme sincera y efectivamente a sus amables órdenes.

Mi interioridad, como fuente consciente de mi circunstancia.

28 de febrero 2012. Publicado en:
http://losbarbarosdelnorte.com/html/modules.php?name=Forums&file=viewtopic&t=2197

Decía José Ortega y Gasset, filósofo de cabecera de los falangistas (miembros del partido fascista español), que: "Yo soy yo y mi circunstancia". ¿Será pues mi circunstancia ajena a mí e igual a mi yo? ¿Estaremos ambos en igualdad de condiciones a la hora de determinar lo que resulte de este tándem?

Quien dijo esto es el mismo filósofo que consideraba que existían "razas orgánicas" (solamente la "raza germánica"), "razas inorgánicas" (la "raza latina") y "razas caos" (la "raza negra"). Y también el mismo que, para aclarar sus dichos, añadía que los latinos verdaderamente geniales (enumeraba a Miguel Ángel, entre otros) en realidad eran "miembros de la raza germánica, extraviados en la raza latina".

Podríamos, en un primer momento, alegarle a Don Ortega que yo sólo soy yo y que, si quiero vincular mi circunstancia con este núcleo yoístico, solamente podré decir que yo soy yo, y sólo yo, pero, EN mi circunstancia.

Pero, en cualquier caso, esta circunstancia mía constituye ciertamente mi exterioridad y ninguna duda cabe de que me condiciona, aún cuando no le permita formar parte de mi intimidad yoística.

¿Cómo enfrentaré este evidente reto al que mi circunstancia-exterioridad me somete?

Fácil, muy fácil; concibiendo la totalidad de esta circunstancia, acto mismo en el que esta totalidad, emanada de mi más estricta y consciente interioridad, se constituye en la circunstancia de mi circunstancia y, por ende, en su exterioridad y en la mía.

Es mi interioridad más consciente y elaborada la que se constituye en mi propia exterioridad y en mi propia circunstancia, pero, debemos tener muy presente al respecto que, mientras esta interioridad mía no sea consciente, aún cuando mi exterioridad se me presente como extraña y ajena, es también mi obra, pero lo es en una forma caótica, destructiva y aparentemente incontrolable.

Este acto consciente, constitutivo de nuestra única, verdadera y plena circunstancia, es el que realizaremos al concebir y establecer la primera y única forma universal del valor, la moneda mundial, amparada por el conjunto de la mercancía circulando en el conjunto del mercado mundial, plenamente habilitada para hacerla circular toda ella, apta para la constitución y reconstitución permanente de los capitales indispensables a la producción de toda la mercancía circulante y elemento determinante para que aparezca, en el ámbito de la concreción, toda la virtuosa y virtual capacidad planificadora, productiva, y justiciera, de la economía de mercado libre. Forma universal determinante, pues, de todas las formas particulares del valor (y no a la inversa).

Mientras no concibamos y concretemos esta moneda mundial, nuestra circunstancia nos aparecerá como ajena, inasible e incontrolable y, de hecho, seremos sus esclavos y sólo podremos entablar con ella una relación de sometimiento y autodestrucción.

Que nuestra interioridad consciente se constituya en la circunstancia de nuestra circunstancia (en nuestra única circunstancia pues) y que José Ortega y Gasset, donde quiera que esté, siga, si así lo prefiere, meditando las entelequias perversas de las circunstancias, raciales u otras, no emanadas de nuestra intimidad yoística. Que él siga jugando las yuxtaposiciones enajenantes mientras nosotros gozamos de esa interioridad de Dios de la que Él, en su infinita bondad, nos permite formar parte. Gocemos de Dios y de nuestra propia intimidad, en lo individual y en la fraternidad abarcadora de la humanidad entera, mientras Ortega sigue viendo, desde fuera, su dios-perspectiva. ¡Que Dios, en su infinita bondad, le haya dado, ya del otro lado, otra "perspectiva" de las cosas!

Puntualizando los dichos de los físicos europeos.

9 de marzo 2012. Publicado en:
http://losbarbarosdelnorte.com/html/modules.php?name=Forums&file=viewtopic&t=2201

El acelerador de partículas de EEUU, el TEVATRÓN, instalado en el laboratorio FERMILAB, ha tenido un nuevo éxito en la búsqueda del Bosón de Higgs (ése que, de acuerdo a la teoría Standar de la microfísica, debe ser el responsable de aportar la masa a las partículas que la tienen).

Analizando 500 billones (de doce ceros) de choques protón-antiprotón, han determinado que el Bosón de Higgs no puede estar en el tramo energético de 147 a 179 GeV, con lo cual el espectro en el que debe ser buscada la partícula queda reducido al tramo que va de 115 a 135 GeV. Podemos decir pues que; si la partícula está ahí, ha sido muy acorralada.

Además, en el residuo de los choques protón-antiprotón con los que trabaja este acelerador de partículas, aparecen 2 quarks Bottom que son, precisamente, las partículas que deben aparecer de acuerdo a la teoría Standar y no los fotones que aparecieron en el superacelerador de Ginebra como resultado del choque de otro tipo de partículas.

Además, este cerco del Bosón de Higgs por parte del superacelerador TEVATRÓN, permite determinar la masa del eventual Bosón en más de cien veces la del protón.

Una vez más, los investigadores americanos han demostrado su pericia y el buen criterio en el diseño de sus experimentos al hacer aportaciones decisivas con un aparato que es muy pequeño frente al monstruo de Ginebra. Es triste que el gobierno americano haya decidido suspender el financiamiento a un acelerador que, al hacer chocar otro tipo de partículas que el LHC de Ginebra, resulta complementario de él a pesar de la brutal diferencia de energías involucradas y, más triste es si tenemos en cuenta que, de remate, el espectro de energías posibles al que ha sido confinado el Bosón de Higgs, es compatible con las energías manejadas por el TEVATRÓN.

Donde tenemos que puntualizar es en las consecuencias que los físicos europeos se ha apresurado a sacar de estos experimentos pues afirman: que "Dios está a punto de mostrarnos de qué está hecho". En el caso eventual del más rotundo de los éxitos en la búsqueda del Bosón de Higgs, sólo podremos afirmar que Dios nos ha permitido comprender cómo aparece la masa en las partículas y ni siquiera qué es (suponiendo que fuera una "cosa") y, mucho menos, saber de qué está hecho Él pues, si bien el universo es obra de Él, y forma parte de Él, no es Él. Es decir que, en el más exitoso de los casos, solamente habremos dialogado, una vez más, con Él. Algo que permanente nos ofrece y que es parte de su relación con nosotros. Tendremos un pequeño elemento más del cómo y seguiremos sin ningún porqué (al menos no en el ámbito científico).

.

Los tres grandes crímenes que identifican a Mitterrand.

12 de mayo 2012. Publicado en:
http://losbarbarosdelnorte.com/html/modules.php?name=Forums&file=viewtopic&t=2193

Hace 18 años el Presidente de Ruanda era asesinado. Fue el banderazo para que el gobierno Hutu de ese país iniciara un genocidio de tutsis en el que se destazó a machetazos a 800 mil personas (de todas las edades y sexos) en sólo un mes.

La justicia francesa acaba de hacer público que el Presidente de Ruanda fue asesinado por hutus radicales que no aceptaban un acuerdo que el presidente asesinado acababa de firmar con los tutsis.

Ése fue un genocidio monstruoso y hoy sabemos que el ejército francés en Ruanda estuvo al tanto del asunto desde el principio pero recibió órdenes de su gobierno de dejar hacer y permitir la masacre de tutsis para que no perturbaran la alianza entre los gobiernos francés y ruandés. Una espantosa y criminal complicidad e implicación francesa con la masacre de Ruanda.

El Presidente de Francia era François Mitterrand, dizque socialista, dizque humanista y dizque persona decente.

Tres grandes crímenes caracterizan y desnudan a Mitterrand.

    A) Él era Ministro del Interior (equivalente a Gobernación) cuando el Gobierno francés inició la represión en Argelia, con sistemáticas torturas, asesinatos incluidos, y él fue el primero que dijo que aquello debía terminarse con una guerra. Cuando el pueblo argelino aspiraba a la independencia, Mitterrand escogió la tortura, el asesinato y la guerra de un país industrializado contra un pueblo desarmado.

B)) Él y Sadam Husein fueron los únicos mandatarios del mundo en apoyar el golpe de estado contra Mijail Gorbachov en la entonces Unión Soviética y en reconocer al efímero gobierno golpista. Cuando la posibilidad de la paz en el mundo y el fin del horror comunista pendían de un hilo, Mitterrand escogió la dictadura, la guerra, y el comunismo.

C) Cuando el gobierno de Ruanda se aprestaba a cometer el inmenso genocidio de los tutsis Mitterrand incitó, amparó, protegió, y apoyó a los genocidas.

D) Estos tres horrendos y decisivos crímenes caracterizan a Mitterrand, lo desnudan, a él, y a todos los que se amparen en su bandera.

México secuestrado por la ideología revolucionaria.

18 de mayo 2012, publicado en:
http://losbarbarosdelnorte.com/html/modules.php?name=Forums&file=viewtopic&t=2123

Estamos ya en pleno proceso pre-pre-electoral, aunque parezca chascarrillo el pleno aplicado al pre-pre.

Grande será el número de las propuestas, como grande es el número de las que se necesitan. No podemos seguir con estos sindicatos ni con estas leyes sindicales.

Ni con esta fiscalidad que, no solamente recauda el tercio de lo que debiera recaudar, sino cuya capacidad de redistribución de la riqueza es exactamente cero.

Ni sin segunda vuelta en las elecciones presidenciales y de gobernadores.

Ni sin referéndum ni plebiscito a propuesta del ejecutivo.

Ni con un Pemex "de la nación" pero incapacitado para crear asociaciones con empresas públicas y privadas a lo largo del mundo y generar, tanto riqueza, como tecnología, sin hablar de la CFE.

Ni con una educación que es la última rueda de la carreta dentro (y aún fuera) de la OCDE.

Ni con un nivel de monopolios tanto públicos y privados, incompatible con la libertad de mercado y el crecimiento consecuente de nuestro PIB.

Ni con un 50% de la población con un nivel de vida insoportablemente precario y miserable (para no hablar de la casi totalidad del otro 50%).

Ni con un crecimiento del PIB, en los últimos 30 años, que apenas supera al crecimiento demográfico.

Ni con tantos otros y negativos elementos que, si los consideráramos todos, nos interrogaríamos sobre lo que haya sido lo que ha permitido a este país seguir con fortalezas, aún en medio de sus debilidades.

Pero, todos los elementos que podamos analizar y agregar se resumen en un sólo hecho ideológico. México está secuestrado por la, muy mal, llamada "ideología revolucionaria". No hay un sólo hecho, político, sindical, económico o social y aún "teórico", que no parta de ahí.

A mi modo de ver ésta debería ser la síntesis del debate político-electoral. Probablemente el PAN no quiera meterse en mayores honduras, una porque eso pondría los pelos de punta a su eventual aliado, el PRD y, otra, porque no quiere "menealle" no vaya a ser que despertemos el México bronco y le demos elementos al PRI. (para qué?)

Enrique Peña Nieto, ha lanzado su bola al decir exactamente lo que estamos comentando, "México está secuestrado por una ideología". Se ha guardado muy bien de decir que es precisamente la ideología que su partido ha planteado y defendido durante casi todo el siglo XX y lo que va de éste.

¿Por qué lo ha dicho?, ¿ha querido lanzarle un cañonazo a la línea de flotación de una eventual alianza PRD - PAN?

No importando las razones que haya tenido. Le haya atinado a sus intereses partidistas o haya cometido un autogol, ese es el centro real y objetivo del debate y cualquier intento de escamotear esa verdad central será rebasado por los hechos pues en el horizonte está al acecho alguien, el MALO, que se encargará de agitar esas banderas "revolucionarias", ellas sí espurias y trasnochadas, y con ello obligará al verdadero debate.

En cualquier circunstancia y, no importando los motivos que Peña Nieto haya tenido para decir lo que ha dicho, celebro que lo haya hecho.

México está secuestrado por una ideología antimercantil, antiliberal y antidemocrática y, en este contexto, no es de extrañar que los secuestros de personas físicas hayan terminado siendo una plaga, ni es de extrañar que, los mismos que siguen agitando explícitamente esas desdichadas banderas, sean los que se oponen ferozmente a que el Estado mexicano defienda a capa y espada su exclusividad en el uso de la legítima violencia. (considero más conveniente el término fuerza a violencia, el Edo. Ejerce la fuerza, la criminalidad la violencia)

Cómo el izquierdismo de Salinas torció su sexenio.

29 de mayo 2012. Publicado en:
http://losbarbarosdelnorte.com/html/modules.php?name=Forums&file=viewtopic&t=2295

El izquierdismo de Salinas torció su sexenio (y torcerá el de cualquiera que batee por ese lado).

Salinas era, y es, tres hombres en uno.

Es el hombre del sistema, hijo de su padre Raúl Salinas, con toda la barbarie abyecta que eso comporta, y eso es lo que le permitió llegar al poder.

Es, también, el egresado de las grandes universidades americanas y conocedor de la técnica necesaria como para poder concebir un proyecto económico viable para México, una modernización y unas reformas indispensables para dejar de ser un país secuestrado por una ideología "revolucionaria" que, de hecho, constituye una reedición de la colonia con una total y completa domesticación y anulación de la soberanía personal (para la "revolución" el ciudadano es un menor de edad, como para la colonia lo eran los indios) y este conocimiento de la técnica económica y de las leyes del mercado es lo que le permitió a Salinas la parte exitosa de su mandato.

Es, asimismo, el hombre de izquierdas, el sobrino de su tío Elí de Gortari (filósofo del movimiento del 68, y el creador (junto con Camacho y su hermano Raúl), de las ARIC las organizaciones campesinas de Chiapas precedente del EZLN y de otras lindezas regionales, el creador y financiador del PT, el apoyador y financiador-manipulador de Antorcha Campesina y de los

Cuatrocientos Pueblos y eso es lo que dio al traste con el poder al que su herencia paterna le permitió acceder y con la reforma que sus conocimientos económicos le permitieron concebir.

Cuando Carlos Salinas toma el poder, lo toma también Georges Bush padre y en ese mismo año, en la reunión de la Cámara Hispana de Comercio de los USA a la que Bush asistió y celebrada en Nueva Orleans, Bush le propone a Salinas la creación de un Tratado de Libre Comercio (TLC), como el que finalmente se creó. Salinas tuvo pues esa oportunidad desde el primer día de su mandato, ¿por qué no la aprovechó?

Porque el Salinas de izquierda creía a pies puntillas la babosada aquella de las asimetrías, tesis de tan triste memoria que ni sus promotores la recuerdan.

La tesis necia de las asimetrías decía que entre dos países de muy diferente grado de desarrollo económico cualquier comercio resulta trágicamente empobrecedor para el pobre y sólo enriquecedor para el rico, siendo que, al contrario, en un comercio entre países de esas características, el subdesarrollado tiene tantas más posibilidades de crecer y de salir ganancioso en ese comercio, precisamente cuanto más grande es el diferencial de productividad entre ambos países, pues, cuanto más baja es su productividad, más susceptible es de acrecentarse, cosa que no deja de hacer, dentro de esa relación mercantil, en la adquisición de cualquier bien, sobre todo si es de capital.

Como Salinas creía esa tontería, junto a todos los demás izquierdistas, pero deseaba atraer capitales, creyó hacer atractivo el país para los inversionistas extranjeros bajando drásticamente los aranceles en las importaciones de mercancías y convirtiendo los concursos nacionales en internacionales.

Al tomar estas medidas castigó a la industria mexicana y a las empresas nacionales proveedoras del estado pues, entre otras muchas desventajas, estas empresas tenían que obtener su dinero al 30% anual cuando las extranjeras lo obtenían al 6%.

Tres años pasaron y nada de lo previsto resultó. A mitad de su sexenio Salinas acude a la reunión de gerifaltes mundiales de Davós y allí el presidente alemán Helmut Khol le aclara: "No iremos a invertir en México a menos que al hacerlo tengamos acceso libre al mercado americano" es decir, o haces un TLC con los EEUU u olvídate de las inversiones.

Bajo aviso no hay traición y Salinas arranca inmediatamente las negociaciones para el TLC, pero tres decisivos años han transcurrido y Bush está en el último año de su mandato y con más problemas de los que necesita, pierde las elecciones y ya sumamos cuatro años de pura pérdida. Entra Bill Clinton, el cual también desea el TLC, pero es demócrata y los sindicatos, parte esencial de su base electoral, no quieren oír hablar del TLC. Necesita un año para generar el capital político indispensable y ya han pasado cinco años preciosos cuando la negociación arranca, pero ahora estamos en el sexto año, el año político de México y hay que negociar al vapor, bajo cualquier condición, con una gran debilidad política, lo cual permite que agarren a Salinas con los dedos en la puerta, y viene la excrecencia purulenta del subcomandante y el resto es ya historia.

Con esa estupidez de las asimetrías se perdieron cinco años vitales, se castigó innecesariamente la industria y la economía nacional, se perdió capacidad de negociación al haber bajado previamente los aranceles contra nada y un sexenio que pudo haber sido rotundamente exitoso terminó con ciertos progresos pero dentro de una debacle política y moral.

De haber empezado la negociación del TLC desde el primer día de su mandato y con la aprobación que Bush padre manifestó para el asunto, ése pudo haber sido un sexenio apoteósico y el señor habría terminado con un capital político inconmensurable.

El hombre del sistema se dio la oportunidad, el egresado de las mejores universidades concibió el cambio necesario y el hombre de izquierdas dio al traste con todo.

Pero, al menos, Salinas era tres hombres en uno y uno de ellos pudo temperar los disparates del otro, ¿le daremos chance al que solamente es hombre de izquierdas, sin que ningún conocimiento técnico ni científico tempere en él los disparates del izquierdoso, demagogo, falaz y cínico? Si así lo hacemos, MALO, muy MALO para nosotros y grave, muy grave, nuestro desPEÑAdero.

El PRI nació y morirá como lo que es, un partido de izquierdas, puesto que, incluso el Presidente priísta más reputado de derechas, se perdió por donde más pecaba, por la izquierda, y el PRD es izquierdoso en tanto que priísta. Estamos ante la oportunidad histórica de ¡por fin! terminar con este sistema infame y de paso, culminar la Reforma y la Revolución de Madero y dejar definitivamente atrás esos terribles tres siglos de la colonia en la que los españoles enseñaron a los futuros bolcheviques mexicanos a liquidar cínicamente la soberanía personal y toda libertad y toda humanidad en nombre sea de Dios, como en la colonia, sea de la justicia social, como estos subproductos de la contrarevolución siguen vociferando.

Sólo Josefina Vázquez Mota tiene la intención y la posibilidad de terminar con ellos, votemos por ella y, si consideramos que su estrategia de campaña no es la correcta, que su mejor estrategia sea nuestro voto.

En mi nombre no, Señor Sicilia.

29 de mayo 2012. Publicado en:
http://losbarbarosdelnorte.com/html/modules.php?name=Forums&file=viewtopic&t=2007

El Señor Javier Sicilia canaliza positivamente el extremo dolor de soportar el asesinato de su hijo lanzando una propuesta de pacto nacional, con la que estamos de acuerdo. Dios sabe que lo necesitamos.

El Señor Sicilia da, al menos, un rasgo de ese pacto, terminar esta guerra contra la delincuencia con una negociación, pues "toda guerra termina con negociaciones", tal y como se hacía antaño. El Señor Sicilia ha, asimismo, expresado su rechazo al hecho de que Calderón, según él: "Sólo sabe pensar en violencia".

Expresamos aquí nuestra resuelta negativa a seguir al Señor Sicilia en estos propósitos.

Su hijo, junto a otros muchachos, fue asesinado en Cuernavaca, que es el ejemplo más acabado de la barbarie insoportable que significó el gobierno de los que trataban con delincuentes. El capo mafioso principal del país vivía a unos metros del Gobernador en funciones y el peor y más asesino de los secuestradores vivía a cuadra y media.

Los secuestrados fueron muchos miles (sólo una familia secuestró a tres mil), los muertos jamás se pudieron contar, porque todo ocurrió en la peor y más siniestra prepotencia y secreto. Los cadáveres de los secuestrados, y asesinados, pueblan las laderas de la carretera federal. Primero, los secuestrados eran guardados en el municipio de Huitzilac y después en los separos de la Procuraduría del Estado.

La maldad, la impunidad y el cinismo llegaron a tal extremo que, cuando los secuestrados pagaban lo que se les había exigido, seguían guardados en los mismos separos de la Procuraduría, pero ahora en calidad de secuestradores.

El Gobernador, el Procurador y el Jefe de la Policía del Estado de Morelos eran, todos ellos, narcos, extorsionadores, secuestradores y asesinos. Ponemos el ejemplo de Cuernavaca porque ahí es donde el asesinato del hijo de Sicilia ha ocurrido, pero todo el país fue pasto de los mismos desmanes. Eso sí, sólo de un lado mataban, del de los asesinos amafiados con el poder y del poder mismo, sólo de un lado morían, del de los simples ciudadanos A LOS QUE NADIE, ABSOLUTAMENTE NADIE, DEFENDÍA, y a los que, al parecer, ni a toro pasado queremos defender, puesto que ahora reivindicamos como sabios a esos monstruos que los asesinaron y vejaron hasta la nausea.

Señor Sicilia, nosotros también ESTAMOS HASTA LA MADRE.

ESTAMOS HASTA LA MADRE de que se diga que es la lucha del Estado contra la delincuencia la responsable de toda esta violencia. Es responsabilidad exclusiva de los delincuentes.
ESTAMOS HASTA LA MADRE de que se nos diga que debemos volver a los tratos con los delincuentes. Es toda esa mierda la que nos ha traído hasta aquí y quien quiera volver a ella tendrá que enfrentarse con cada uno de los que no estamos de acuerdo. Que también contamos.
ESTAMOS HASTA LA MADRE de que se diga que debemos hacer un pacto nacional sin entrar en materia alguna. Hacer un pacto nacional es, entre otras muchas cosas, obligar al Legislativo a aprobar la creación de una sola policía nacional, una de las condiciones para enfrentar a toda esa delincuencia desbocada por

obra y gracia de los que sí trataron con ella. ESTAMOS HASTA LA MADRE de que no se quiera entender que los que tratan con delincuentes son delincuentes ellos mismos y, siendo estado, son la peor de las delincuencias imaginables, precisamente la que nos ha traído a donde estamos.

ESTAMOS HASTA LA MADRE de que se nos diga que debemos impulsar la educación y el desarrollo social sin que estemos dispuestos a considerar que eso implica una real reforma fiscal que le procure al Estado los medios necesarios para esos, y muchos otros, fines.

ESTAMOS HASTA LA MADRE de que se le diga al Presidente que si no puede se vaya y, cuando si quiere, lo dejemos en la estacada y lo estemos señalando, precisamente, por haber emprendido el necesario combate para recuperar nuestro país.

ESTAMOS HASTA LA MADRE de que se le haga el caldo gordo a la delincuencia diciendo que esta violencia se desencadenó cuando el Presidente se decidió a enfrentar a los asesinos, siendo que se desarrolló, y salió de control, cuando mandaban los que, ahora, queremos volver a encaramar al poder.

ESTAMOS HASTA LA MADRE de que nos hablen de realizar un pacto nacional sin decirnos en qué consiste y que, en la medida en la que sí nos lo dicen, consista en volver a aquellos polvos que trajeron estos lodos.

Nosotros también criticamos al Presidente, pero no por haber emprendido este combate, ni por la manera en que lo ha emprendido, sino por no haber encarcelado, precisamente, a todos aquellos que sí supieron negociar con delincuentes y que, por lo tanto, también fueron ellos mismos delincuentes (y de qué manera), en una etapa siniestra, repetimos, en la que sólo de un lado disparaban y mataban, y sin que el pobre ciudadano tuviera, ni siquiera, el derecho al desahogo.

ESTAMOS HASTA LA MADRE de que ataquemos al Presidente, precisamente, por todo lo que ha hecho bien, sin que lo apoyemos en lo más mínimo.

ESTAMOS HASTA LA MADRE de que en vez de pedirle al Presidente que lleve su lucha hasta las últimas consecuencias le pidamos que renuncie a su empresa.

Por lo que a mí respecta, bajo ningún concepto deseo que el país (y Morelos) vuelvan a aquella etapa siniestra en la que cualquiera era asesinado por la mafia de gobernantes, narcos y secuestradores, y en la que el terror sólo estaba del lado ciudadano. No, y mil veces no.

HAGAMOS SÍ, UN PACTO NACIONAL, CONTRA TODOS AQUELLOS QUE SE INVOLUCRARON CON LA DELINCUENCIA (BAJO PRETEXTO DE NEGOCIAR CON ELLA), CONTRA LOS QUE SIEMPRE ACTUARON EN LA COMPLETA IMPUNIDAD. UN PACTO NACIONAL PARA TENER UNA FISCALIDAD PROPIA DE UN PAÍS DE NUESTRAS DIMENSIONES Y EN LA QUE, AL MENOS, DOBLEMOS LA ACTUAL RECAUDACIÓN. UN PACTO NACIONAL PARA UN PAÍS DE LIBRE CIRCULACIÓN DE HOMBRES, IDEAS Y COSAS QUE DEJE ATRÁS TODA ESA BASURA DE LAS LIBERTADES PISOTEADAS "PARA OBTENER LA JUSTICIA SOCIAL".

TENGAMOS UNA POLICÍA NACIONAL ÚNICA, CON UNA AUDIENCIA NACIONAL ÚNICA (UN CUERPO DE JUECES Y FISCALES ÚNICO, RADICADO EN LA CAPITAL DEL PAÍS, Y CON JURISDICCIÓN UNIVERSAL PARA TODA FORMA DE DELINCUENCIA ORGANIZADA).

COMBATAMOS SIN TREGUA A ESTOS FACINEROSOS QUE SIGUEN ASESINANDO, QUE EL ÚNICO TRATO CON ELLOS SERÁ IMPLÍCITO Y OCURRIRÁ SÓLO CUANDO ESTOS DELINCUENTES ENLOQUECIDOS ENTIENDAN EL LÍMITE QUE, BAJO NINGÚN CONCEPTO, PUEDEN REBASAR Y CUANDO SEPAN QUE, DEL PODER, SÓLO LA MÁS EXTREMA VIOLENCIA PUEDEN ESPERAR.

ESTAMOS HASTA LA MADRE DE QUE ESTAS COSAS TAN SENCILLAS SEAN CUESTIONADAS UNA Y OTRA VEZ.

ESTAMOS HASTA LA MADRE DE QUE LOS CIUDADANOS TENGAN EL DISCURSO QUE SÓLO DEBEN TENER LOS DELINCUENTES. "TRATEN CON NOSOTROS PORQUE SI NO LES IRÁ PEOR". NO, EL ÚNICO DISCURSO QUE LE CORRESPONDE A LA CIUDADANÍA Y A SU ESTADO ES: DEJEN DE MATAR Y SECUESTRAR, PORQUE SI NO, LES VAMOS A ROMPER TODA SU MADRE.

Dice el Señor Sicilia que está molesto porque Calderón sigue pensando en violencia. ¿Y en qué otra cosa cabe pensar frente a los asesinos de su hijo Señor Sicilia? Para eso tenemos un Estado, para que esa violencia sea legítima y la ejerza el Estado en nombre y representación de la sociedad entera. El estado de derecho es aquél en el que la ley impera y la ley es, eso, imperativa, y se impone, no se propone. Renunciar a la legítima violencia del Estado es someterse a toda clase de ilegítimas violencias, como la que mató a su hijo Señor Sicilia.

Es obligación del Estado el uso legítimo de la violencia y ésta debe ser ejercida, sin tregua, hasta que sea la única en todo el Estado, hasta que estos asesinos de mierda y estos burócratas de remierda entiendan que su violencia es nada frente a la del Estado, y esa violencia legítima es la única acción civilizadora que les podemos aplicar y la única manera que tenemos a nuestro alcance para tratar con ellos.

ESTAMOS HASTA LA MADRE de que se llame violento a un estado que ejerce la obligatoria y legítima violencia que le es exclusiva y se llame "pacífico" y "sabio" y "sabedor de política" a un Estado cretino que permite que cualquiera violente a cualquiera según su real gana.

ESTAMOS HASTA LA MADRE de tener que ser abusivamente reiterativos sin tener, ni siquiera, la certeza de que nuestros propósitos hayan sido, si no entendidos, al menos, escuchados.

Post-data.
Un día después de esta nota, el Señor Sicilia, pide por escrito una tregua a los delincuentes y les SOLICITA un diálogo, a través de mantas o redes sociales, para que vuelvan a los "códigos de honor", y para que nos digan "si realmente están dispuestos a respetarnos como ciudadanía, si nos van a proteger, si no nos van a matar, si no se van a meter con nosotros, no van matar a nuestros hijos, no van a sembrar el terror en esta nación".

SEÑOR SICILIA, ESTÁ USTED BLANQUEANDO E INOCENTANDO A TODA ESTA CATERVA DE ASESINOS. JAMÁS TUVIERON CÓDIGO DE HONOR ALGUNO, Y AQUELLOS QUE LOS PROTEGIERON Y TRATARON CON ELLOS, MENOS.

SEÑOR SICILIA, NO SON "SIMPLES NARCOS", LA EXPERIENCIA DE MORELOS (Y LA DEL RESTO DE LA REPÚBLICA) DEBERÍA INDICARLE QUE SON, EN CONSECUENCIA, NECESARIAMENTE, CONSUBSTANCIALMENTE, EXTORSIONADORES, SECUESTRADORES Y ASESINOS, PRECISAMENTE, EN TANTO QUE NARCOS.

SEÑOR SICILIA, SÓLO DEL ESTADO DEBEMOS OBTENER PROTECCIÓN, LO QUE USTED NOS PROPONE ES SOMETERNOS A LOS ASESINOS, A LOS PREDADORES, Y ESO ES SUICIDA, ESTÚPIDO E INDECENTE.

SEÑOR SICILIA, HA PASADO USTED LA LÍNEA DE LAS PALABRAS MAYORES Y ACABA DE CONVERTIRSE EN VOCERO DE LOS NARCOS, ASESINOS, EXTORSIONADORES Y SECUESTRADORES. SEÑOR SICILIA, NO SÓLO HAY LEGÍTIMA Y COMPRENSIBLE DESESPERACIÓN EN SU PROPUESTA, TAMBIÉN HAY IDEOLOGÍA, AQUELLA EN NOMBRE DE LA CUAL, EL PAÍS FUE VEJADO Y HUMILLADO POR CASI UN SIGLO. TODA ESA BARBARIE QUE SE NOS IMPUSO EN EL FALSO NOMBRE DE LA "JUSTICIA SOCIAL", DEBE TERMINAR Y ESTE DESENLACE MALVADO QUE EL ANTIGUO SISTEMA SE BUSCÓ PARA NO CEDER SU PODER PERVERSO, DEBE TAMBIÉN TERMINAR. NO CEDIMOS ANTE LA NEGACIÓN SECULAR DE NUESTROS DERECHOS CIUDADANOS Y NO CEDEREMOS ANTE SU PROPUESTA DE SOMETIMIENTO A LA DELINCUENCIA. NO ES CORRECTO, NO ES ÚTIL Y NO ES DECENTE.

.

La asfixia mortal de la persona o Cuba 1.

24 de Julio 2012. Publicado en:
http://losbarbarosdelnorte.com/html/modules.php?name=Forums&file=viewtopic&t=1660

La muerte de Orlando Zapata, como resultado de una huelga del hambre en las cárceles cubanas, y el estado grave de otro huelguista, Guillermo Fariñas, ha generado fuerte polémica internacional y requiere nuestra reflexión.

Debemos, en primer lugar decir que no era, ni es, una huelga de hambre caprichosa sino un acto de auténtica desesperación, puesto que, por ejemplo, el hoy difunto Orlando Zapata ingresó a la cárcel por tres meses, simplemente por haber comentado "lo mala que estaba la cosa" y que una vez dentro, el no haber cedido en su percepción de las cosas lo llevó a una condena de tres años y finalmente a una de 36 años de cárcel, con maltratos y palizas permanentes, sin que en ningún momento mediara de su parte acto violento ni ilegal alguno.

Para entender la naturaleza de la dictadura cubana debemos conocer algunos hechos significativos. Si un cubano en el exterior deja vencer su visado o no vuelve a Cuba, en caso de no renovárselo la embajada, nunca jamás puede volver a vivir en su país y durante cinco años no puede ir de visita bajo ninguna circunstancia. Ningún ciudadano de a pie puede ser empresario aunque sí puede serlo la burocracia, civil o militar, e incluso, los cubanos del exterior en asociación con esa burocracia. Para quien tenga acceso oficial a dólares puede comprar productos hasta 40 veces más baratos que para quien no lo tiene, amén de tener acceso a productos a los que los demás no tienen.

La censura es total sin necesidad de censor alguno, puesto que solamente existe la editorial del Estado y por lo tanto, sólo su criterio editorial se expresa. Fariñas, el más enfermo de los actuales huelguistas del hambre entró a la cárcel simplemente por pedir el derecho al acceso a internet. Los precios en dólares son totalmente inalcanzables para la población en general y los productos a los que se accede en la cartilla de racionamiento no garantizan ni la más precaria de las sobrevivencias.

Los ciudadanos no pueden organizarse en forma alguna para defender sus derechos y podemos seguir con un largo etc. etc. etc. Pero el simple recuento exhaustivo del tema todavía no nos daría el cuadro real, porque esa población no solamente está frente a una desigualdad de hecho (de eso sabemos algo nosotros) sino frente a una radical desigualdad de derecho. Ese sistema no marchó hacia el postcapitalismo sino hacia el más radical e ideologizado pre-capitalismo y de hecho hacia el más cerril anti-capitalismo. Caracterizar a ese sistema nos obliga a reflexionar sobre la naturaleza del fascismo.

En esa corrupción de las palabras en la que se coloca el lenguaje hueco de nuestra clase política, se le llama fascista a cualquier dictador o aún a cualquier persona autoritaria, pero el término fascista tiene un contenido bien preciso. Fascista es aquel sistema dictatorial que no solamente dispone para le represión ilegítima del ejército o de la policía sino que organiza a sectores de la población (generalmente aquellos que el marxismo llamaba el lumpen proletariado, más algunas franjas de las demás clases sociales) para reprimir en el pueblo toda manifestación de independencia, libertad, diferencia o reclamo de cualquier naturaleza. Por eso el nombre fascista viene de fascio, en castellano, grupo, grupo de choque.

El régimen cubano es un régimen integral y ferozmente fascista en el que además, por el hecho de ser un fascismo comunista y enfrentado a la propiedad privada de los medios de producción, logra de manera cabal lo que los fascismos de derecha no lograban, puesto que el fascismo de derecha quería también militarizar la sociedad y reprimir toda libertad pero estando basado en la propiedad privada de los medios de producción y por ende en el mercado, la circulación de mercancías impulsaba constantemente por abajo la misma libertad que el sistema reprimía por arriba. Pero el fascismo de izquierda congela por abajo la circulación de mercancía y reprime igualmente por arriba toda libertad resultando, ahora sí, una opresión total, agobiante, desesperante e inhumana hasta el paroxismo.

Podríamos comparar punto por punto ambos fascismos y veríamos la abismal diferencia. Por ejemplo, la cartilla de racionamiento que el franquismo impuso (solamente durante la duración de la posguerra) era una cartilla libre, puesto las cantidades de alimentos asignadas en ellas podían ser proporcionados en cualquier expendio del ramo. La cartilla de racionamiento que aún sufren los cubanos es una en la que sólo determinada panadería o carnicería o lo que fuere, puede surtir, de tal manera que esa cartilla convierte al ciudadano cubano en un asignado de la gleba, un lacayo medieval.

El triste cubano ni siquiera puede entrar a los hoteles o tiendas para extranjeros de su patria. Pero eso dista de ser todo porque ese ser oprimido es, además, obligado a pertenecer a múltiples instituciones, sindicatos, partido, comités de defensa de la revolución, etc. todos ellos represivos y que tienen el más perverso de los efectos al obligarlo a una "contribución total" respecto al sistema, una contribución que lo vacía por completo enajenándolo hasta lo infrahumano. Ese líder infecto se ha constituido en el único sujeto de su patria, en alguien que ha invadido y anulado totalmente el ego de todos sus compatriotas y cualquier intento de ser, simplemente de ser, es el más horrendo y el más reprimible de los crímenes.

Pero eso no le bastó, primero fue dueño de vidas y haciendas, después de mentes, también quiso ser dueño de los espíritus y como esa desgraciada población buscó su ser en algún ámbito, el sistema le dio salida por el lado de la magia negra, instituyéndose también en dueño haciendo venir a los más destacados magos africanos, de manera que también en ese terreno se garantizara la destrucción total de esos desdichados seres.

Hoy esa isla es una llaga purulenta que infecta política, social, mental y espiritualmente a nuestro continente entero y ya en Venezuela el fascismo se ha instalado con fascios, con grupos de choque instrumentados por Cuba, como el Frente Francisco de Miranda, las Reservas y guardias territoriales etc. de tal manera que cualquier persona que intente ejercer alguno de sus derechos ciudadanos arriesga su vida, ni siquiera en manos del ejército o de la policía oficial, sino en manos de estos grupos de facinerosos repugnantes y enloquecidos, todos ellos fantoches, bravucones, asesinos y delincuentes, constituidos en la hez de cualquier sociedad, con mentes esclavas programadas por los sátrapas respectivos.

Ese tándem Cuba-Venezuela, a su vez, ha infectado ya ampliamente nuestro continente, proliferando su veneno en Bolivia, Nicaragua y Ecuador, sin olvidar que el matrimonio presidencial argentino constituido en mafia "patota", intenta, quiere usar, y usa, del mismo modo a sus piqueteros, o que Lula, admirable por otros aspectos, tiene en este ámbito de la libertad, mente y memoria de teflón, los apoya ampliamente, traicionando su pasado de luchador social, o sin olvidar tampoco a México, cuya mal llamada revolución no fue mas que una prolongada contrarevolución que cabalgó a placer el caballo de Victoriano Huerta con tal de que las libertades preconizadas y defendidas por Madero no tuvieran oportunidad de instalarse.

No creamos que los mexicanos hemos escapado al brazo largo del sátrapa de Fidel Castro (cuyos alcances le permitieron ser el inspirador y orquestador del golpe militar contra Gorbachov, en la todavía Unión Soviética) puesto que años atrás dos cubanos vinieron a organizar en esta tierra sus grupos de choque, y cuando fueron expulsados generaron un entredicho diplomático ante el cual el entonces Secretario de Gobernación, Santiago Creel, decidió que no nos diría la causa de la expulsión hasta después de doce años en virtud de la ley de Información y Transparencia, ¡valiente información y valiente transparencia!, ¡qué cobardía! pero el miedo cerval de nuestros políticos, todos los de América Latina, es miserable, y ese miedo obedece al hecho de que como ninguno de ellos tiene esencial ni claramente definido el origen y naturaleza de las libertades, ninguno puede reaccionar con hombría ante las fechorías de estos criminales, puesto que levantan sus mismas banderas espurias (ellas sí) de usos y costumbres y demás zarandajas, en vez de soberanías personales y libertad de circulación de ideas, personas y cosas.

Estos hombres valientes y desesperados que dan sus vidas desde dentro del monstruo fascista, que se atreven a hacer con sus manos desnudas lo que nuestros poderosos no osan ni siquiera pensar desde sus fortalezas, estos héroes (héroes sí, ellos sí) están peleando por las libertades y la dignidad de todos nosotros, NO LOS DEJEMOS SOLOS, NO LOS ABANDONEMOS, SINTAMOS CUÁN GRANDE ES SU FE, SU HOMBRÍA DE BIEN, SU DIGNIDAD. SON NUESTROS HERMANOS QUE ESTÁN EN LA MÁS GRANDE DE LAS NECESIDADES, USEMOS, PARA EMPEZAR, ESTA HERRAMIENTA DEL INTERNET PARA HACERLE SABER A ESOS SÁTRAPAS MAL NACIDOS QUE NOS REPUGNA HASTA LA NÁUSEA QUE ADEMÁS DE OPRIMIRLOS, HUMILLARLOS Y ASESINARLOS QUIERAN AÚN ENSUCIARLOS Y DESPRESTIGIARLOS.

Hitler y los hermanos Castro o Cuba 2.

24 de julio 2012. Publicado en:
http://losbarbarosdelnorte.com/html/modules.php?name=Forums&file=viewtopic&t=1683

Los hermanos Castro dejaron morir a Orlando Zapata (ver en foro de Los bárbaros del Norte: "Cuba la dictadura sangrienta"). De hecho lo mataron, puesto que le negaron el beber agua los últimos 19 días de su huelga del hambre.

Tras la condena explícita de Estados Unidos y la Unión Europea, Raúl Castro ha respondido en un discurso en el Congreso de Jóvenes Comunistas Cubanos. Su respuesta es la esperada en el sentido de ratificar que se pasan por el arco del triunfo a la opinión pública mundial, pero hay una manifestación añadida todavía más reveladora de la catadura moral de estos mal nacidos y es la afirmación de que antes de ceder a la opinión pública mundial "preferimos desaparecer". El hermano mayor, Fidel, lo había dicho de manera más explícita al afirmar que: "Antes de que Cuba sea capitalista, preferimos que la isla se hunda en el mar".

No hay que creer en absoluto que esta clase de expresiones son simples excesos verbales. Cuando alguien ha substituido el ego de los demás hasta el extremo de que el intento de ser, simplemente de ser, por parte de la víctima se considere el peor de los crímenes, el verdugo efectivamente se considera en el derecho a la total destrucción de esa persona, de ese pueblo, de esa nación o del planeta entero si estuviera a su alcance. Es la suma de todas las patologías llevada al extremo paroxismo y lo peor, es que esta clase de monstruos realmente realizan sus dichos en la medida en que eso esté a su alcance. Aquí es donde el ejemplo de Hitler es demostrativo porque en la última etapa de su derrota, fue evidente hasta para sus íntimos que su propósito era, hasta donde se pudiera, la total destrucción del pueblo alemán y este personaje argumentaba que ese pueblo no había estado a su altura, o sea, a la altura de su ego y que merecía, por lo tanto, ser destruido.

Después de haber llevado a Alemania a la hecatombe que todos conocemos, la última orden del monstruo antes de suicidarse fue la de inundar los túneles del búnker donde se encontraban mil quinientos soldados alemanes heridos.

El régimen cubano es la maldad, la misma que amenaza a América Latina entera si no sabemos caracterizarla y prevenirla a tiempo.

EN DEFENSA DE LA MÁS ELEMENTAL JUSTICIA Y EN DEFENSA PROPIA NO ABANDONEMOS AL PUEBLO CUBANO. AUNQUE SEA POR PRIMERA VEZ EN MÁS DE MEDIO SIGLO, TOMEMOS PARTIDO POR ÉL Y NO POR SUS TIRANOS.

Comunismo, deshonra de la conciencia mundial o Cuba 6.

25 de julio 2012. Publicado en:
http://losbarbarosdelnorte.com/html/modules.php?name=Forums&file=viewtopic&t=1712

Todo el mundo tiene bien presente la maldad que significó el nazismo, e incluso los que niegan el holocausto caen dentro de las leyes que condenan el negacionismo, pero el comunismo, pasado y presente, goza de todas las complicidades y consideraciones mundiales.

Stalin, por ejemplo, estaba psicológicamente más enfermo que Hitler e invitaba a su residencia personal a aquellos a los que iba a asesinar al día siguiente, para agasajarlos y mejor engañarlos en el confort emocional y para burlarse de la desgracia de la que sólo él sabía que habían caído. Gozaba con su maldad. Vivía en el terror del complot de sus cercanos y tenía seis departamentos idénticos en todo aspecto, dentro de su residencia, para confundir a cualquier posible asesino.

Cuando murió hubo que reventarlos todos para hallarlo. Sólo por la colectivización forzosa del campo, asesinó a más de veinte millones de campesinos. Los reactores atómicos cuya vida terminó y que tanta y tan justificada alarma nos causan en occidente, encontraron en la URSS su destino en el fondo del océano Ártico, (diecinueve de ellos). La dioxina subproducto de los procedimientos industriales, cuyo almacenamiento causa tantos desvelos a nuestros ecologistas, fue sistemáticamente desechada en los desagües urbanos. Cualquier disidencia era considerada locura y dirigida a los hospitales psiquiátricos.

Mao Tse Tung otro repugnante líder de ese cáncer de la humanidad que ha sido el comunismo (fiel y previsible producto del ateísmo), contaminó a plena conciencia a más de cinco mil jovencitas con su sífilis (y ellas consideraban un honor ser contagiadas por el gran timonel). Son casi incontables los millones de muertos a causa de su Revolución, de su Gran Salto Adelante (de hecho apabullante salto hacia atrás), de su mugrosa Revolución cultural, en la que los alumnos colgaban en ganchos de carnicero a los maestros que consideraban reformistas para rebanar y consumir sus carnes en vivo.

Los émulos asiáticos del Gran Timonel, como Pohl Pot y su Kemer rojo, asesinaron a palazos y garrotazos, para ahorrar balas, al cincuenta por ciento de la población de Camboya. Esto sin mencionar en Europa, al enloquecido de Ceausescu, o Draculescu como le llamó su pueblo, quien habría terminado con el país y la población entera de no haber mediado un alto por parte del ejército.

Las matanzas, el tipo de represión y asfixia de la población, y el tipo de crueldad dependían de las características de cada personaje, pero todos ello significaron para sus pueblos la anulación del libre albedrío, de la persona, la individualidad, siempre a causa de su ateísmo, de su negación de Dios y de su entronización del Estado, del Partido, de la Historia, o de cuanta abstracción pudiera formularse en sus dementes cabezas, con tal de no reconocer a Dios. Pero en sus enfebrecidas mentes, todas esas abstracciones que encumbraban, eran meros taparrabos del verdadero propósito de toda esa destrucción, que no era más que el encumbramiento de sus egos.

No era la Historia, el Partido o la Nación frente a Dios, eran, y son, ellos, queriendo ocupar el lugar de Dios y cualquiera que no quisiera, o no quiera, reconocerlos era, y es, reo de destrucción y muerte.

Guillermo Fariñas, héroe de la humanidad, héroe de nuestra especie, está acabándose en su sesentaisieteavo día en huelga del hambre, ante la insensibilidad de los hermanos Castro y la ignorancia, la ambigüedad y aún la hostilidad del mundo.

Mientras la triste historia cubana prosigue. El gobierno cubano estima que debe despedir a un millón de funcionarios, para los que no hay ningún puesto de trabajo disponible ni la posibilidad de generar autoempleo mientras ese gobierno mendaz y mentecato no autorice ninguna forma de actividad privada y Jaime Ortega, Cardenal Arzobispo de La Habana, asume el discurso del tirano Raúl Castro, en el sentido de que Cuba es víctima de una gran agresión internacional, por el simple hecho de informar sobre lo que ocurre en ese país y lo que se le ocurre a estos dos necios que en el estúpido afán de ser Dios, han perdido la oportunidad de ser hombres.

Es inaudita la tolerancia del mundo y de la conciencia de la humanidad ante el fenómeno más perverso al que hemos asistido los hombres, el comunismo. Es inaudito el rechazo de la memoria histórica de incorporar y digerir la inagotable información de la que gozamos sobre esa oscurísima etapa, de la que todavía no hemos salido.

En lo personal se me hace insoportable la simple comparación entre el apoyo y la comprensión de la que gozamos en su momento los luchadores contra el fascismo del dictador Francisco Franco y la ambigüedad, indiferencia y aún rechazo del que sufren estos héroes de nuestra humanidad y de nuestra conciencia.

No quiero terminar este comentario con ningún llamado sino con una simple expresión personal. TODA MI SOLIDARIDAD, MI CARIÑO Y ADMIRACIÓN PARA TÍ, GUILLERMO FARIÑAS, ESTÁS MÁS CERCA DE MI CORAZÓN QUE TODOS AQUELLOS COMPAÑEROS CON LOS QUE COMPARTÍ CÁRCELES, BATALLONES DISCIPLINARIOS EN EL DESIERTO AFRICANO Y EXILIO, PORQUE EL MONSTRUO AL QUE TE ENFRENTAS ES MIL VECES PEOR QUE AQUEL CON EL QUE NOS TOCÓ LIDIAR A NOSOTROS.

.

Lecciones ontológicas de la computación cuántica.

7 de enero 2013. Publicado en:
http://losbarbarosdelnorte.com/html/modules.php?name=Forums&file=viewtopic&t=2400

La computación cuántica es ya un hecho tecnológico irreversiblemente establecido y operable. Para la creación de un prototipo industrial comercializable faltan seguramente décadas pues, en materia de cálculo, la computación cuántica actual logra operar con quince átomos cuando necesita operar, al menos, con 10.000 y, en materia de comunicación, las partículas intricadas logran estar en comunicación instantánea a un máximo de 20 Kilómetros (lo que tarda un fotón en ser integrado a la fibra óptica que está recorriendo), cuando deberá comunicarse a cientos, y aún miles, de kilómetros.

Pero, desde este momento, la tecnología lograda es ya decisivamente reveladora pues:

A) en materia de cálculo opera con el principio de indeterminación que hace que mientras la partícula no es vista sea solamente un nube de posibilidades y cuando es vista sea una sola realidad concreta, para volver a ser la misma nube cuando deja de ser vista, con lo cual, queda claro que lo que no es observado no es real y que, por lo tanto, NADA ES REAL SI NADIE LO DETERMINA ASÍ. El principio de estricta objetividad de la macrofísica nos dice pues que esa realidad exterior a nosotros y por nosotros percibida no está ahí mas que por la presencia de un observador universal y:

B) En materia de comunicación, la operatividad en la conexión instantánea de las partículas intricadas nos dice que ni el tiempo ni el espacio tienen objetividad per se y, no siendo la materia mas que un continuo espacio-temporal, tampoco ésta la tiene, con lo cual, mal podría ser la causa primera de nada.

Estos ingenieros abocados al desarrollo de la computación cuántica son, sin duda, unos dignos émulos y discípulos de Galileo, aquel gigante que lanzó la física y la ciencia moderna dándoles ese objetivo, tan criticado por Descartes, en el que no se pretende descubrir ningún qué ni porqué, pero sí todos los cómos. Galileo pensó la ciencia como una disciplina definitiva y estrictamente fenomenológica. Pues bien, ESTE PRINCIPIO DE ESTRICTA FENOMENOLOGÍA ESTÁ POR DARNOS LAS MÁS GRANDES SORPRESAS ONTOLÓGICAS.

No cabe duda de que DIOS ESCRIBE DERECHO CON RENGLONES TORCIDOS.

Larga vida a estos ingenieros audaces y tenaces que con su labor están dándonos la oportunidad de vincular de manera concreta y medible el inconmensurable número de las posibilidades con la sola y estricta realidad fáctica realizando cantidades fabulosas de cálculos en una sola operación perceptible y medible y que nos dan, asimismo, la oportunidad de hacer todo esto con esa instantaneidad que las partículas intricadas comportan (las intricadas hoy y mañana todas).

.Don't be evil.

12 de febrero 2013. Publicado en:
http://losbarbarosdelnorte.com/html/modules.php?name=Forums&file=viewtopic&t=2412

No seas malvado. En efecto, fantástica divisa. Por ella sola podrían cambiar las condiciones de nuestra humanidad para mucho, mucho, mejor.

Pero, ¿quién la pronuncia?, ¿un sacerdote?, ¿un filósofo? No, un empresario, Sergey Brin, co-fundador de Google.

Nació en la Unión Soviética en 1979 y tuvo tiempo de sufrir las peores perversiones de un sistema completamente negado al respeto de las más elementales, indispensables y esenciales libertades personales. Esto le dio una especial sensibilidad para la defensa del núcleo del ser humano, su libre albedrío.

Muchos años más tarde, ya co dueño de Google, su empresa entró a operar en China, país con un gobierno comunista que ha pasado del capitalismo monopolista de estado al monopolio político total del Estado aún dentro del capitalismo mixto.

Ese gobierno dictatorial, que se esfuerza en reprimir por arriba las mismas libertades que su mercado impulsa por abajo, quiso imponerle a Google su cooperación para localizar y reprimir a esos internautas chinos que usan este medio en un esfuerzo titánico para expresarse, comunicarse, informarse y ser libres. Pues bien, Google, a instancias de Sergey Brin, se negó de plano a pasar por ese aro y prefirió abandonar el mercado chino antes que convertirse en cómplice y socio de esos desalmados, hermanos de raza de aquellos de su país de origen, la Unión Soviética y hoy Rusia, que él conoce tan bien.

Para cuando Google abandonó voluntariamente China, había en este país 500 millones de navegantes en la red. Éste es el tamaño del mercado real, y del potencial que Google prefirió abandonar antes que traicionar su vocación libertaria. Sergey y sus compañeros y socios hicieron honor a su divisa DON'T BE EVIL.

Esa divisa no le ha impedido a Sergey ser hoy propietario de más de 17.000 millones de dólares. Contrariamente a lo que profieren nuestros ideologizados y alucinados lidercillos politicastros de tres al cuarto, no es creando pobreza como se acumula riqueza, sino generándola, dentro de intercambios libres y de mutuo interés para todos los participantes, como bien pensó y dijo Adam Smith ¡desde 1776!

"No seas malvado", sabia y humanísima divisa, que equivale en buena medida a "no seas represor". Es una bendición del cielo que un empresario que está en el núcleo mismo de las comunicaciones, fuente clave de libertad, sea alguien cuya convivencia con los monstruos le haya permitido esta aguda conciencia.

.

Comunismo = esclavitud

21 de marzo 2013. Publicado en:
http://losbarbarosdelnorte.com/html/modules.php?name=Forums&file=viewtopic&t=2425

En China se ha realizado el relevo decenal previsto por sus leyes (decretos más bien) en una rutina autocrática en la que no existe contrapoder alguno al del Partido Comunista.

Li Kequiang, nuevo Primer Ministro del nuevo Presidente Xi Jinping, se propone derogar el certificado Hukon, que fue establecido por Mao desde el inicio del poder comunista de China.

Este certificado es uno en el que los campesinos, al trasladarse a las ciudades, no tienen carta de ciudadanía de ninguna especie pues; no tienen derecho a la salud, ni a la educación, ni a recurrir al amparo de la ley, puesto que, al haberse alejado de sus residencias campesinas, están en el mismo estado que un excomulgado en la edad media cristiana.

De los mil 300 millones de habitantes de China, 800 millones residen en el campo y 500 en las ciudades. De los 500 millones que viven en las ciudades, 300 están sujetos al perverso certificado Hukon.

Esos 300 millones carecen de todo derecho en una situación peor que la del esclavo, puesto que ni el Estado ni patrón alguno, tiene ninguna responsabilidad en su supervivencia. Estas personas crean sus propias escuelas y sistemas de asistencia médica, pero, aún eso les es negado y arrebatado por la ley de manera totalmente discrecional porque constituyen actividades "ilegales".

Ésta es una de las mil caras del comunismo, todas igualmente monstruosas y repugnantes y este comunismo es el mismo que en nuestras latitudes se sigue calificando de socialismo en un intento de esconder sus peores vergüenzas.

Es indudablemente positivo que China suprima este certificado Hukon. Veremos cómo logran encarar la satisfacción de las necesidades de salud, educación, vivienda y otras de estos trescientos millones de personas totalmente abandonados de la mano de su Estado (suyo nada más para sufrirlo) más las de los millones que seguirán trasladándose a las ciudades.

La supresión del certificado Hukon es solamente un paso. Toda la democratización política espera, esa misma que China abordó en el año de 1911 con la República de Sun Yat Sen y que el comunismo, (esa extrema patología antimercantil) postergó por más de un siglo hasta el día de hoy (más lo que se acumule).

En el mundo entero la filosofía antimercantil comunista (que abrevó su peor maldad en su actitud materialista y atea) se amalgamó con el premercatilismo que regía en la mayor parte del globo para darle un cariz perversamente antimercantilista, antipersonal y radicalmente inhumano que retrasó la historia por más de un siglo, que estuvo a punto de provocar catástrofes de magnitud desconocida por nuestra especie y que sigue envenenando nuestra actual convivencia en el planeta entero.

De los asesinos de Madero y los sucesores a Lenin y Stalin, Mao y compañía, a los Castro y los Chés, de los Chávez, Correas, Maduros y Ortegas, a los Evo Morales y los Pol Pot, de los Titos y los Enver Hoxas a los Ceausescus y Honnekers, de los asesinos patentados a los aprendices de brujo como los Kichners, toda una infame pléyade de obsesivos enemigos de Dios y del ser humano, de sus libertades, de su soberanía personal, de su derecho a decidir y todo en el nombre de la justicia social.

Donde no hay libertades no hay justicia de ninguna especie. La ignominia de los certificados Hukon y maldades de la especie son, en sí mismas, la peor de las injusticias.

El largo camino hacia la conciencia y la democracia.

19 de abril 2013. Publicado en:
http://losbarbarosdelnorte.com/html/modules.php?name=Forums&file=viewtopic&t=2434

Venezuela SUFRE una clara involución democrática. La ideología populista, de hecho la ideología del lumpen, postula y practica que en nombre de la justicia social la democracia debe ceder el paso a la ideología.

Ya Marx había prevenido contra la presencia del lumpen en la "Revolución proletaria" e incluso Lenin había hablado de la avalancha de "la canalla comunista", es decir, la invasión del lumpen en su poder proletario. El hecho de que esa invasión del lumpen era cosa inevitable dentro de la eliminación de la propiedad privada que ellos proponían y practicaban no quita que, incluso ellos, eran conscientes de que esa invasión lumpen daría (como en efecto dio) al traste con todo.

Hitler era también, la expresión más acabada del lumpen alemán que odiaba toda riqueza, tanto material como espiritual.

Por si el peso aplastante del estado y la explotación lacrimosa de la muerte del "caudillo" no fuera bastante, da una idea de las condiciones opresivas en las que las elecciones venezolanas se han desarrollado, el hecho de que las calles de toda Venezuela sean recorridas por bastardos enloquecidos, armados hasta los dientes, que circulan disparando bala, al aire y al bulto.

A pesar de que Venezuela ha derrochado más de un billón de dólares (de doce ceros) en políticas sociales altamente ineficaces, y a pesar de que todo el peso del Estado y de sus varias mafias constituidas en sus "correas de transmisión", han trabajado a favor de Maduro, éste solamente ha obtenido una ventaja oficial de 300.000 votos.

La reacción del gobierno ha sido totalmente autoritaria y dictatorial y tras asesinar a ocho personas y herir a varios cientos de entre los asistentes a una manifestación pacífica, ahora pretenden enjuiciar y encarcelar al líder opositor Enrique Capriles.

La UNO, o agrupación de Estados sudamericanos, más o menos bolivarianos e izquierdistas, ha pedido (y parece que logrado) un recuento de los votos que ya la oposición ha aceptado.

Diosdado Cabello, militar y líder de la Asamblea Nacional venezolana ha demostrado con sus posiciones radicales contra la oposición que, si alguna contradicción tiene con Maduro, no es más que la de aquél que quiere sustituir al actual mandatario para imponer su propia dictadura.

No obstante, no debemos reaccionar ante esta deriva autoritaria de Venezuela y otros países hispanoamericanos desgarrándonos las vestiduras por las democracias maltratadas, porque estos países en ningún momento han tenido otra cosa que simulaciones democráticas, generalmente bipartidistas, en las que élites de burguesías improductivas se han estado repartiendo el poder por períodos muy prolongados o, experimentos populistas, fascistizantes o comunistizantes, que han tenido un carácter abiertamente dictatorial, sin hablar de las dictaduras militares o personalistas abiertamente criminales. Escasos son los países latinoamericanos que han tenido períodos verdaderamente democráticos con respeto a la alternancia política y aún esos no han logrado hasta hoy tener sistemas productivos funcionales y abiertamente mercantiles que los sustenten.

Es nuestra larga marcha, de hispanoamericanos, iberoamericanos y latinoamericanos hacia la conciencia de nuestro carácter de personas y hacia la democracia.

Como mexicanos, inmersos por completo en este proceso de carácter continental, debemos interesarnos en todos estos procesos de nuestro continente, pues ésta es también nuestra historia. Sin hablar del, igualmente largo y complicado, proceso mundial hacia la conciencia personal, hacia la libertad y hacia la democracia.

.

Física. Ante problemas complejos, reflexiones simples.

20 de abril 2013. Publicado en:
http://losbarbarosdelnorte.com/html/modules.php?name=Forums&file=viewtopic&t=2435

Cuando abordamos cualquier ámbito de pensamiento debemos empezar por aceptar, sin censura ni prejuicio alguno, los datos establecidos por la reflexión y experimentación previa, por más paradójicos, contradictorios, y aún absurdos, que puedan parecernos en su mutua relación.

Al día de hoy tenemos una macrofísica perfectamente establecida, y experimentada hasta la saciedad, que nos dice que la realidad física está constituida por un continuo espacio-temporal desplegado (y en pleno desplegamiento), dentro del cual, cualquier interacción física en este espacio requiere de un tiempo cuyo mínimo está determinado por la velocidad máxima absoluta, que resulta ser la de la luz.

Tenemos, por otro lado, una microfísica que postuló (y demostró) que las partículas intricadas interactúan en perfecta instantaneidad sin importar la distancia en la que estén ubicadas dentro del universo.

Ya no se puede recurrir a ningún subterfugio para negar esta instantaneidad en la interacción física de las partículas intricadas, pues ni existe comunicación entre ellas, ni existen variables ocultas que puedan explicarnos el fenómeno sin violar las leyes de la relatividad general.

Estos dos hechos se contradicen frontalmente y sin compasión alguna.

Teniendo en cuenta que ambas físicas demuestran su plena funcionalidad, ahora debemos aceptar que tenemos dos físicas basadas en principios contradictorios y hasta antagónicos. UNA QUE POSTULA Y DEMUESTRA QUE TODA INTERACCIÓN FÍSICA A TRAVÉS DEL ESPACIO REQUIERE DE UNA INVERSIÓN DE TIEMPO Y OTRA QUE POSTULA Y DEMUESTRA QUE PUEDE HABER INTERACCIÓN FÍSICA A TRAVÉS DEL ESPACIO SIN INVERSIÓN ALGUNA DE TIEMPO.

La MACROFÍSICA establece igualmente que solo lo real puede ser percibido con lo que POSTULA UN PRICIPIO DE ESTRICTA OBJETIVIDAD y la MICROFÍSICA establece que solo lo percibido es real con lo que COLOCA A LA SUBJETIVIDAD EN EL NÚCLEO Y ORIGEN DE TODA OBJETIVIDAD.

Así las cosas, queda claro que estamos ante una alternativa simple: ¿DEBEMOS EXPLICAR LA INTERACCIÓN INSTANTÁNEA DE LAS PARTÍCULAS A PARTIR DE UNA REALIDAD ESENCIAL DESPLEGADA QUE NO LA PERMITE? ¿O DEBEMOS EXPLICAR LA NO SIMULTANEIDAD DE LA INTERACCIÓN A PARTIR DE LA INSTANTANEIDAD? y, teniendo en cuenta que ambas posibilidades no pueden ser esencialmente ciertas a la vez, deberemos volvernos a plantear la pregunta en estos otros términos, ¿LAS PARTÍCULAS ENTRELAZADAS FINGEN LA SIMULTANEIDAD O LAS OTRAS FINGEN LA NO SIMULTANEIDAD?

La simple reflexión nos dice que, aún cuando un solo par de partículas demostraran la capacidad de interactuar simultáneamente desde cualquier punto del universo en el que se hallaran, esto demostraría (y demuestra) fehacientemente que el continuo espacio-temporal no es esencial y primigenio, sino una falacia y un constructo. SI LA REALIDAD ESENCIAL FUERA ESE

CONTINUO ESPACIO-TEMPORAL NO HABRÍA NINGUNA POSIBILIDAD DE QUE LAS PARTÍCULAS FINJIERAN UNA SIMULTANEIDAD CUYA SUPUESTA FICCIÓN IMPLICARÍA, NO OBSTANTE, LA INDISPENSABLE Y REAL INTERACCIÓN INSTANTÁNEA. En otras palabras, el simple hecho de plantear en estos términos el problema nos lo resuelve en el acto. LA REALIDAD ESENCIAL ES LA PUNTUAL, AQUELLA EN LA QUE (COMO DESDE HACE MILES DE AÑOS POSTULÓ LA MAGIA) TODO OCURRE AQUÍ Y AHORA.

LA REALIDAD ESENCIAL ES LA PUNTUAL Y SU FORMA, SU APARIENCIA, SU FALACIA, SU CONSTRUCTO, ES LA REALIDAD DESPLEGADA Y EN VÍAS DE MAYOR DESPLEGAMIENTO. Si vivo en una realidad puntual puedo fingir que cualquier interacción implica tiempo a través de espacio, pero si vivo en una realidad espacio temporal desplegada no puedo fingir simultaneidad en la interacción a través de ese tiempo y de ese espacio.

Cuando los autores del teorema PBR que permite finalmente decidir si las partículas son, o no, un simple hecho estadístico, deciden que no es razonable pensar que las partículas no intricadas puedan también interactuar instantáneamente, como las intricadas, cometen un error lógico de primera magnitud porque este hecho queda definitivamente demostrado, repetimos, ya no solamente con el comportamiento interactivo del conjunto de las partículas intricadas, sino aún con la existencia de un solo par de partículas que estén en esa circunstancia y, por lo tanto, este admirable teorema concluye, contra lo que piensan sus autores, en la afirmación de que las partículas no son un simple hecho estadístico sino una "realidad" física, es decir, una ficción física y una realidad geométrica.

La realidad esencial, pues, es puntual y todas las cosas ocurren aquí y ahora y, por lo tanto, este desplegamiento espacio temporal es un constructo que debe ser desplegado y explicado a partir de esta realidad puntual.

Pero, sigamos avanzando.

Años antes de que Einstein resolviera la cuestión de la gravitación dentro de su teoría de la relatividad en base a un continuo espacio temporal de cuatro dimensiones, Nordstrôm, holandés y amigo de Lorentz, ya había tenido la misma idea y desarrolló una matemática de cuatro dimensiones, tres que eran las dimensiones espaciales conocidas y otra más que estaba "enrollada". Nunca llegó a nada. Tuvo que llegar Einstein para usar la misma idea pero en base a una cuarta dimensión, el tiempo, que no necesitaba estar enrollada sino que era tan desplegada, detectable, cuantificable y calculable como las otras tres.

Ahora bien, esta cuarta dimensión correspondía a un elemento físico, el tiempo, pero matemáticamente, ¿en qué se traducía?, en una geometría, en este caso, en una geometría curva de cuatro dimensiones, que se cuantificaba con el cálculo tensorial.

LOS ELEMENTOS FÍSICOS APARECEN EN LA MATEMÁTICA COMO GEOMETRÍA Y ES UNA DE ÉSTAS LO QUE NECESITAMOS PARA GENERAR EL CONSTRUCTO ESPACIO TEMPORAL A PARTIR DE UNA REALIDAD PUNTUAL SUSCEPTIBLE DE DESPLEGARSE GEOMÉTRICAMENTE.

El desplegamiento de esta realidad puntual nos llevará a infinitas dimensiones y ninguna de ellas deberá estar "enrollada", sino plenamente desplegada y apta para dar contenido a la infinidad de características "físicas" de este constructo espacio temporal "desplegado" en el que evolucionamos los seres humanos.

Lo anterior es la razón de que después de tantos años la teoría de las cuerdas no haya llegado a nada significativo. Si postulamos dimensiones enrolladas esto significa que no logramos darles realidad geométrica y que, por lo tanto, no podemos traducir nuestras conclusiones matemáticas en elementos físicos y, menos, en predicciones físicas. La teoría de las cuerdas no está en el buen camino para resolver la paradoja que nos plantean las dos físicas.

Planteado en estos términos el problema, la solución es clara y simple. Desde hace un siglo disponemos de la geometría adecuada para resolver nuestro predicamento y es la geometría de espacio vectorial complejo de infinitas dimensiones de David Hilbert.

Esta geometría crea espacio (y por ende tiempo) (sus vectores expanden el espacio) desplegándolo desde una realidad geométrica puntual y resuelve de este modo nuestro principal problema para abordar la génesis de este constructo espacio-temporal.

Esta geometría ya sirvió en las manos y el intelecto de Von Neumann para matematizar y axiomatizar por completo la microfísica, hasta tal punto, que la mecánica ondulatoria y la mecánica matricial aparecen como simples derivados de la matematización de Von Neumann.

Esta geometría tiene la capacidad de aportar infinitas dimensiones y todas ellas perfectamente reales geométricamente y no "enrolladas".

Dentro de su propia estructura tiene todas las analogías fuertes que permiten resolver el paso de la microfísica a la macrofísica, así, por ejemplo, los conjuntos no conmutables dan lugar a conjuntos conmutables aún cuando estos últimos tampoco conmuten con los primeros en una analogía perfecta que resuelve el paso de la indeterminabilidad microfísica a la determinabilidad macrofísica, con una asociación analógica conmutabilidad determinabilidad, no conmutabilidad no determinabilidad que ya en su momento evidenció Von Neuman. Su infinidad de dimensiones se corresponde con la infinidad de estados posibles del sistema que se requiera estudiar. Podríamos prolongar casi sin fin las analogías entre las características intrínsecas de esta geometría y los problemas que deben ser resueltos en el paso de la realidad puntual esencial a la realidad desplegada fingida o ilusoria.

El cálculo de esta teoría es tensorial, con lo cual el tensor de curvatura de Einstein tiene pleno espacio en ella.

EN DEFINITIVA:

LA REALIDAD ESENCIAL ES LA MICROFÍSICA, PUES SE PUEDE FINGIR LA TARDANZA EN LA INTERACCIÓN DENTRO DE UNA REALIDAD PUNTUAL, MÁS NO LA INSTANTANEIDAD DENTRO DE UNA REALIDAD DESPLEGADA.

EL PASO DE LA REALIDAD MICROFÍSICA A LA FICCIÓN MACROFÍSICA REQUIERE LA EXPANSIÓN DEL ESPACIO (Y, POR ENDE, DEL TIEMPO).

LA INCORPORACIÓN DE LAS "REALIDADES FÍSICAS" EN LA MATEMÁTICA ES DE NATURALEZA GEOMÉTRICA.

ESTA GEOMETRÍA DEBE SER DE DIMENSIONES INFINITAS Y NINGUNA DE ELLAS DEBE ESTAR "ENROLLADA" SINO DESPLEGADA Y DESPLEGABLE.

LA GEOMETRÍA A EMPLEAR DEBE RESOLVER CON ANALOGÍAS FUERTES ENTRE ELLA Y LA FÍSICA TODAS LAS TRANSMUTACIONES QUE SUFRE LA MICROFÍSICA AL CONVERTIRSE EN MACROFÍSICA.

HABIENDO LA TEORÍA DE LA RELATIVIDAD GENERAL DEMOSTRADO HASTA LA SACIEDAD SU FUNCIONALIDAD, EL CÁLCULO EN EL QUE SE BASE ESTA GEOMETRÍA DEBE SER TENSORIAL.

LA GEOMETRÍA DE ESPACIO VECTORIAL COMPLEJO DE INFINITAS DIMENSIONES DE DAVID HILBERT, Y SÓLO ELLA, CUMPLE TODOS LOS REQUISITOS EXPUESTOS Y, ASIMISMO, TODOS LOS NECESARIOS PARA DAR REALIDAD FÍSICO-MATEMÁTICA AL CONSTRUCTO ESPACIO TEMPORAL DESDE LA REALIDAD PUNTUAL ESENCIAL Y PARA EMBONAR DEFINITIVAMENTE AMBAS FÍSICAS.

Muchas otras son las consideraciones que pueden hacerse sobre este punto, anotaremos aquí nada más el hecho de que la geometría de David Hilbert no es mas que la reaxiomatización de la geometría de Euclides lo cual deberá llevarnos a otra serie de reflexiones.

Una vez más, Einstein tenía razón, "nuestra realidad es una ilusión, pero, eso sí, una ilusión persistente" y su afirmación de que: "lo más inexplicable del universo es que sea explicable", queda resuelta en el hecho, ya evidente a estas alturas de la disciplina física, de que el universo es mental, tal y como afirmaban los mismos antiguos que postularon que todo ocurre aquí y ahora.

.

El cometa Clovis y el Dryas reciente.

22 de mayo 2013. Publicado en:
http://losbarbarosdelnorte.com/html/modules.php?name=Forums&file=viewtopic&t=2450

Por fin, la ciencia corrobora que hace once o doce mil años hubo un catastrófico acontecimiento natural con la capacidad de liquidar un ciclo completo de culturas.

Ya nos habían informado sobre el descubrimiento de los restos del choque de un cometa (bautizado el Clovis, por los habitantes de América del Norte en aquella época), en el lago Cuitzeo en Michoacán, choque, que provocó el derretimiento fulminante de los hielos polares canadienses a la altura de los grandes lagos con vertidos hacia el Océano Ártico capaces de cambiar el curso de las corrientes oceánicas hacia toda la cuenca del Mississippi con barrido total de la misma y empantanamiento lodoso de todo el Mar Caribe y Golfo de México (hecho que refieren los diálogos de Platón, el Crítias y el Timeo).

Este cometa provocó casi un desierto en toda la región de quinientos años y un enfriamiento de otros mil, con descenso de quince grados de toda la temperatura terrestre y de varias decenas de metros del nivel de los océanos.

Esto lo referíamos en un anterior comentario, pero hoy nos añaden el descubrimiento de nódulos de carbono altamente cristalizado y pequeños diamantes, resultado de un pavoroso incendio que incidió directamente en más de cincuenta millones de kilómetros cuadrados por las mismas fechas.

Las fechas que nos dan los griegos, recibidas de los egipcios, para el fin de los atlantes y de la navegabilidad de los mares caribeños, coincide con la fecha de ese gigantesco choque sideral, la raíz atl (agua en náhuatl) es la indicada para nombrar a esa cultura hidráulica de los atlantes y al propio océano Atlántico. Si le hacemos caso al relato del Critias y el Timeo (y fue haciéndole caso a los relatos de Homero, como Schlieman encontró Troya), la ciudad de la Atlántida estaba exactamente en la desembocadura del Mississippi, si bien su cultura, su mundo, se extendía por toda la cuenca de ese río y por todo el Mar Caribe.

La isla no tenía más que cincuenta estadios (aproximadamente 12.5 Km) y el continente grande como Asia y África juntos al que el relato hace referencia no son más que las propias Américas que van de polo a polo.

Ahora que ya los datos científicos se acumulan sobre esos acontecimientos de hace once o doce mil años, ha llegado la hora de investigar con decisión todos los elementos de que disponemos sobre la existencia de ese ciclo de culturas anterior al nuestro, el cual es perfectamente compatible con todos los demás conocimientos científicos que estamos acumulando sobre la antigüedad de la presencia del Homo Sapiens Sapiens en los diferentes continentes.

Tomémonos en serio todos los datos que los egipcios nos dan sobre la antigüedad de su cultura, todos los datos astronómicos inscritos en diferentes monumentos religiosos ancestrales de todos los continentes y que nos llevan sistemática y precisamente a esa misma y única cifra en la que el gran desastre se produjo.

Sepamos ver esa serie de grandes canales de raza humana que atraviesan todas las selvas amazónicas, tengamos nuestra mente abierta al hecho de que son multitud los conjuntos arquitectónicos religiosos del mundo que reproducen en la tierra diferentes constelaciones celestes siempre con la posición que tenían hace unos 11.000 años.

No seamos ciegos al hecho de que esos relatos de los griegos en los diálogos de Platón describen un continente y un mar que solamente podían conocer por haber estado en él.

Cuando sepamos de la desaparición de un ciclo entero de culturas previas a la nuestra comprenderemos la extrema fragilidad de nuestra naturaleza humana y estaremos en condiciones de recurrir a Dios ante nuestras desvalidez, ese mismo que es un ser, como nosotros, pero que es a la vez todo y, por ende, omnipotente.

.

El Embryoscope y la conciencia del milagro de la vida.

28 de mayo 2013. Publicado en:
http://losbarbarosdelnorte.com/html/modules.php?name=Forums&file=viewtopic&t=2452

Cuando la naturaleza sufre alguna falencia, la reproducción asistida es perfectamente legítima y loable.

Dentro de las técnicas que se han ido desarrollando al respecto ha aparecido una especie de seno materno artificial que es el embrioscopio. En él se produce la concepción y en él prospera el embrión.

El hecho de que todo este proceso se produzca fuera del seno materno y en condiciones tecnológicas controladas permite seguir cada uno de los pasos de ese proceso, que arranca con la concepción y que se prolonga a lo largo de todas nuestras vidas, hasta la muerte y, de hecho, hasta la eternidad.

Sólo hay un momento en nuestra vida cualitativamente determinante de toda ella y radicalmente distinto a todos los demás y ese momento es el de la concepción.

A través de este embrioscopio los padres pueden seguir todo el proceso de división celular y de aparición de los órganos, con tanta precisión, continuidad y frecuencia como lo deseen, y esto los pone frente a la conciencia precisa, inefable, a la emoción insuperable, del milagro de la vida.

Bien decía el teólogo que un poco de ciencia aparta de Dios pero que mucha ciencia devuelve a Él.

En la medida en la que nuestras tecnologías nos lleven progresivamente a un conocimiento más y más exhaustivo de este proceso que se desencadena, repetimos, con la concepción, será cada vez más difícil negar que, desde ese momento, estamos ante una vida y que todos los argumentos que podamos poner sobre la mesa para aceptar el aborto, por más legítimos en sí mismos que puedan ser, ceden ante este hecho simple, y ante el no menos simple hecho, de que el derecho a la vida prima sobre cualquier otro.

Cuando esa conciencia nos alcance habremos alcanzado, a nuestra vez, la vieja conciencia del legislador, esa que le llevó a hacer del nonato un sujeto de derecho, en definitiva, una persona jurídica plenamente reconocida.

Interacción entre una partícula actual y una desaparecida.

28 de mayo 2013. Publicado en:
http://losbarbarosdelnorte.com/html/modules.php?name=Forums&file=viewtopic&t=2454

El fenómeno, definitivamente establecido, de la interacción instantánea entre partículas intricadas, desde cualquier punto del universo a cualquier otro, es el fenómeno clave de nuestra época y el verdadero reto a nuestra reflexión pues da una calidad física consistente al continuo espacio-temporal sobre el que Einstein estableció toda su física relativista. Pues bien, este asunto, ya de por sí portentoso, acaba de tener una corroboración fulminante en el experimento realizado por un grupo de científicos israelíes en el que han logrado, mediante la intrincación de un doble par de partículas, intricadas ellas a su vez entre sí, que una partícula del presente interactúe físicamente con una ya desaparecida y compense su espín con el de ésta, como si siguiera presente.

Definitivamente, el continuo espacio-temporal y su convertibilidad en todos los sentidos y direcciones, es un hecho físico de gran relevancia y la cobra aún más, por el hecho de que, mientras estamos estableciéndolo en la microfísica, lo estamos corroborando en la macrofísica. No cabe duda de que estamos ante una sola ciencia, como no podía ser de otra manera, y nuestro reto reflexivo, el de nuestra época, está precisamente en saber cómo una ciencia (la microfísica) deviene la otra (la macrofísica).

Destino manifiesto de EEUU y del mundo

29 de mayo 2013. Publicado en:
http://losbarbarosdelnorte.com/html/modules.php?name=Forums&file=viewtopic&t=1707

Después de más de tres siglos de predominio mercantil inglés (que incluyó cincuenta años del patrón oro), EEUU tomó el relevo en 1944 en Bretton Woods, de donde surgió el Fondo Monetario Internacional, el Banco Internacional de Reconstrucción y Fomento, (Banco Mundial) y, en 1947, el GATT.

La memoria histórica ha retenido que en esta conferencia el representante inglés John Maynard Keynes propuso una economía mundial equilibrada en torno a una moneda mundial, el BANCOR, que con un sistema fijo de paridades, a revisar cada cuatro años, habría garantizado estabilidad y justicia en los intercambios, pero, lo que él llamaba, ya por aquél entonces, el imperio americano, eliminó esa posibilidad imponiendo al dólar como moneda mundial. Esto es falso de toda falsedad, y tendremos que hilar mucho más fino si queremos entender, tanto aquella situación, como ésta.

En primer lugar, debemos decir que la primera moneda mundial que se propuso en esa conferencia fue la UNITAS (cuyo valor debía mantener la razón de diez dólares por UNITAS), a iniciativa del Presidente Franklin Delano Roosevelt, aunque después tuvo que retirarla por no encontrar ningún eco.

Para empezar, el BANCOR que Keynes propuso no era una moneda sino, a lo más, una unidad de cuenta, puesto que su emisión debía estar respaldada, no por la mercancía que debía hacer circular, sino por una canasta de monedas y bienes de los países participantes en el organismo emisor.

Por otro lado, y mucho más grave todavía, este instrumento financiero debía iniciar su circulación en forma de asignaciones a los países socios del organismo en proporción de sus reservas de oro, de los ingresos nacionales y de su comercio exterior, es decir, de su riqueza en general. Con lo cual, se cometía una injusticia máxima puesto que si los países, en proporción de su riqueza, obtienen esta clase de casi moneda, capaz no obstante de servir como medio de pago, entonces ESTOS PAÍSES ESTÁN APROPIÁNDOSE DOS VECES DEL VALOR DE LA MERCANCÍA, UNA AL VENDERLA Y OTRA AL CREAR EL DINERO PARA PODER VENDERLA.

Esto es extremadamente aberrante y debe ser comprendido en su cabal naturaleza porque ahí está el meollo para la existencia de una sociedad mercantil verdaderamente libre, precisamente en el hecho de que el Estado no invada el ámbito de la producción de mercancías concretas y que los particulares (y frente al mundo cualquier Estado nacional es un particular) no invadan para nada el ámbito de la producción de la forma universal de valor o dinero. UN MERCADO MUNDIAL LIBRE IMPLICA LA TOTAL LIBERTAD EN LA PRODUCCIÓN DE MERCANCÍAS PARTICULARES POR PARTE DE LOS PROPIETARIOS PRIVADOS DE LOS MEDIOS DE PRODUCCIÓN Y LA TOTAL PLANIFICACIÓN Y EL TOTAL CARÁCTER PÚBLICO EN LA PRODUCCIÓN DE LA MERCANCÍA-DINERO O FORMA UNIVERSAL DEL VALOR.

Pero como Keynes, no proponía una verdadera moneda sino una simple unidad de cuenta, no obtenía la posibilidad de que, eventualmente, todos los actores nacionales obtuvieran superávits simultáneos, por lo cual proponía, además, una especie de cámara de compensación donde todos los países mantuvieran un permanente equilibrio en su comercio exterior, premiando a los que tuvieran déficits y castigando fuertemente a los que tuvieran superávits. En una palabra, el suyo no era un mercado libre, ni la suya era una moneda, y la injusticia más elemental estaba inscrita en la asignación de semejante instrumento financiero.

Keynes fue el antecedente multicitado de toda la monserga de comunistas, tercermundistas y anti-neo-liberales (valga el eufemismo bárbaro para decir simplemente comunistas) que permanentemente pretenden alcanzar una supuesta justicia social siendo que, de entrada, plantean las peores injusticias e impiden la libertad mercantil.

De hecho, keynes no era el planteador de un nuevo y luminoso orden mundial, como se ha pretendido, sino el defensor del ya caduco imperio inglés y pretendía defender el Sistema de Preferencias Imperiales firmado en Ottawa en 1932 en el que Inglaterra y su imperio se obligaban a una férrea preferencia en sus relaciones mercantiles en ambos sentidos. Por otro lado dentro del sistema de asignación de sus BANCOR, a Inglaterra le correspondían 5.400 millones de estos instrumentos financieros y a EEUU solamente 4 mil 100 millones. Finalmente el defensor del decadente y arruinado imperio obtuvo, como premio de consolación, un préstamo de 3 mil millones de dólares y la presidencia del Fondo Monetario Internacional para un europeo.

En Bretton Woods, finalmente, se decidió el establecimiento de un mercado libre y que el dólar fungiera como moneda mundial. La razón de adoptar el dólar fue evidente puesto que, en ese momento, EEUU producía más de la mitad de todo el PIB mundial, la mitad de todo el carbón del mundo, la mitad de la electricidad, los dos tercios del petróleo, etc. tenía más del 80% de todas las reservas de oro del mundo y era, asimismo, el gran acreedor del mundo.

La decisión, no sólo fue evidente sino, también, bastante justa, porque, si bien EEUU, en el sobregiro propio a la emisión de esa moneda nacional fungiendo como mundial, tenía la capacidad de apropiarse gratuitamente de la casi mitad de lo emitido para el mercado mundial, asumía de todos modos el costo del orden público mundial con la circunstancia, muy especial, de tener que hacer frente a un comunismo que pretendía dinamitar toda la economía de mercado y a un tercermundismo y antimercantilismo general en el que todavía estamos sumergidos.

Esta decisión a la que se llegó en Bretton Woods fue sin duda la mejor a la que se podía haber llegado en aquel momento, tan es así, que el desarrollo y la universalización de la economía de mercado han avanzado hasta el punto de que, hoy, los EEUU solamente producen el 25.5 del PIB mundial, a precios del mercado, y el 19% a paridad de poder adquisitivo y, tan es así, que el gran acreedor mundial se ha convertido en el gran deudor.

EEUU debe el 23% de lo que se debe en todo el mundo. Así, por ejemplo, China tiene en su reserva dos billones de dólares acumulados (trillones en la denominación americana) más de la mitad convertida ya en deuda americana de cualquier índole.

Esta deuda en la que EEUU ha incurrido no es en modo alguno la causa de nuestras actuales dificultades mundiales sino, al contrario, la condición de crecimiento de este mundo. Los déficits mercantiles americanos, y el sobregiro financiero con los que se han cubierto, han sido, precisamente, la demanda solvente indispensable al crecimiento mercantil poderoso y libre en el que el mundo entero ha estado transitando.

Pero, volviendo hacia atrás, en el año de 1969, siendo ya evidente la dificultad, para EEUU y para el mundo, de seguir adelante con esta exclusividad americana en la producción de demanda solvente, el FMI concibe los Derechos de Giro Especial como unos instrumentos para financiar demanda en el mundo dentro del mantenimiento de una paridad fija. Estos instrumentos nacieron mal, puesto que tampoco eran moneda sino unidades de cuenta que debían estar respaldados por una canasta de monedas y que también eran asignados según la riqueza del país y su participación en el FMI. De nuevo, aberración doble, como no es moneda, no es emitido como propiedad simple del mundo en la persona moral del emisor y es asignado de tal manera que en vez de constituir un fondo verdaderamente social constituye una doble apropiación en manos del país al que se le han asignado (en el caso de la unidad de cuenta que precedió al surgimiento del euro, el ECU, no solamente se asignaban a las naciones europeas según su PIB sino también a las trasnacionales según su capacidad de producción).

De remate, estos DEG nacieron muertos porque cuatro años más tarde, en el 1971, vino el terremoto, muy desconocido, De Gaulle-Nixon. En aquel año los EEUU habían ya lanzado al mundo más de 800 mil millones de dólares y las reservas de Fort Knox, a razón de 35 dólares la onza que había establecido Bretton Woods y que se había mantenido, sólo podían garantizar un total de 10 mil millones de dólares. Ése, es el momento escogido por el Presidente de Francia, el General Degaulle, para pedir a EEUU que le dieran el oro equivalente a 500 millones de dólares, eso representaba pues la veinteava parte de todas las reservas americanas.

EEUU cumplió escrupulosamente el compromiso pero, inmediatamente, el Presidente Nixon desvinculó al dólar del oro, pero el dólar, no obstante, siguió siendo la moneda mundial como venía siendo, sin que esta desvinculación le afectara para nada. Esto nos da una lección capital, UNA VERDADERA MONEDA NO NECESITA MÁS RESPALDO QUE EL DE LA MERCANCÍA QUE HACE CIRCULAR.

A pesar de haber nacido muertos, los DGE siguen ahí y hasta el momento se han emitido 182 mil 600 de estos instrumentos financieros, cantidad que no guarda proporción alguna con la masa del comercio mundial actual.

En el marco de la actual crisis, Zhou Xiaoxuan, gobernador del Banco Popular de China, banco emisor del país, ha propuesto adoptar los DGE como una moneda de reserva mundial, su propuesta fue apoyada por Rusia, India, Brasil y otros países pero no prosperó y China y los demás países seguirán, por ahora, vendiendo sus mercancías y acumulando dólares en superávits que invertirán esencialmente comprando bonos de la deuda americana. Pero esos DGE, con o sin apoyo de esos países, no son en modo alguno la solución.

Necesitamos una verdadera moneda mundial, propiedad del mundo en la persona moral del emisor, puestos a circular en forma de créditos y de compras directas del emisor, que aseguren para el mundo la posibilidad eventual de superávits simultáneos, que no obliguen a ningún país al sobreconsumo o a déficits artificiales para que la rueda siga girando, que inicie como simple moneda de intercambios internacionales, pero, que al ir penetrando como circulante en los mercados nacionales, canalice progresivamente el legítimo afán de lucro hacia la producción y no hacia la especulación, que genere los fondos necesarios para abordar la indispensable infraestructura mundial, que costee la seguridad mundial, que las masas de lo emitido constituyan verdaderos fondos sociales disponibles para el mundo, que aborde la contrapartida del desarrollo desigual y que nos encamine hacia el verdadero MERCADO MUNDIAL LIBRE, AQUÉL EN EL QUE SOMOS COMPLETAMENTE LIBERALES EN LA PRODUCCIÓN Y CIRCULACIÓN DE LA MERCANCÍA CONCRETA O FORMA PARTICULAR DEL VALOR, Y EN EL QUE SOMOS ABSOLUTAMENTE PLANIFICADORES EN LA EMISIÓN DE LA NUEVA DEMANDA SOLVENTE MUNDIAL O FORMA UNIVERSAL DEL VALOR Y AQUÉL EN EL QUE, POR FIN, CUALQUIERA PUEDA VENDER CUALQUIER COSA EN CUALQUIER LUGAR.

Pero, ¿le conviene a EEUU la creación de esta moneda mundial? Porque a partir de ese momento EEUU será como cualquier otro país y ya no podrá sobregirarse sistemáticamente para cubrir déficits mercantiles también sistemáticos.

Sí, sí le conviene y, no solamente le conviene, sino que además para él es más urgente que para el resto del mundo, porque este sobreconsumo, que ha arruinado completamente su ahorro interno, y este sobregiro están desorganizando su economía de una manera que puede convertirse en irreversible.

Analicemos las causas de esa crisis inmobiliaria americana que fue el detonante de la actual crisis económica mundial.

El Presidente Barack Obama achaca la crisis inmobiliaria a una voracidad sin límites de la banca, más una sub regulación de todo el sistema financiero que ha dado como resultado, según él, un saqueo del pueblo de parte de los poderosos. Ya Hitler achacaba a la banca Alemana las mismas maldades y mediando el hecho de que muchos de esos banqueros eran judíos, el resto es lo que ya conocemos. ACHACAR A LA VORACIDAD DE LOS BANQUEROS Y A LA POCA REGULACIÓN FINANCIERA LAS CAUSAS DE LA CRISIS INMOBILIARIA

AMERICANA Y DE LA CRISIS ECONÓMICA MUNDIAL ES CONFUNDIR LAS CAUSAS CON LOS EFECTOS.

Veamos lo sucedido. En un momento de esta historia, el Presidente George Bush decide promover que cada americano, incluso de clase baja, tenga su propia casa (hecho en sí nada criticable y precedido por ciertas disposiciones financiero-bancarias de Bill Clinton), y, en ese mismo momento, los créditos hipotecarios correspondientes buscan su financiamiento en el sistema bancario americano, el cual, a su vez, recurre al mercado financiero mundial. Este mercado financiero mundial está constantemente en busca de demanda solvente, es decir demanda real que, además, pueda pagarse, y como EEUU es el único que paga escrupulosamente sus deudas y su deuda en virtud de esa capacidad aparentemente ilimitada de sobregiro, es el mercado ideal para colocar estos excedentes.

Resultado, este mercado mundial responde inmediatamente con una sobre-sobre-oferta de financiamiento. A partir de este momento el gran solicitante ya no es el mercado hipotecario de inmuebles en EEUU, sino el mercado ofertante de financiamiento mundial y las condiciones están dadas para que la concesión de hipotecas sea cada vez más laxa y para que los intermediarios financieros sean cada vez más imaginativos en los instrumentos a crear para satisfacer la demanda de su clientes. Esto no es una malvada acción de estafadores profesionales sino una respuesta profesional de banqueros y financieros que responden, también profesionalmente, a las necesidades palmarias, objetivas y explicitadas de su mercado.

Podrá regular Barack Obama lo que quiera o lo que se requiera, pero, en las actuales circunstancias, las condiciones están dadas para que esto se repita sistemática y frecuentemente y cuando la ocasión se presente, las regulaciones serán papel mojado ante una inventiva de los intermediarios financieros que será obligada y respondiendo a las necesidades de su mercado.

EEUU Y EL MUNDO ESTÁN ESPERANDO AL PRESIDENTE DE LOS EEUU QUE SEA CAPAZ DE LA REFLEXIÓN NECESARIA PARA ENCAMINARLOS HACIA UN DESARROLLO JUSTO, SOSTENIBLE Y LIBRE, Y QUE LIBERE A EEUU DE LA RESPONSABILIDAD DE SUMINISTRAR AL MUNDO EL GRUESO DE LA DEMANDA SOLVENTE, RESPONSABILIDAD, QUE YA ESTÁ CASTIGANDO TODOS SUS HÁBITOS PRODUCTIVOS, TODA SU MORAL MERCANTIL Y QUE ES YA INSOSTENIBLE.

Pensemos que si en EEUU esta situación ha dado lugar a que un Presidente vea en la maldad de los banqueros y del sistema financiero la causa de este estropicio, en el resto del mundo, sobre todo en los países en vía de desarrollo, todo esto determina la reaparición, una y otra vez, de la filosofía antimercantil.

Comentarios

Rarámuri: Mariano:

Sería muy interesante hacer un modelo matemático de tu propuesta y evaluar los beneficios de ella.

Por otro lado, desde hace décadas la gente se pregunta: ¿qué va a pasar en el supuesto que la gente quiera cambiar las montañas de dólares por mercancía? Recordarás cuando los países petroleros exigieron sus dólares en oro y Nixon se retiró del patrón oro. Hoy, ¿qué darían los americanos si los países decidieran mercancías a cambio de sus depósitos?

En el caso de que se llegara a un acuerdo para una moneda universal, ¿qué haríamos con nuestros pesos?, ¿qué haría Estados Unidos con todos los dólares en circulación y todos los depósitos?

Si Todos esos dólares están sin respaldo y se cambiarían por la nueva moneda, ¿cómo le afectaría a esa moneda universal el no respaldo del dólar?

Mariano: Amigo Rarámuri, decía Einstein, que los verdaderos descubrimientos científicos no dependen de cálculos complicados sino de reflexiones sencillas. Hagámoslas.

En última instancia (y en primera), en su aspecto material, este es un mundo de conceptos, y la reflexión de los físicos está llegando a la comprensión de que las partículas mismas existen sólo en tanto que conceptos. Con lo cual, si llegamos a conceptuar debidamente la naturaleza del valor, en la que toda actividad económica transcurre, y en la que se colocó la reflexión de la economía clásica inglesa, comprenderemos, que es la forma universal del valor la que determina a la concreta y no al revés. NO ES DE LA COMPRESIÓN EXHAUSTIVA DE NUESTRAS CIRCUNSTANCIAS ECONÓMICAS CONCRETAS DE LA QUE SURGIRÁ LA DEFINICIÓN Y EL ESTABLECIMIENTO DE UNA MONEDA UNIVERSAL, SINO QUE ES DE LA SIMPLE CONCEPCIÓN DE ÉSTA, DE LA QUE SURGIRÁN LA CASCADA DE CONSECUENCIAS PRÁCTICAS QUE EL ORDENAMIENTO DE NUESTRO MUNDO, (DE NUESTRO UNIVERSO) ECONÓMICO REQUIERE. Decía Kant al respecto que no hay nada más práctico que una buena teoría.

Situándonos pues en la economía clásica inglesa, debemos decir que, aunque los libros de texto han recogido que Ricardo exploró el carácter objetivo del valor y Adam Smith las motivaciones subjetivas de los actores económicos, aún siendo esto cierto, no es menos cierto que ambos, y todos los demás pensadores de esta escuela, se esforzaron en comprender el contenido objetivo de los intercambios mercantiles y todos llegaron a la conclusión de que en cada acto de compra-venta estaba presente el trabajo promedio, o socialmente necesario, contenido en cada objeto intercambiado, si bien, la objetividad última de este intercambio sólo se alcanzaba en el conjunto de lo intercambiado, en el conjunto del mercado. Por esta vía llegaron a la clara comprensión de la existencia de la forma universal del valor, o valor de cambio, y de la de la forma particular del valor, o valor de uso. Sobre estas bases, posteriormente, Marx hizo algún descubrimiento importante que daba respuesta a las crisis recurrentes que ocurrían en ese mercado que él estaba estudiando y nos legó su famosa tendencia a la disminución de la tasa de beneficio como resultado del constante incremento, de lo que él llamaba, la composición orgánica del capital, o incremento de las inversiones en el crecimiento tecnológico, tendencia, que nos da dos informaciones capitales, una, que el SISTEMA CAPITALISTA ES UN SISTEMA HISTÓRICO, QUE ALCANZARÁ UN FIN Y DESENLACE HISTÓRICO Y, OTRA, QUE ESTE DESENLACE SERÁ, Y DEBERÁ SER, FRUTO DE UNA ACUMULACIÓN DE FUNCIONALIDADES Y ÉXITOS Y NO DE DISFUNCIONALIDADES Y FRACASOS. Esto es capital, porque sitúa al humanista en la necesidad histórica de hacer funcionar este sistema y no en la de ponerle obstáculos y trabas.

Por otro lado, Marx formula la relación entre inversiones de capital fijo y circulante (o lo que él llamaba capital constante), e inversiones en salarios, (o lo que él llamaba capital variable), junto con la masa de los beneficios obtenidos, (o plusvalías), y el valor total producido en el ciclo (o totalidad del trabajo socialmente necesario incorporado a ese ciclo). $Cc + Cv + P = V$. Le ocurre a esta fórmula lo que les ocurre a todas ellas cuando están bien conceptuadas, que son más inteligentes que nosotros mismos, y esta fórmula tiene capacidades explicativas que el propio Marx no vio.

Para avanzar en la reflexión debemos establecer que en esta fórmula el conjunto de la plusvalía o P, (o incremento de valor del ciclo), es equivalente al conjunto de los beneficios obtenidos en el ciclo por los propietarios de los medios de producción (conjunto de P = conjunto de B) y, asimismo, deberemos asentar, que la suma del capital constante y del capital variable es, a la vez, el conjunto del capital invertido por los propietarios de los medios de producción en el ciclo pero, asimismo, es el conjunto del valor del que partió el ciclo, con lo cual, si quisiéramos calcular la tasa de beneficios obtenida por el conjunto de los propietarios de los medios de producción en ese ciclo, encontraríamos, que es (todo medido en conjuntos, o masas en la terminología de Marx) $B/Cc+Cv$ y si quisiéramos medir la tasa de incremento de valor del ciclo veríamos que resulta ser $P/Cc+Cv$ y siendo $P=B$ resulta que la tasa de beneficios del ciclo (que mide el interés de los propietarios de los medios de producción al participar en el ciclo productivo) y la tasa de incremento de valor del ciclo (que mide el interés del conjunto de la humanidad al participar en el ciclo) son equivalentes, todo lo cual tiene una significación mayor.

NO HAY NINGUNA CONTRADICCIÓN ENTRE LOS INTERESES DEL CONJUNTO DE LOS PROPIETARIOS DE LOS MEDIOS DE PRODUCCIÓN (AÚN CUANDO SEAN TOTALMENTE PRIVADOS) Y LOS INTERESES DEL CONJUNTO DE LA HUMANIDAD, Y ESTA EQUIVALENCIA DE INTERESES SE MANIFIESTA, CLARO ESTÁ, EN LA MEDIDA EN QUE, TANTO LA HUMANIDAD, COMO LOS PROPIETARIOS DE LOS MEDIOS

DE PRODUCCIÒN, SEAN CAPACES DE COMPRENDER SUS INTERESES DE CONJUNTO.

Por otro lado, esta equivalencia, evidencia una identidad con la equivalencia entre la masa inercial y la masa gravitacional en física, lo cual NOS DEMUESTRA QUE CUALQUIER ÁMBITO DE PENSAMIENTO, INCLUSO LOS DE LAS HUMANIDADES, TIENE EL MISMO GRADO DE OBJETIVACIÓN POSIBLE, SIEMPRE Y CUANDO ESTÉ DEBIDAMENTE CONCEPTUADO. TODA REFLEXIÓN, PUES, ES SUSCEPTIBLE DE CUANTIFICARSE. Y ENTRE TODAS ELLAS DEBEN PODERSE ESTABLECER ANALOGÍAS FUERTES, Y AÚN IDENTIDADES, CONSTITUYENDO UN SOLO PENSAMIENTO.

Por otro lado, al establecer la existencia de la forma universal del valor junto a su forma particular, ambas debidamente conceptuadas, y siendo la universal la determinante, ambas se convierten en dos valores, no sólo conceptuales, sino también cuantitativos, y tenemos, por lo tanto, dos valores plenamente establecidos en el sistema mercantil, y por ende también, dos plusvalías (y asimismo dos masas de beneficio) una, en manos de los propietarios de los medios de producción, o propietarios de la mercancía concreta generada, y otra en manos del estado-emisor del valor universal o dinero.

¿Qué proporción cuantitativa guardan ambas masas de valor? Hoy nos encontramos al respecto en una total aberración. El valor particular circula ya de manera ampliamente universal y, sin embargo, el valor universal tiene una emisión y naturaleza particular o nacional (o continental, que para el caso es igual) y esto significa que de hecho, hoy, frente al mercado universal que ya somos, no tenemos un verdadero dinero, tenemos simplemente un pseudo-dinero o casi-dinero. Esto implica que, de manera natural, este dinero tiende a devaluarse (y cuando decimos que se devalúa, no es en relación a otras monedas, ni siquiera en relación a la cantidad de bienes físicos que puede comprar, sino en relación a la cantidad de trabajo promedio, o socialmente necesario, que contiene) con lo cual, este dinero, que tiende a devaluarse, por no alcanzar la categoría de verdadero dinero, acelera constantemente su velocidad de circulación relativa a la mercancía concreta, la cual, por lógica, frena, asimismo constantemente, su propia velocidad de circulación relativa al dinero.

En una palabra, este casi-dinero, tiende constantemente a convertirse en dinero sobrante. Pero si nos colocamos en la hipótesis de un verdadero dinero, o dinero mundial, amparado por el conjunto de las mercancías del mundo, y dispuesto a hacerlas circular a todas ellas, entonces, este dinero tenderá constantemente a frenar su velocidad de circulación (incluso, las amortizaciones y capitalizaciones tenderán a hacerse con tesorerías), puesto que este dinero que mantendrá su valor en trabajo promedio, se revalorizará permanentemente respecto a las monedas nacionales coexistentes y respecto a la propia cantidad de mercancías concretas que podrá comprar. No solamente tendremos dos valores conceptuales sino también cuantitativos, con unas masas que tenderán permanentemente a acercarse en sus magnitudes cuantitativas.

TENDREMOS, PUES, DOS PLUSVALÍAS COMPLETAS, UNA EN MANOS DE LOS PROPIETARIOS DE LOS MEDIOS DE PRODUCCIÓN, Y OTRA EN MANOS DEL ESTADO-EMISOR DE LA FORMA UNIVERSAL DEL VALOR O DINERO. EL INCREMENTO DE AMBAS IRÁ DE PAR Y A PARTIR DE ESTE MOMENTO LA INTRODUCCIÓN, POR PARTE DEL ESTADO, DE SU PROPIA PLUSVALÍA EN LA CIRCULACIÓN MERCANTIL, SE CONVERTIRÁ EN LA PLANIFICACIÓN DEL CRECIMIENTO DE UNA

ECONOMÍA DE MERCADO TOTALMENTE PRIVADA Y LIBRE. CUANTA MÁS MASA DE BENEFICIOS, MÁS NECESIDAD, PERO TAMBIÉN MÁS MEDIOS FÍSICOS Y MONETARIOS, PARA PLANIFICAR EL CRECIMIENTO DE ESTA ECONOMÍA LIBRE, SOSTENIDA Y SOSTENIBLE.

Si esto se deduce de esa formulación de Marx, ¿por qué él no lo captó?, ¿por qué de estos mismos conceptos y formulaciones dedujo la necesidad de planificar la total destrucción y estatificación de la economía de libre mercado que él había conocido y en la que vivía?

PORQUE ERA ATEO Y SU ATEÍSMO LE LLEVABA, POR LA VÍA DEL MATERIALISMO, A NO CONCEBIR CONCEPTUALMENTE MÁS DINERO QUE EL METÁLICO, DONDE EL VALOR DE CAMBIO DEL DINERO NO CONSTITUYE UNA SEGUNDA PLUSVALÍA PUESTO QUE EN SU PRODUCCIÓN SE CONSUME, EN TRABAJO CRISTALIZADO, EL EQUIVALENTE A SU VALOR DE CAMBIO.

SI NO VEMOS Y EVITAMOS LA TRAMPA EN LA QUE ÉL CAYÓ, NO PODREMOS ORDENAR NUESTRO MUNDO ADECUADAMENTE, PERO SI POR QUE ÉL CAYÓ EN ESA TRAMPA, TIRAMOS A LA BASURA TODAS SUS REFLEXIONES HISTÓRICAS (Y LAS DE LA ECONOMÍA CLÁSICA INGLESA), ENTONCES NOS OCURRIRÁ EXACTAMENTE LO MISMO. ESTO FORMA PARTE CENTRAL DE LA LUCHA ENTRE EL BIEN Y EL MAL, Y EN CADA UNA DE NUESTRAS ENCRUCIJADAS, TENDREMOS UNA INFINIDAD DE POSIBILIDADES, UNA EN LA QUE GANAMOS Y TODAS LAS DEMÁS EN LAS QUE PERDEMOS. NO ES POR LA VÍA DE LA PRUEBA Y EL ERROR POR LA QUE PODREMOS PROGRESAR, SINO POR LA DE LA FE EN DIOS Y POR LA DE LA REFLEXIÓN QUE DE ELLA SE DERIVA.

Avanzando, querido Rarámuri, en la respuesta a tus preguntas, lo que proponemos no es el establecimiento negociado de una moneda mundial que elimine desde el principio a las monedas nacionales, sino el establecimiento negociado de una moneda mundial que se instale inicialmente en el centro de los intercambios internacionales y cuyo desarrollo se deje al mercado, dentro del cual, esta moneda empiece por disolver las monedas nacionales más débiles y posteriormente las monedas nacionales con grado creciente de fortaleza y que dé al emisor central una capacidad gigantesca y creciente de planificar de manera sostenida el crecimiento de este mercado libre y de crear los fondos sociales necesarios para abordar las múltiples y diferentes necesidades mundiales.

Debemos decir al respecto que, desde cualquier ángulo que queramos abordarlo, este mercado basado en la propiedad privada de los medios de producción y en la circulación libre, tiene una bondad intrínseca ilimitada si le permitimos su desarrollo, así, por ejemplo, en esta materia de necesidades por satisfacer, cada nueva tecnología crea una nueva necesidad, pero también crea simultáneamente la posibilidad de satisfacerla.

Insistimos en el hecho de que EEUU ya no puede ni debe seguir por esta senda porque, si bien su deuda solamente es del 90% de su PIB, y es el 23% del total de deuda mundial (lo cual le mantiene también en el promedio, puesto que su PIB es, a su vez, el 19% del mundial), sin embargo, el servicio de la deuda, que es de 700 mil millones de dólares anuales, significa ya el 4.7% de su PIB, cifra insostenible, teniendo en cuenta que es altamente deseable que EEUU no cambie su modelo liberal y se mantenga en su actual rango de recaudación.

Pero, además, al constituir esta moneda mundial, sería justo que los dólares que circulan en el mundo, y que todavía no se han constituido en deuda, fueran convertidos a esta nueva moneda. Sería justo, puesto que este desparramo de deuda y dólares ha sido la condición de crecimiento del mercado mundial.

El verdadero valor inicial de esta moneda no quedaría determinado por respaldo financiero alguno, sino por la calidad inicial de la negociación política, que, en definitiva, es lo que determinaría hasta qué punto la mercancía mundial estuviera amparando a esta forma universal del valor. Una vez consolidado totalmente el carácter virtuoso de esta forma universal del valor, aparecería, de manera evidente, que son las formas universales las que determinan a las particulares y no al revés.

EEUU DEBE ENCABEZAR LA NEGOCIACIÓN PARA ESTE NUEVO ORDEN MUNDIAL Y EN ESTA NEGOCIACIÓN INICIAL DEBE TENER MUY PRESENTE QUE ES INDISPENSABLE IMPULSAR LA DEMOCRATIZACIÓN DEL MUNDO. HOY YA LO ESTÁ HACIENDO, PERO NECESITAMOS ESE INVOLUCRAMIENTO DEL MUNDO ENTERO EN EL DISEÑO, Y ELLOS, LOS EEUU, DEBEN RECUPERAR PARA SÍ MISMOS LA LIBERTAD PLENA DEL MANEJO DE SU PROPIA ECONOMÍA, DE MANERA A GENERAR INMENSAS MASAS DE PLUSVALÍA ASUMIENDO, COMO LES CORRESPONDE, LA GRAN REVOLUCIÓN TECNOLÓGICA QUE ESTE NUEVO ORDEN MUNDIAL PROPUESTO REQUIERE.

El nonato es uno de nosotros.

8 de junio 2013. Publicado en:
http://losbarbarosdelnorte.com/html/modules.php?name=Forums&file=viewtopic&t=2464

En Brasil, los evangélicos, que constituyen el primer partido aliado del gobierno y del PT (la formación política de Lula y de Dilma Roussef), han propuesto al Congreso la adopción del Estatuto del Nonato, una ley estatutaria que debe reconocerlo como persona con los mismos derechos que la legislación ya le reconoce en materia de herencia, propiedad, e identidad.

La reflexión esencial en este asunto es que la concepción es el único momento cualitativamente diferente a cualquier otro en el proceso vital (tanto de gestación como de vida exterior al seno materno) de cualquier persona, pues en la concepción, lo que era potencia se convierte en esencia. Todo el proceso posterior es un desplegamiento de la dinámica interna y predeterminada de ese ser que fue alumbrado en la concepción y que evoluciona en interacción permanente con su entorno, dentro y fuera del seno materno.

Decidir que la concepción es el único momento cualitativamente determinante de este proceso de constitución del ser humano no decide automáticamente todas nuestras reflexiones posteriores pero es un elemento clave y no relativizable de nuestra comprensión y conciencia.

A partir de esta primera reflexión esencial, de esta noción constitutiva, hay momentos del desplegamiento de este ser y de nuestra reflexión que no ofrecen mayor dificultad, hay otros que merecerán mayor consideración.

Por ejemplo: tenemos esa variable de la concepción asistida en la que se fecundan varios óvulos para, de entre los que han logrado convertirse en embriones, decidir cuál vivirá y cuál no.

También en este caso tenemos que partir del hecho esencial y determinante de toda nuestra reflexión. DESDE LA CONCEPCIÓN TENEMOS UN NONATO Y ESE NONATO ES UNO DE NOSOTROS.

No tenemos ningún derecho, pero absolutamente ningún derecho, a impedir que un nonato concebido sea gestado y nazca. Es un crimen absoluto proceder en esta forma.

Hoy hay millones de embriones congelados que están en el limbo, uno, que pertenece plenamente a la CULTURA DE LA MUERTE.

Posteriormente al desarrollo de esta forma de concepción asistida (contra la que nada tenemos siempre y cuando a todo nonato se le dé el derecho de prosperar y nacer), vino la investigación de las células madre y, como en un primer momento éstas prácticamente sólo se obtenían de fetos o del cordón umbilical, entonces, decidieron que todos esos embriones, todos esos nonatos, podían y debían ser utilizados para este tipo de investigaciones. USAR EMBRIONES CONGELADOS PARA LA INVESTIGACIÓN DE LAS CÉLULAS MADRES ES CONSUMAR ESA CULTURA DE LA MUERTE, ESE CRIMEN ABOMINABLE, EN EL QUE YA INCURRIMOS CUANDO DECIDIMOS CONGELAR UN EMBRIÓN HUMANO NEGÁNDOLE EL DERECHO A PROSPERAR Y NACER.

Tampoco tenemos ninguna objeción contra la investigación con células madre, de hecho consideramos que es uno de los tantos rubros entusiasmantes de la investigación médica, y abrazamos apasionadamente esta posibilidad de ayuda al ser humano, pero, decidir que la única manera de proseguir la investigación en cuestión es destruir embriones humanos perfectamente viables, es una estupidez y un crimen. Un crimen porque estamos destruyendo a un nonato que es, repetimos, y sin ningún género de duda, uno de nosotros, y una estupidez porque la propia ciencia nos procura caminos luminosos para proseguir esta investigación sin cometer crimen alguno. Por ejemplo, hoy sabemos que la grasa de nuestros cuerpos contiene una buena cantidad de células madre de excelente calidad y una célula madre obtenida de nuestro cuerpo es muy superior a la de cualquier embrión porque esta célula, no solamente es madre, sino que, además, tiene nuestro propio código genético.

Aferrarse a cometer crímenes para hacer prosperar cualquier investigación nos coloca exactamente en el mismo terreno de los nazis que se otorgaban el derecho de cometer los peores asesinatos para supuestas investigaciones médicas de las que, de hecho, nunca resultó nada útil.

El tema del aborto parece tener ribetes netamente diferentes pero la propia ciencia se encarga de darnos los elementos para resolver favorablemente los peores dilemas.

Tomemos el caso concreto de la Señora Beatriz, salvadoreña, madre ya de un hijo de tres años, y que estaba embarazada de un bebé anencefálico, que, en caso de nacer, no podría vivir más allá de unos días y cuyo embarazo ponía en peligro grave, gravísimo, a la madre. Sólo la estupidez creó un falso dilema. Que la madre muera, o que se la ponga en riesgo casi total de que así sea, para que nazca un hijo que no puede vivir más allá de unos días.

La solución que adoptaron finalmente los doctores ilustra la verdadera alternativa, no sólo de este caso, sino de todos aquellos que pudieran estar en esta tesitura aunque no fuera de manera tan extrema. Los doctores decidieron inducir el parto por cesárea. La madre se salvó y el bebé sólo vivió unas horas, pero conviene tener en cuenta que este bebé sólo vivió unas horas a causa de su anencefalia, pues, de haber estado sano habría podido prosperar aún cuando el parto se hubiera inducido muy prematuramente. Hoy tenemos los medios técnicos de que así sea. Esa inducción del parto debió haberse hecho mucho antes y la madre no hubiera padecido lo que padeció ni su salud hubiera sido perjudicada en la forma en que lo fue.

La bendita ciencia nos ha librado hoy de aquel dilema trágico que nos hacía decidir entre la vida del nonato y la de la madre. Ambas pueden ser ya respetadas y salvadas.

No es de la penalización del aborto de lo que estamos hablando aquí, es de conciencia, y la conciencia de que el nonato es uno de nosotros no comporta automáticamente la decisión de penalizar el aborto en cualquier circunstancia (y menos con 50 años de cárcel como es el caso de la ley salvadoreña).

Sin duda hay una multitud de circunstancias que están vinculadas al embarazo y que pueden ser puestas en la mesa de discusión de pleno derecho, pero ninguna de éstas cambia el hecho sencillo y determinante de que EL NONATO ES UNO DE NOSOTROS y, sin ningún género de duda, el derecho a su vida debe prevalecer sobre cualquier otra consideración.

En el caso de esos embriones que son concebidos sabiendo de antemano que no se les dará el derecho a nacer, nos pronunciamos por la inmediata, radical, y penal prohibición.

En el caso del aborto no queremos incidir ni pronunciarnos en materia de penalización, porque ahí tendríamos que entrar en todas las responsabilidades individuales y colectivas que están involucradas. Reconocemos, además, que en el caso de que la vida de la madre peligre habrá que darle un considerable margen de decisión al doctor, pero, sí, definitivamente sí, nos pronunciamos en el sentido de una conciencia plena del hecho magnífico, entrañable de que EL NONATO ES UNO DE NOSOTROS y esta conciencia nos lleva indefectiblemente al respeto insoslayable de su vida.

Nuestra vida está hoy sumergida en la cultura de la muerte y la ignorancia de los derechos inalienables del nonato constituye el núcleo mismo de esa perversión. Esta afirmación no es, ni un exceso verbal, ni un extremo sectario, es la verdad misma, nuestra verdad humana más estricta.

Nos horrorizamos ante la costumbre, naturalmente asumida en casi todas las culturas que nos han precedido, del asesinato del bebé nato. En nada ha avanzado nuestra conciencia en relación a la de ellos. Debemos tener un sobresalto de lucidez, de sensibilidad, de conciencia, y salir de esta abominación, de esta catástrofe de la conciencia, de este colapso de nuestra humanidad, de esta barbarie.

.

P.D. Hay un organismo no gubernamental en España cuyo nombre es, precisamente, EL NONATO ES UNO DE NOSOTROS.

Grandes científicos apostándole a la estolidez.

21 de junio 2013, publicado en:
http://losbarbarosdelnorte.com/html/modules.php?name=Forums&file=viewtopic&t=2468

Kick Bostrom, profesor de la Universidad de Oxford, junto a otra serie de científicos, ha desarrollado un test para dilucidar si el universo es, o no, una simulación.

De acuerdo a las especulaciones de estos científicos, en torno a la limitación de la energía de los rayos cósmicos en ciertas áreas de su espectro de existencia, piensan ellos poder encontrar los signos reveladores de la artificialidad de nuestro universo.

Hace tiempo que le están dando vueltas al asunto y están afinando cada vez más sus herramientas de detección y reflexión.

Estimamos que el intento es válido y que está perfectamente justificado, es más, estimamos que sí lograrán demostrar la artificialidad, la naturaleza simulada de nuestro universo, y como ellos comparten con nosotros este sentimiento se preguntan, ¿quién está simulando?

Su respuesta es, por lo demás, rebuscada y disparatada: los seres inteligentes surgidos al término de un largo proceso de simulación, son los que generaron, en el pasado, esa simulación de la que acabaron saliendo ellos mismos.

Caramba, con nuestros amigos científicos, pensar tanto y tan bien, para salir con este martes trece.

Si nos colocamos fuera del tiempo, no hay ninguna posibilidad de que ideemos un proceso en el que emulemos a un pez que se muerde la cola, precisamente dentro del tiempo, y, si nos colocamos dentro del tiempo, no hay ninguna manera de idear la existencia de un proceso autosimulativo que ocurrirá dentro de un tiempo que es la esencia misma de esa simulación y que, por ende, la presupone, es decir que, para generar nuestra simulación partimos de la hipótesis de que estaba previamente generada, puesto que donde no hay simulación, no hay tiempo. La simulación apareció, sí, pero, ni nosotros, ni nuestra descendencia, tuvimos nada que ver en ella.

Pero, ¿por qué semejante enredo conceptual? ¿Para qué someter a las meninges a un cortocircuito de esta naturaleza?

Tengamos nada más en cuenta que, si artificial es lo creado por una mente, éste es un viaje de nuestro conocimiento para el que no se necesitan alforjas, puesto que, desde siempre, nos fue dicho que Dios creó este universo, y que en consecuencia, éste es perfectamente artificial y emanado de Él en un acto de voluntad plena, con un propósito y una intención perfectamente definidos.

Y, para los que nos pudieran alegar que trasladar a Dios la creación de este universo sólo nos llevará a preguntarnos sobre la creación de Él mismo, les respondemos con la verdad evidente de que sólo un Ser increado puede crear, sólo de aquél que es el que es, puede surgir cualquier manifestación del Ser, razón por la cual en modo alguno estamos en condiciones de crearnos a nosotros mismos, siendo como somos seres creados, dentro de una realidad simulada, de una forma tan evidente, que así lo establece también la hipótesis con la que trabajan este grupo de físicos y filósofos.

La solución buscada por estos científicos para enfrentar el hecho del carácter artificial y simulado del universo ilustra la situación en la que se halla hoy la ciencia. Ésta, ha avanzado tanto en la búsqueda de los cómos que, ahora, su insistencia en negar a Dios ya es perfectamente incongruente con la ciencia misma y los obliga a imaginar las más rebuscadas tonterías siendo que tienen enfrente las más sencillas y congruentes soluciones. Diríamos, en nuestra popular filosofía mexicana, ¿para qué dar tantos brincos estando el suelo tan parejo?

La paella cultural Reagan-Barreto.

29 de agosto 2013. Publicado en:
http://losbarbarosdelnorte.com/html/modules.php?name=Forums&file=viewtopic&t=2485

Don Héctor Barreto (q.e.p.d.), fundador de la Cámara de Comercio Hispana de los EEUU (Cámara que tiene hoy dos millones y medio de agremiados), negociador con George Bush padre, del nombramiento de los primeros Secretarios (Ministros) hispanos en el Gobierno Federal de Washington y esforzado luchador para la asociación y promoción de los hispanos en los EEUU, acuñó, en la primera elección de Reagan a la Presidencia de los EEUU, un concepto que es filosóficamente definitorio, tanto para la relación de los hispanos con los sajones en los EEUU, como para la relación de México (y América Latina en general) con los EEUU.

Durante esa campaña presidencial en los EEUU, Don Barreto participaba de manera destacada en apoyo al candidato republicano Reagan y, en pleno debate electoral, éste expresó temor y reticencia hacia los latinos en general pues, argumentaba: "Son tantos y están tan cerca de sus países de origen, que no se disuelven en el melting pot (o gran retorta cultural americana) sino que conservan su identidad, generándole a EEUU una biculturalidad amenazante y de mala digestión".

Ante tamaña declaración de Reagan, la posición de Don Barreto en esa campaña parecía condenada, porque, si se enfrentaba abiertamente al candidato, cancelaba automáticamente su participación en la campaña y, si se callaba, perdía toda fuerza ante los hispanos.

Don Barreto resolvió magistralmente el grave predicamento, diciendo frente a la nación que: "En efecto, los hispanos no queremos disolvernos en ningún melting pot, pero, tenemos otra propuesta culinaria, la paella cultural, donde todos estemos en el mismo guisado pero guardando nuestra propia personalidad, quien la jaiba, quien el camarón, quien el arroz y nosotros, los hispanos, queremos aportarle a esta paella el sabor, el picante, la chispa". Esta respuesta magistral al predicamento destrabó la mente de Reagan, el cual aceptó de tan buena gana la propuesta, que la campaña terminó bajo los auspicios de lo que los medios llamaron "LA PAELLA CULTURAL REAGAN-BARRETO" y además, significó, y significa, una propuesta magna para la relación general de sajones e hispanos en los EEUU y para la relación de EEUU con México y con América Latina en general.

Estas dos inmensas culturas, la sajona y la hispana (de hecho la ibérica pues Brasil y el ámbito portugués deben ser incluidos) tienen mucho que ofrecer al mundo, pues el énfasis en el libre albedrío, en el libre mercado, y en el pragmatismo de los sajones debe sintetizarse con el énfasis universalizador y globalizador de la cultura hispana para que el nuevo mundo sea, ahora sí, el alumbrador de un mundo nuevo.

Se ha dicho, con razón, que el presidente hispano de los EEUU ya ha nacido (de hecho ya es adulto) y hombres como Héctor V. Barreto (Héctor junior), actual responsable de la Coalición Latina y ex Administrador del SBA, y otros, están ahí para que un día no muy lejano, la paella cultural propuesta por Don Héctor Barreto demuestre que esa biculturalidad que Reagan temía es, por el contrario, el núcleo que permite convertir al sueño americano en el sueño del mundo.

Los sindicatos mexicanos, organizaciones leninistas.

8 septiembre de 2013. Publicado en:

http://losbarbarosdelnorte.com/html/modules.php?name=Forums&file=viewtopic&t=2493

Según la OCDE, en México, sólo la mitad de los alumnos de primaria la terminan y 7 de cada 10 no entienden lo que están leyendo o no saben multiplicar. Simplemente insultante.

No obstante, México dedica a la educación el 6.2% de su P.I.B., muy cercano al 6.3% promedio de la OCDE. ¿Dónde está el problema?

Los sindicatos de la educación, como los demás sindicatos mexicanos en general, controlan la contratación, los ingresos, los estímulos, los ascensos y las evaluaciones de sus agremiados. Este inmenso poder les permite someterlos como perfectos dictadores. Por ejemplo, en el caso de los maestros, el agremiado que se niegue a acudir a las manifestaciones o plantones que deciden los líderes, no tendrá ningún derecho a estímulos, será evaluado negativamente y verá peligrar, tanto sus ingresos, como su plaza. ¿Cómo se llegó a esta inaudita situación?

Los sindicatos surgieron como asociaciones libres de los trabajadores para la defensa de sus derechos. Fueron concebidos como organismos de afiliación voluntaria y en los que los líderes están permanentemente sometidos a la soberana voluntad de los agremiados y esta soberanía surge de la libre asunción de su conveniencia por parte del trabajador.

¿Cómo es posible que tengamos sindicatos en los que la afiliación es obligatoria, en los que el único soberano es el dirigente y en los que el agremiado está reducido al sometimiento más completo si quiere trabajar en esa empresa o en ese sector?

El origen, por más inverosímil que nos parezca, está en la Revolución Bolchevique de 1917.

En la filosofía bolchevique, el verdadero defensor del trabajador es el Estado, así como también su único contratador, con lo cual, los sindicatos dejan de ser organismos de defensa de los intereses del trabajador frente al patrón y pasan a ser una simple CORREA DE TRANSMISIÓN de las decisiones de este Estado-patrón, que es, a su vez, repetimos y según Lenin, el único defensor de los obreros.

Si este patrón es también el que toma todas las decisiones que afectan a sus empleados, entonces, resulta más claro que el agua que estamos ante la esclavitud pura y simple. Por eso en la URSS el 10% de la población eran esclavos literalmente en campos de concentración. La diferencia entre el esclavo que estaba en un campo de concentración y el esclavo que estaba ya fuera en una fábrica, en una escuela o en una oficina, era de grado, pero el concepto básico era el mismo. Se decretaba que ninguno de esos esclavos tenía ningún interés particular que defender porque el Estado era el defensor de todos los intereses habidos y por haber de cada una de esas personas que le estaban total y completamente sometidas, por las armas, por las leyes y por la ideología. Los burócratas de semejante Estado se constituyeron, y se constituyen, en señores de horca y cuchillo, dueños de vidas y haciendas, y, por la vía de la ideología atea, dueños, asimismo, de mentes y espíritus.

Ahora bien, si el sindicato no es más que una correa de transmisión de las decisiones del Estado-patrón, entonces, este sindicato cumple funciones de Estado y, además, funciones exclusivamente represivas. El sindicato dispone de todas las atribuciones necesarias para manejar a su antojo los intereses de sus agremiados, sin que éstos puedan atreverse a decir esta boca es mía, so capa de represión y liquidación (de manera económica y/o física) fulminante.

México hizo una revolución inspirada implícitamente en el bolchevismo-leninismo y esta ideología fue explícita y omnímodamente triunfante con Lázaro Cárdenas.

Desgraciadamente, el PAN, desde Los Pinos, no pudo, no quiso, y no supo, enfrentar esta situación y fue apabullado por la omnipresencia de esta ideología en las mentes de la mayoría de mexicanos, pero, una razón paralela para esta pusilanimidad vergonzosa, fue el hecho de que los propios miembros del PAN, empezando por el Presidente Fox, nunca tuvieron claro el intríngulis ideológico que estaban enfrentando y su naturaleza histórica. El PAN nunca asumió plenamente ni reflexionó sobre el hecho de que había nacido, precisamente, contra Cárdenas y contra toda la reacción antisocial y antilibertaria que él representaba.

México sucumbió al bolchevismo porque éste enlazaba perfectamente con el antimercantilismo y el burocratismo de la colonia y toda la energía social que liberó la Revolución fue encauzada al sometimiento más abyecto de las propias masas rebeladas.

Las dos presidencias panistas, en materia sindical, sucumbieron a la tentación de volver a utilizar a estos sindicatos como correas de transmisión de los intereses del Estado mexicano y, como prueba, el botón de, la hoy rea, Elba Ester Gordillo. Esta tentación es nefasta, retrógrada, humillante y perversa, sin exceso verbal alguno y, además, estos líderes sindicales reutilizados actuaron con mucha mayor autonomía que antes frente al Estado. Ahora sí, estos burócratas se dieron vuelo pues, en esta nueva etapa panista, ni respondieron a los intereses de sus agremiados, ni a los del Estado, y actuaron como empresarios sindicales por la libre.

Sólo sindicatos verdaderamente libres, que respondan al interés de sus agremiados, podrán llevar a México a la productividad capaz de convertirnos en un país desarrollado. La deplorable situación de nuestra educación nos es conocida por los estudios de los organismos internacionales, pero es sólo una muestra de nuestra muy precaria productividad en todos los ámbitos. Tenemos salarios de miseria porque nuestra productividad lo es también, y todo esto, porque no nos hemos desembarazado en ningún momento del modelo bolchevique, de nuestra retrógrada, degradante y oprobiosa "Revolución".

El PRI podría volver a someter a los sindicatos a la disciplina del Estado para que fueran de nuevo sus correas de transmisión, pero eso sería un despropósito más y esos sindicatos seguirían sin ser útiles, ni a sus agremiados, ni al país.

Excelsas noticias con las células madre.

20 de septiembre 2013. Publicado en:
http://losbarbarosdelnorte.com/html/modules.php?name=Forums&file=viewtopic&t=2498

Los científicos israelíes han logrado un éxito del 100% en la reprogramación de células adultas especializadas en células madre pluripotenciales o IPS.

La programación natural de células IPS en células especializadas se realiza con cuatro programadores, el OCT 4, el SOX 2, el KLF 4 y el MYC. Estos científicos han descubierto que estos programadores naturales incorporan un gen, el MBD 3, que reprime severamente esta programación.

Esta contradicción es sólo aparente pues lo que aquí se manifiesta es que la vida tiene incorporados mecanismos de alto control para impedir la programación anárquica e indeseada.

Con el uso inteligente de estos programadores y la inhibición del gen represor, estos científicos han pasado de un éxito reprogramador de menos del 1% a uno sistemático del 100%. Con lo cual, no solamente estamos en condiciones de usar la tecnología de las células madres como una terapia generalizada, sino que obtenemos células IPS con el código genético del paciente, puesto que de él provienen, y podemos abstenernos del uso de fetos, cordones umbilicales y de caer en la maldad con la que la cultura de la muerte nos quiere tentar. "Como jamás tendremos suficientes fetos provenientes de los abortos espontáneos, necesitamos forzosamente engendrarlos como fuente de materia prima".

LA CULTURA DE LA VIDA JAMÁS NECESITARÁ GENERAR CULTURA DE LA MUERTE NI APOYARSE EN ELLA PUES DIOS HA DISPUESTO SU UNIVERSO DE TAL MANERA QUE LA VIDA PUEDA SIEMPRE SER FUENTE DE MÁS VIDA.

TENGAMOS FE EN DIOS Y EN SUS BONDADOSOS DESIGNIOS. ENTREMOS DECIDIDAMENTE A LA CULTURA DE LA VIDA Y DEJEMOS A LA CULTURA DE LA MUERTE COLGADA DE SU INSERVIBLE BROCHA.

Pre mercantilismo natural y anti mercantilismo perverso.

14 de octubre 2013. Publicado en:
http://losbarbarosdelnorte.com/html/modules.php?name=Forums&file=viewtopic&t=2503

Cuando Inglaterra produjo la revolución industrial culminó un largo camino de desarrollo del mercantilismo ocurrido dentro de sociedades hegemonizadas por relaciones de producción no mercantiles.

La revolución industrial inglesa creaba, por primera vez, una sociedad donde toda la producción, distribución, redistribución y acumulación ocurría de modo plenamente mercantil. Esta sociedad de nuevo cuño que, como dijo Marx, despertaba las inmensas fuerzas de producción que dormitaban dentro de las sociedades anteriores, y de cuya existencia nadie había sospechado, colocó inmediatamente al conjunto del mundo en la categoría de sociedades premercantiles.

A pesar de lo que nos dicen toda clase de "sabios" en el sentido de que cualquier sociedad y cultura es equivalente a cualquier otra, eso es radicalmente falso. Los hombres son equivalentes, no las sociedades ni las culturas. Una sociedad cuya productividad explosiva derivaba de un sistema de libertades ampliamente definidas y asumidas, caracterizaba, en ese mismo instante, al conjunto de las demás sociedades, como aquéllas cuyo futuro consistía simplemente en cómo, y qué tan rápido, iban a integrarse en esa nueva sociedad que, respecto a todas ellas, era esencial y fundamentalmente, más libre, más humana, más productiva, y que contenía en sus propias reglas la posibilidad de una revolución permanente y no bélica de sus relaciones sociales en general y de las productivas en particular.

Ese premercantilismo, que caracterizó en ese momento a todas las sociedades no inglesas de este planeta, era natural, no perverso y conteniendo muchos más elementos de los que imaginamos para evolucionar hacia una sociedad plenamente mercantil como la inglesa. Esas eran sociedades premercantiles pero en modo alguno antimercantiles y contenían en ellas mismas fuertes elementos mercantiles, fruto de sus propias historias en las que el comercio siempre había estado presente.

Desde el primer momento, España se constituye en líder antiliberal, antidemocrático y anti inglés, construyendo un imperio americano y mundial en el que, a pesar de estar participando en la expansión mercantil mundial por la vía de la aportación de metal-moneda, su ideología era ferozmente antimercantil.

Ahora ya no estábamos, ni estamos, en lo natural sino en lo perverso.

Con la expansión industrial europea, esta perversión encontró un gran amplificador en ideologías "para obreros" producidas por intelectuales anarquistas, socialistas y comunistas, donde el antimercantilismo se estructuraba empleando partes enteras de pensamiento mercantil, como el de la economía clásica inglesa, pero desviándolos, por la vía del ateo-materialismo, hacia una feroz y terrible negación de la persona, del individuo, de las libertades, y sometiendo a sociedades enteras a la más abyecta esclavitud que la historia haya conocido.

Este antimercantilismo, surgido en el seno de la propia sociedad mercantil, se amalgamó con el premercantilismo presente en el planeta entero para construir los más aberrantes sistemas sociales y políticos, mismos que todavía pueblan nuestros continentes y sobrevive, asimismo, en la multitud de "intelectuales" post marxistas cuya actividad "intelectual" consiste solamente en estar ensuciando las mentes, produciendo textos barrocos e ininteligibles, atiborrados de pseudoconceptos repelentes y estorbando a fondo toda la actividad mental de nuestra especie.

Inglaterra, y después los EEUU, han asegurado el éxito, solos, y a capela, durante más de cuatro siglos, de cada uno de los pasos que la humanidad ha ido dando hacia una sociedad mercantil global en la que tenemos como horizonte el destino inexorable de que cualquiera pueda vender cualquier cosa en cualquier lugar del planeta, haciendo realidad la libre y universal circulación de personas, ideas y cosas.

Pero, esta amalgama del antimercantilismo con el premercantilismo, ha sido profundamente perversa, demostrándonos que la evolución humana no solamente está sometida a los avatares lógicos de sus condiciones físicas y culturales, sino que está sometida, también y simultáneamente, a una lucha de mayores alcances, una lucha que nos rebasa como especie y que solamente podemos enfrentar con la fe, recurriendo a las reservas espirituales que Dios pone a nuestro alcance y entrando en comunión con Él.

Todos los episodios y peripecias de nuestras luchas, desde la aparición de la sociedad industrial, y sobre todo los del siglo XX y lo que va del XXI, nos demuestran que la lucha en la que estamos empeñados es mucho más que una simple lucha socio-económico-política. Esta es una lucha entre el bien y el mal y sólo la podemos resolver adentrándonos profundamente en la comunión con Dios y con todo el mundo espiritual.

Tomemos la maldad de la violencia en el México actual, en la que nos dice el INEGI que en el año 2012 fueron perpetrados 100 mil secuestros. ¿Cómo no estaríamos sufriendo una perversa cultura del secuestro si todo el país ha sido secuestrado por esa ideología antimercantil perversa a la que todos nuestros "intelectuales", "sociales", angelistas y estúpidos dan pábulo, esa ideología que implantó sus reales en nuestro país con los españoles, líderes del antimercantilismo mundial de la época, y que fue relanzada y amalgamada posteriormente con la ideología bolchevique de nuestros infelices y mal llamados "revolucionarios", todos ellos hijos putativos de Victoriano Huerta?

Tomemos, asimismo, la maldad de una Venezuela en la que energúmenos motorizados recorren las carreteras, ciudades y pueblos sometiendo y abusando a su antojo de cualquier ciudadano que se les cruce. Bien han dicho las víctimas de estos barbajanes que el hombre nuevo de Chávez sí ha llegado y es una bestia de rapiña.

El recorrido por la ferocidad antimercantil podría abarcar el mundo entero: la Latinoamérica populo-fascista, la Rusia de los predadores y de los subhumanos, la China de los mandarines comunistas, el mundo islámico, anclado en la más profunda, anacrónica, y aberrante edad media, los gobiernos postcoloniales de África, entregados a las más desaforadas, criminales y pantagruélicas apetencias y, en general, todos aquellos que no han asumido el mercantilismo con todas sus consecuencias libertarias.

A medida que el tiempo va pasando sin que asumamos plenamente el carácter objetivamente mercantil y libertario de nuestras sociedades, una desagregación social y ética se va produciendo y acumulando. No minimicemos las consecuencias bárbaras de esta debacle moral.

¿Cómo podríamos recuperar moralidad y ética alguna sin asumir plenamente la libre circulación de personas, ideas y cosas? ¿Cómo podríamos concebir las reglas de nuestra moralidad y ética colectivas sin asumir que éstas deben garantizar que cada persona goce plenamente de su soberanía personal y que esté en condiciones de decidir por sí misma del modo y manera con los que entiende perseguir su felicidad?

Pensadores ingleses, como Locke, y los padres fundadores de la Unión Americana, definieron perfectamente las razones y reglas de esta nueva y, por fin libre, convivencia.

Ellos se remitieron a Dios, y a esa soberanía personal de cada quien que de Él deriva, para establecer las reglas de esta nueva, universal, y libre convivencia.

Ese camino que ellos marcaron y recorrieron es el que ahora debe recorrer la humanidad entera, pues ya no podemos pretender que los anglosajones sean, ellos solos, la garantía de nuestras universales libertades.

No resolveremos este predicamento en el que la historia nos ha colocado sino concibiéndonos como un todo, como una sola humanidad, como una sola libertad, como una sola conciencia, como un solo mercado, con una moneda única, empezando por un embrión de ella, con unas reglas de convivencia únicas, con una sola soberanía global, expresión cabal y fiel de esta sagrada soberanía, personal e inalienable, de cada uno de nosotros.

Para esto debemos entender que, en el plano espiritual, en el de la lucha del bien y del mal, solo Dios es nuestro valedor y origen de nuestro ser y de nuestra personal soberanía, así como debemos igualmente entender que, en el plano humano, las ideas mandan, para bien y para mal.

La maldad supo que la sociedad mercantil era su verdadera y única enemiga (la manifestación directa de ese libre albedrío que Dios nos ha otorgado y a cuyo estricto respeto se compromete explícitamente) y se ha empleado en su combate y destrucción, ¿cómo pensamos nosotros poder enfrentar esta maldad si no asumimos plenamente el carácter mercantil de nuestra sociedad?

www.ingramcontent.com/pod-product-compliance
Lightning Source LLC
Chambersburg PA
CBHW071648160426
43195CB00012B/1393